南菁课程文化丛书

杨培明 总主编

十七岁那年
——南菁语文专题阅读文集

胡学英 主编

南京师范大学出版社
NANJING NORMAL UNIVERSITY PRESS

图书在版编目(CIP)数据

十七岁那年：南菁语文专题阅读文集 / 胡学英主编. ——南京：南京师范大学出版社，2017.12
（南菁课程文化丛书）
ISBN 978-7-5651-3642-9

Ⅰ.①十… Ⅱ.①胡… Ⅲ.①阅读课－教学研究－高中 Ⅳ.①G633.332

中国版本图书馆 CIP 数据核字(2017)第 323939 号

书　　名	十七岁那年——南菁语文专题阅读文集
丛 书 名	南菁课程文化丛书
主　　编	胡学英
责任编辑	王　艳　项雷达
出版发行	南京师范大学出版社
地　　址	江苏省南京市玄武区后宰门西村9号(邮编:210016)
电　　话	(025)83598919(总编办)　83598412(营销部)　83598297(邮购部)
网　　址	http://www.njnup.com
电子信箱	nspzbb@163.com
照　　排	南京理工大学资产经营有限公司
印　　刷	江阴金马印刷有限公司
开　　本	787毫米×960毫米　1/16
印　　张	23.5
字　　数	347千
版　　次	2017年12月第1版　2017年12月第1次印刷
书　　号	ISBN 978-7-5651-3642-9
定　　价	55.00元

出 版 人　彭志斌

南京师大版图书若有印装问题请与销售商调换
版权所有　侵犯必究

《南菁课程文化丛书》
编 委 会

编委会主任：杨培明

主　　　编：杨培明

编　　　委：(以姓氏笔画为序)

马维林　印晓明　冯德强　刘　丽
刘正旭　孙远景　杨培明　张敏军
陈　亚　陈卫东　林　玮　周　源
赵长缨　徐　建　徐海龙　程　岭
戴加成

总　序

《道德经》的结束语："天之道，利而不害；圣人之道，为而不争。"真正的教育应该有天一样包容万物自由生长的胸怀，每个学生都能像禾苗沐浴在阳光雨露中一样，按照生命的规律自由生长。教育尊重每个学生的存在，让学生获得个性的张扬，学生的进步不是因为外在的强迫，而是源于其内在力量的充分生长，每个学生都是独特的，各有各的精彩。因为，教育的魅力和价值的伦理起点在于人存在的未确定性、不完善性，以及因此而出的人的"成长性""可能性"和"超越性"，教育应努力扬弃自然生命、个体生命，朝向实现文化生命、价值生命塑造的方向前进，而教育的伟大就在于她赋予生命无限的可能性，在心灵与心灵的对话中完成灵魂的再生，成就生命的美好和人生的幸福。

循着这样的教育哲学观，南菁高中致力于为学生提供好的课程，通过丰富多彩的课程架起学生"从此在到彼在"（海德格尔语），从有限到无限的桥梁。应该给学生什么样的课程，南菁课程设计的起点和制高点在哪里，这是首先要回答的问题。因为，学校的课程选择体现了一所学校的办学理念和价值追求，选择什么样的课程是基于对该课程本体价值的认同并基于一所学校的历史文化传统和校本课程资源，学校课程的建设是师生对教育价值理想的无限追求与教育现实可能性完美结合的产物。

南菁的课程建设正是在历史和现实抑或未来之间寻找教育可能的探索，力求在对百年书院文化精髓的提炼、化育和升腾中找到我们的起点，在对促进师生生命幸福的教育追求中找到课程建设的制高点。

肇始于1882年的南菁书院，命名取朱熹名言"南方之学，得其菁华"之意。

在育人的价值追求上以"忠、恕、勤、俭"为校训,在办学理念方面注重博学、包容,强调质疑、反思和互动、辩难,不仅探讨经史子集,也十分关注社会实际问题。书院在课程内容上,主张德识并重,涉猎广泛,具有通识教育的特点。从教学风格看,南菁书院的教育非常自由,学生学习也体现出自主的特点,倡导学术创新。当时出现了黄体芳、王先谦、黄以周等一大批有影响力的学者大家。在刚刚结束的由北大理学中心发起、南菁高中承办的"南菁书院与近世学术研讨会"上,与会的海内外专家学者对南菁书院文化给予高度评价,他们认为,南菁书院文化在中国学术史上的地位甚至需要重新认识,其学术要旨不仅是中国传统文化的宝贵财富,亦是南菁这所现代百年名校走向未来的根底所在。当时,南菁书院创始人黄体芳重视营造宽松和自主的学习氛围,提倡研讨和辩论,从思维方式、行为准则和科学精神等方面为书院定下了"崇尚勤读,提倡朴学,知行并重,关注社会"的独特文化品格。南菁深厚的文化底蕴特别是南菁文化所蕴含的教育理念和价值追求是学校发展的精神财富。在对南菁文化的挖掘、传承和创新中,我们形成了这样的共识:挖掘、传承和借鉴南菁书院时期的教育文化遗产,将优秀传统文化精髓和办学理念精华融入现代教育发展之中,积极致力于课程文化建设,以对美的追求为宗旨进行课程开发,是百年南菁教育发展的必由之路,其美好愿景令人神往。

　　在对教育的生动实践和理性思考中,我们逐渐认识到,教育最根本的目的在于培养人的价值追求,办关注师生生命幸福的教育,让学生不断摆脱自我的束缚,走向更宽广的精神高地。学校的课程文化要体现出和谐、包容的特质,处处给人以愉悦的美感,陶冶着师生的性情,孕育出师生心灵深处对美的无限追求。南菁课程实践所追求的正是经由优美到崇高,达到人性的高尚。因此,美育逐渐走进南菁的教育视野。

　　2011年,南菁高中被江苏省教育厅命名为"江苏省首批美育课程基地",随着美育课程体系建设步伐的加快,学校教学方式也发生了深刻的转变,教学生态发生了根本的变化,教与学呈现出了全新的气象。南菁的课程建设从教学价值重建、教学资源开发、教学空间拓展、教学内容突破以及教学场域构建等维度展开,以美育为主线的南菁课程体系日趋完善。围绕美育开展的教学,超越了知识本身,充分满足人的生命价值需要,彰显出深刻的人文关怀。如语文组开展的"课上五分钟演讲",学生分专题探讨社会文化生活问题,短短的五分钟成就了一门魅力无穷的课程,无论从课程价值立意还是课程开发的创意上看,这都是值得肯定的。"窗外的桃园"围绕"美"这个中心,展现花季少年所见所闻、所思所想、所感所悟。窗外有桃园,窗外即桃园,他们心向桃园,则处处可桃园。"国兰与文化"则是南菁高中课程整合、跨学科进行综合课程开发的典型。这门课包含"兰花养殖""兰花诗词鉴赏""兰花描摹创作"等内容,体现了科学与人文相结合的课程开发思路,以"君子品性"为立意的兰花精神提升了学生的人格境界。历史组开发的"江阴考古""中学生历史剧的创作与表演"则从科学和艺术的视角让历史教学充满了美学观照。地理组开发的"江阴生态农业""仰望星空"等课程旨在激发学生关注社会、理解生活、创造未来的热情,拓宽了学生学习的时空,让学生在问题解决的复杂情境中去理解知识,建构学习的意义世界。"失传之古欹器复制""北大人文先修课程系列""论语选读"等三十多门与中华优秀传统文化教育密切相关的美育课程实现了对学生精神成长的引领,数学、英语、化学、政治等学科立足学科特点进行学科拓展课程开发,改变了传统课堂教学的生态,教与学的方式都实现了深度变革。学校的科技创新课程则让学生感受到创造的乐趣。近两年来,南菁学生已经申请国家专利一百多项,涌现出了凌一洲等一大批科技爱好者。凌一洲在国家核心期刊等杂志发表文章十多篇,获得"宋庆龄青少年发明奖"等奖项。在本次出版和今后即将出版的《南菁课程文化丛书》中,《微科技实践录:实验探究与创意发明》一书就是凌一洲的个人专著,这也是南菁历史上首次由在校学生发表的个人科技专著。

真正的教育应该是一种带有精神信仰、价值取向与人生坐标意义的教育。近年来,南菁德育以培养南菁气质为主要目标,不断提升德育工作的课程化水平。《南菁课程文化丛书》中《我的教育故事》和《拔节的声音》展现了教师的教育智慧和师生"有思想会表达""有责任敢担当""有爱心能宽容"的南菁气质。我们试图通过营造审美的教育生活,构建全面、系统而又浸润、濡染的德育课程,让审美的精神深刻地融汇于师生校园生活的每一个细节中,让学生在一个物质化的社会中始终葆有心中的净土，教会他们以中国立场、全球视野来看待社会，以高度的历史使命感和人文情怀投身生活的洪流之中。

为了系统总结近年来学校美育的实践经验，进一步提高今后南菁美育课程建设水平，学校组织编写了这套《南菁课程文化丛书》，这既可以作为学校美育课程的教材，亦可以作为南菁美育课程建设的成果。这套丛书的出版，首先要感谢南菁老师们在课程开发中所付出的努力，他们对学生的爱，他们的汗水和智慧都熔铸在了他们所进行的卓有成效的课程实践中，我为他们所取得的成果感到骄傲。其次，要感谢本书所有的编写人员，本书能与师生见面，离不开大家的辛勤劳动。从汇总资料、组织编写、编辑设计到丛书出版，用了半年左右的时间，如果没有对学校的深厚感情，没有对南菁事业的热爱，这样的任务是不可能完成的，我为这个优秀的团队感到骄傲。

党中央在十八届三中全会上提出要"坚持立德树人"，"完善中华优秀传统文化教育"，"改进美育教学，提高学生审美和人文素养"。加强美育，立德树人，这是党在中央文件中对包括南菁高中在内的所有学校提出的殷切期望，也是加快拔尖创新人才培养的重要举措，南菁将坚守全面育人的价值追求，为实现中华民族伟大复兴的中国梦培养更多的优秀人才。承载着光荣的育人使命，未来的南菁，将以大美育课程体系建构作为课程建设的统领，融合历史和现代两条轴线所代表的教育寓意，以整合、融合和综合为主要方式，构建集学校教育、家庭教育、社会教育为一体的综合课程教学体系，形成全科育人、全程育人、全员育人的良好局面，着力构建审美课堂，让美育渗透在学校教育的各个环节，让师生过幸福的教育生活。

百年书院，大美南菁！这是南菁高中课程体系建设的理念，也是学校课程建设的目标，是一代南菁人对南菁未来发展愿景的生动表述。我们相信，在这样的目标引领下，南菁教育的园地一定会出现各美其美、美美与共、美不胜收的美好景象。

杨培明

（作者系江苏省南菁高级中学校长）

我有一个愿望(代序言)

今日立秋。秋天,是我喜欢的季节。重要的是,对于你们和这本书,我想说几句心里话。

于我个人而言,出书是偏于时髦的事,这些文章虽不是出自我手,多少也和我沾了些边。因此,面对着电脑屏幕,我必须认真思考:这本书的价值何在?

也许有人会问,我为何如此热衷于追问价值。其实,这种心理非我独有。在这个价值多元的时代,人人心中都藏有一架天平,随时准备称量。没有谁想让自己所做的一切毫无意义。无意义终究有些可怕。尽管,我为这本书所能做的,只是一个交代。

一年来,面对着2018届高二(14)班的四十五位同学,我一直向他们呐喊:你们一定要为自己的青春留下点什么,努力阅读,努力写作吧,争取为自己出一本书!哦,我亲爱的男孩女孩们,当我满怀热情地鼓吹,你们却投来些许疑惑的目光。令人欣慰的是,你们虽不确信,却从未放弃努力。所以,我想说的是,无论如何,这本书现在总算来了,它和你们见面了,它是属于你们的,属于十七岁的你们。你的思想,你的情感,你的锋芒,你的朝气,都展现在这里,展现在你人生的青葱岁月里。从你们书写的文字中,你会清晰地看到另一个自己,那是徜徉在文学世界里的,自由充沛的一个你。这浩渺奇异的世界,你敞开心胸,它便包容抚慰。你什么都可以想,什么都可以不想。你会发现,"这一片天地好像是我的,我也像超出了平常的自己"。因了文学,你们成为王者,一个精神自由的王者。多年以后,若你愿回望这段时光,会不会为自己深深感慨:啊,我的十七岁,十七岁的我原也有这番模样!

这愿望是不是有些太美？

逐步汇集这些书稿，促其付梓，实是始于去年的七月。其时，得知自己将再次接手任教于我校2018届文科强化班，可谓喜忧参半。喜的是，未来两年，我将和你们这样优秀的群体共同成长，为师之乐不过"得天下英才而育之"，你们是我修行路上的福祉。然而，我亦充满忧患。古人追求的"铁肩担道义，妙手著文章"的高妙境界，于今日之我辈，乃像高悬的明灯，心向往之，无能至矣。然既为人师，"责任"二字总还认得。面对着四十五张鲜活的面孔，我该怎样做，方可无愧于心地陪着你们走过这宝贵的岁月？幸好，这一年来，我们都在努力拔节生长。于我，借着"省市合作培训计划无锡市第六期特级教师后备人才高级研修班"这一崭新的发展平台，开阔了自己的理论视野，也增强了理论素养。再由此反观我多年的教育教学实践，既因之厘清所迷，又坚定了所求。于你们，语文课上，从最初的陌生羞涩不敢尽言，到后来有了愈渐精彩的探究争论，竟至如今的兴味盎然、其乐融融之境。其间，真是经历了几多破茧般的挣扎与付出，又收获了几多成蝶般的绚丽与精彩！

还记得吗？你们和自己"最喜爱的作家"对话，修改论文一遍又一遍。你们登台讲课，分享自己眼中的宋词，紧张又欢喜。你们"品红楼""说三国"，三五分钟，风云万里。即使是《史记》的"一家之言"，也自敢评说，更不用提创意编演"大观园"的无限风采。有多少次，我们在课上一起咬文嚼字，探幽发微，漫溯至文本深处；有多少次，我笑问你们"我几岁了"，你们异口同声地笑喊"你永远十八"。写到这里，不禁展颜了。多好，当我回忆这些时光，我感受到快乐。我可爱的同学们，与你们结一段美好的师生情缘，并将之渐隐于时间的深处，正是我所求啊！岂止于此，在菁园这片沃土上，还有许多富有教育情怀的人都在默默支持着我们。睿智大气如"领头杨"（杨培明校长），幽默稳重如"博士马"（马维林校长），可亲可爱如"阿明哥"（陈文明老师）等。当然，还有耕耘践行于语文教学园地的同行们。于是，终有了我们手头这本30余万字的"皇皇巨著"。

仔细想来，我从不是个哗众取宠之人，更不善趋时而动。然而，这一年的我，却有些近乎顽固地追求着这个愿望的实现。毫不夸张地说，正因心怀此念,我的渐趋钝化的教学生涯又产生了新的意义。面对教育改革的风云变幻,我常常思考,作为一名一线教师,我究竟能让学生为自己留下些什么?仅凭个人之力,能做的微乎其微!更何况,一个普通人,若执于向这个世界证明什么,或终将会遭到命运的嘲弄。然而,乌鸦若不叼来石头,它永远也喝不到水。那么,对于你我,只需认真做,守着信念坚持做下去就好吧。天地有大美,无须太多言说。

泰戈尔曾语:"天空没有留下翅膀的痕迹,但我已飞过。"

你既飞过,就一定知道天空是多么广阔!

胡学英

(作者系江苏省南菁高级中学语文高级教师)

目 录

总　序/杨培明　　　　　　　　　　　　　　　001
我有一个愿望(代序言)/胡学英　　　　　　　001

专题一　我喜爱的作家

宗子自为宗子
　　——浅析张岱作品中展现的个人气质及其成因/黄雨虹　003
狂飙起天末，狂人曹雪芹/耿　颖　　　　　　　007
围城
　　——笑看人间百态/刘晓悦　　　　　　　　011
论《围城》之中的三重困境/夏逸涵　　　　　　016
浅谈梁实秋以及他的《雅舍小品》/钱　昊　　　019
烟火爱情背后的伟大/夏雨桐　　　　　　　　　023
悲欢聚散，生死离别/李思含　　　　　　　　　027
星斗其文，赤子其人
　　——我眼中的沈从文先生/周乐陶　　　　　030
沉醉在悲哀里
　　——略谈张爱玲二三事/唐兴欣　　　　　　034
"苍凉"蓝血张爱玲/夏怡宁　　　　　　　　　　038
谈汪曾祺笔下流淌的故乡情/何艳艳　　　　　　042

波澜不惊，淡中有味
　　——品读汪曾祺/赵　叶　　　　　　　　　　　　　046
浅析汪曾祺《受戒》之艺术特色/周可玮　　　　　　　050
说"梦"的清醒者/颜佳颖　　　　　　　　　　　　　054
于对话中见真实
　　——浅谈余华《许三观卖血记》中的真实感/戴　乐　058
余华的苦难意识
　　——读余华的《活着》/耿一涵　　　　　　　　　063
昔人已乘黄鹤去
　　——浅析王安忆《长恨歌》中王琦瑶形象的悲剧性/秦铭泽　067
浅谈王安忆作品中的发现与追寻/吴楚澜　　　　　　072
感悟路遥的"平凡"世界/吴方舟　　　　　　　　　　076
史铁生：一个精神的朝圣者对人本困境与精神信仰的思考/王晓丹　079
木铎之心谁知
　　——浅谈木心其人其文/陆思文　　　　　　　　083
沉静如海，木亦含心
　　——浅谈我心中的木心/孙　漾　　　　　　　　087
探究极致环境下的人性
　　——严歌苓小说的永恒主题/李云舒　　　　　　090
创作，在行走中/徐宇松　　　　　　　　　　　　　094
三毛：追随自由，如风的来去/贡徐滢　　　　　　　097
浅析张晓风的才与情/薛李娇　　　　　　　　　　　101
皮囊下的灵魂/王亦孜　　　　　　　　　　　　　　104
小词大雅
　　——浅析叶嘉莹诗词理论/张焱阳　　　　　　　107
来自新世界/陈沐洲　　　　　　　　　　　　　　　111
人性的挣扎
　　——谈《白夜行》中的人性/杜佳雯　　　　　　115

拥有一个人的好天气
  ——读青山七惠《一个人的好天气》/陈凌婕   119
论芥川龙之介《罗生门》中的矛盾/戴依婷   122
论芥川龙之介《竹林中》的利己主义/陆　昳   127
论黑塞笔下主人公的自我选择与理想人格的自我完善/戴汀屿   131
流淌着的安静的烈火
  ——论赫尔曼·黑塞的文学世界/薛煜辉   135
个体的孤独，群体的孤独
  ——探寻马尔克斯笔下的孤独/丁文杰   140
孤独的"名字"
  ——浅析加西亚·马尔克斯的《百年孤独》/汪琪明   144
阿兰·德波顿的随笔艺术
  ——谈《旅行的艺术》/梅淑昕   148
卡夫卡：现代主义文学的探索者/平运开   151
卑贱的孤独
  ——浅析《美丽新世界》中柏纳·马克思人格中的孤独/汪茜茜   154
独特的身份追寻者
  ——浅析胡塞尼的双重身份/吴迎夏   160
是夜佳人情已得/张梓语   165
玛格丽特·杜拉斯与其独一无二的文学特征/周湘雨   169
我们需要怎样的救赎？
  ——读本哈德·施林克的《朗读者》/胡学英   174

专题二　俊眼看词尽风流

"展苞初放"的唐五代词/周乐陶等   181
"格高韵远"的北宋词(一)/唐兴欣等   189
"新天下耳目"的东坡词/李云舒等   198

"格高韵远"的北宋词(二)/耿　颖等	205
"极其工""极其变"的南宋词/张焱阳等	212
"龙腾虎掷"的稼轩词/王晓丹等	220

专题三 《红楼》《三国》面面观

此时·众生
　　——谈命运的均值回归/周乐陶　　　　　　　　　233

《红楼梦》中的真性情/平运开	236
浅析《红楼梦》中的服装/薛李娇	238
任是无情也动人/夏雨桐	240
幽窗画堂曲,终负缦归程/孙　漾	242
谈《红楼梦》中的女性教育/吴迎夏	245
平儿"不平"/夏怡宁	248
"十全少女"薛小妹/吴楚澜	251
红楼"缺憾美"之说/王亦孜	253
我看王夫人/陈沐洲	256
风月情长,终究梦一场/程　琦	259
薛少爷的"真性情"/薛煜辉	261
说说"刘姥姥三进大观园"/戴汀屿	263
所谓落花,所谓西厢/戴依婷	265
《红楼梦》中几个小人物的爱情故事/陈凌婕	267
《红楼》中的美食/丁文杰	268
浅谈史湘云/杜佳雯	270
《红楼》"二尤"的自救悲剧/耿　颖	273
胡说大观园/贡徐滢	276
我看"纱帽头"政老爷子/黄雨虹	279
我看贾政/汪琪明	282

还《红楼》一个"梦"/李云舒 　　　　　　　　　　　　284

不窝囊,无人气

　　——论名著中的领导人为什么大多很"窝囊"/陆思文　　287

还见常山赵子龙/张梓语 　　　　　　　　　　　　　　289

凡人骨肉,英雄本色

　　——归纳《三国演义》中的伤与病/梅淑昕　　　　　291

浅谈"神医"华佗/刘晓悦 　　　　　　　　　　　　　　294

"义绝"关羽的悲剧性/戴　乐 　　　　　　　　　　　　296

但愿一识周公瑾/耿一涵 　　　　　　　　　　　　　　299

豪杰精神兵器显/何艳艳 　　　　　　　　　　　　　　301

出世奇才偏遇你/徐宇松 　　　　　　　　　　　　　　303

《三国》中的"七实三虚"/李思含 　　　　　　　　　　305

传达不了的北伐

　　——浅谈诸葛亮的北伐/钱　昊 　　　　　　　　　307

"末路英雄"司马懿/唐兴欣 　　　　　　　　　　　　　310

江东"双璧"/汪茜茜 　　　　　　　　　　　　　　　　313

浅谈《三国》中"曹关"之渊源/王晓丹 　　　　　　　　316

先主武侯/吴方舟 　　　　　　　　　　　　　　　　　320

仁德君主

　　——刘备的另一面/夏逸涵 　　　　　　　　　　　322

回忆貂蝉/颜佳颖 　　　　　　　　　　　　　　　　　324

《三国》中的"名马"/张焱阳 　　　　　　　　　　　　326

何以兵器配英雄/赵　叶 　　　　　　　　　　　　　　328

英雄之泪/周可玮 　　　　　　　　　　　　　　　　　331

我看曹操/周湘雨 　　　　　　　　　　　　　　　　　333

专题四 《史记》人物六讲

我眼中的"如姬"/贡徐滢	339
荆轲行刺原因及形象探究/周可玮	342
我讲《淮阴侯列传》/吴迎夏	344
我看淮阴侯韩信/戴汀屿	346
说说侯生的"为知己者死"/夏怡宁	350
我看信陵君/王亦孜	355

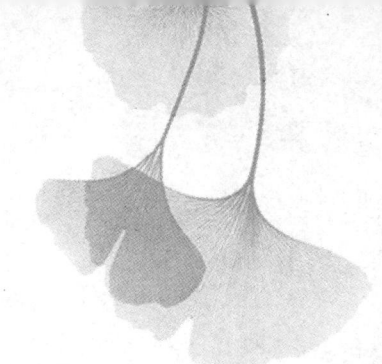
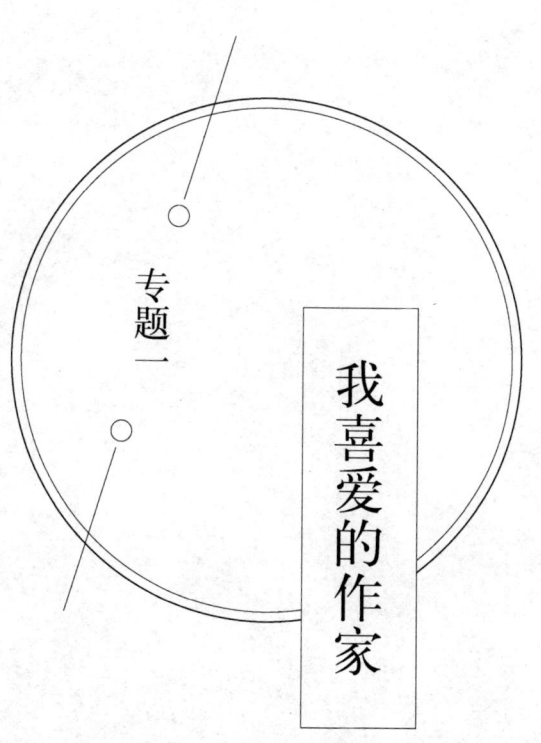

专题一　我喜爱的作家

宗子自为宗子

——浅析张岱作品中展现的个人气质及其成因

"蜀人张岱,陶庵其号也,少为纨绔子弟,极爱繁华。""年至五十,国破家亡,避迹山居。""回首二十年,真如隔世。"

这是张岱晚年为自己写下的墓志铭。

张岱,字宗子,号陶庵,汉族,山阴(今浙江绍兴)人氏。他生于晚明,卒于清初。在八十四年的人生旅途中,他不事科举,不求仕进,著述终老。他是世家之子,是明朝遗民,是生活家,是诗人,是史学家,是绝代散文家。他是明清之际"需要巨人而产生巨人"的时代的一位巨人。

张岱的艺术观点中有这样一点:宗子自为宗子,即"真正的艺术作品必须是创作者个人人格人性的体现与外化"。那么,宗子是如何自为宗子的呢?

张岱的文章风格可大体总结为两点,一是内容上的雅俗共赏,二是文章风骨上的冰雪之气。

先说说内容上的雅俗共赏。

他的文字一方面是充满着文人士子的雅趣的,是往来白丁所难以理解的。如《禊泉》中对于泉水的精致把握:"辨禊泉者无他法,取水入口,第桥舌舐腭,过颊即空,若无水可咽者,是为禊泉";《湖心亭看雪》中在更定之时独自看雪的逸致:"是日更定矣,余拏一小舟,拥毳衣炉火,独往湖心亭看雪";《不二斋》中独坐斋中读书之清净:"余解衣盘礴,寒暑未尝轻出,思之如在隔世。"

而另一方面,对于市井生活,即所谓的"俗",张岱也是颇为了解的。他编著《夜航船》,记载了上至天文,下至地理,三教九流,诸子百家,人伦政事,礼乐科举，草木花卉，鬼神怪异的二十卷四千多条目的内容，堪称一部小型百科全书；《彭天锡串戏》中，他是如此描述彭天锡的表演的："天锡多扮丑、净，千古之奸雄佞幸，经天锡之心肝而愈狠，借天锡之面目而愈刁，出天锡之口角而愈险。设身处地，恐纣之恶不如是之甚也。皱眉视眼，实实腹中有剑，笑里有刀，鬼气杀机，阴森可畏。盖天锡一肚皮书史，一肚皮山川，一肚皮机械，一肚皮磊砢不平之气，无地发泄，特于是发泄之耳。"一个人若不是对戏曲有极深的造诣，是无法做出这样的评价的。到了《蟹会》中，张岱则俨然又是一老饕："一到十月，余与友人兄弟辈立蟹会，期于午后至，煮蟹食之，人六只，恐冷腥，迭番煮之。从以肥腊鸭、牛乳酪。醉蚶如琥珀，以鸭汁煮白菜如玉版。果瓜以谢橘、以风栗、以风菱。饮以玉壶冰，蔬以兵坑笋，饭以新余杭白，漱以兰雪茶。由今思之，真如天厨仙供，酒醉饭饱，惭愧惭愧。"

再来看看文章风骨上的冰雪之气。

这里的冰雪之气，张岱自己曾做出过解释，他认为，冰雪"虽冷而犹热，外静而内动"。在张岱眼中，冰雪是冷与热的集合体，文章必要有冰雪之气。他的文字是有冰雪之"冷"的，最经典的代表即是《湖心亭看雪》："湖上影子，惟长堤一痕，湖心亭一点，与余舟一芥，舟中人两三粒而已。"这一段描写是极简洁的，但西湖雪景的纯净与苍凉在这简洁的文字中却又得到了淋漓尽致的展现：文字是淡的，文字中描摹的意境是淡的，文字中所传达出的情感也是淡的。冰雪的"热"，即一种热烈与勃动、落拓不羁，这在他的文字中也有体现，如《岣嵝山房》中，"一日，缘溪走看佛像，口口骂杨髡。见一波斯坐龙象，蛮女四五献花果，皆裸形，勒石志之，乃真伽像也。余椎落其首，并碎诸蛮女，置溺溲处以报之。寺僧以余为椎佛也，咄咄作怪事，及知为杨髡，皆欢喜赞叹"。这种正义豪侠之气，在世家之子身上实是不多见的。

有如此文章风格，其背后的张宗子又是何许人也？

总的来说，张岱在他的具有"冰雪之气"的诗文中所表现出来的人格特性也是具有冰雪之气的。一方面，他所外现的性格是淡泊的、孤高的；另一方面，在这冰雪一般的外在表现之下，他又有着一颗热烈而勃动的、追求自由的、有些温热的心。张岱的性格，和他笔下的常见历史人物是相同的，一是隐士，二是烈士。

他的这种性格,是受到多方面的影响而最终形成的。

首先,作为世家之子,家庭对他的影响不可谓不大。张岱身上带有的是史学世家的文化陶冶,是高文化品位。父辈对于学问的严谨态度无疑是对张岱理性思想的启蒙,因而张岱的史著,总是充满了求真、求实的理性主义精神和浓郁的时代气息。这种理性主义精神使他敢于用敏锐的目光去看明末科举制度,去批判八股:"嗟嗟!八股一日不废,则天下一日犹不得太平也!"此外,张岱的先人,尤其是他的祖父,有着一种豪放善谑的性格特征,这种诙谐、任诞在张岱身上的体现,从他在《自为墓志铭》中对于自己的"七不可解"之评以及他文章中常见的天才极致的幽默中可见一斑。另外,张家还有几位令人生敬的女性,她们所表现出的坚韧、朴质是张岱晚年避迹山居所持的那种令人惊叹的顽强生活的精神原动力。在张家没落之后,张岱更是感受到了富贵与贫困之间的巨大反差,由此在《自题小像》中发出这样的感叹:"功名耶落空,富贵耶如梦,忠臣耶怕痛,锄头耶怕重,著书二十年耶而仅堪覆瓮,之人耶有用没用?"

其次,不得不提的,是张岱的友人对他的影响。张岱是一个交友广泛的人,他的友人遍布于贵族文化层,山林隐逸之士,抗清志士,才高却名位不高的艺苑胜流、艺伎名姬、戏曲演员、禅师、羽客之中。这其中有他在史学上的知己,如黄道周、李长祥、周懋谷、查继佐、谷印泰等人,还有不少人与张岱的友谊都是终生不渝的。张岱的许多史学观点都有着这些友人影响的印记。这其中也有文学上的同好,如陈继儒、王雨谦、族弟张弘、刘侗、祁彪佳等。在与这些同好的交流中,张岱吸取众长,并由此形成了自己的文学风格。这其中更不乏艺苑胜流与民间奇技,如戏曲家袁于令、阮大铖、周亮工、彭天锡、范与兰,还有与之"至契"的陈洪绶。这些人对张岱的影响是十分重要的,张岱文章的一大风格就是融合雅俗,这些胜流正是他雅俗一体的文化风韵的重要促成者。这些友人,或在艺术方面为其留下印记,或在个人性格特点上影响着张岱,总之,也是张岱其人复杂性格的重要影响者。

最后,作为明朝遗民,他的内心充满着矛盾,这种矛盾也恰恰是张岱文章风格的一大促成因素。张岱一向标榜忠义,然而面对明亡,他虽然曾经参加过反清复明的抗争,可是在许多慷慨志士乃至自己身边的好友纷纷舍生之时,他却选择了苟活。年近五十，国破家亡的张岱曾说："每欲引诀，因《石匮书》未成，尚视息人世。"这一点，与司马迁是十分相似的。而与司马迁相同，张岱的心中也是充满压力的。道德层面的这种紧张感使他不断地拷问自己，乃至在八十一岁时仍然发出感慨："忠孝两亏，仰愧俯怍。聚铁如山，铸一大错。"这种愧疚的根本原因，是张岱性格中的懦弱。而这种懦弱又是纨绔子弟们所常有的，这种懦弱使得张岱的形象更加丰满真实。这种懦弱性格是与时代脱不了关系的，是明末的动荡局面所致。作为遗民的矛盾内心使得张岱的许多作品，如《西湖梦寻》《陶庵梦忆》中的文章，表面看来绮丽清丽，实则却是沉痛语不堪读。这种人生经历，使他在做文章时喜欢去写那些真性情的烈士，去写那些豪情壮志、落拓不羁，在这种书写中，他一方面寄托了自己那颗热烈而勃动的心，另一方面也传达着对于自己苟活于世的痛苦与内心挣扎。

由此可见，家庭、交友、时代背景等因素，影响了张岱的人格性情，从而影响了他的文章风格，使他的文章在内容上融合雅俗，在风骨上充满冰雪之气。也正是因为这种个人气质，他最终成为明清之际"需要巨人而产生巨人"的时代的一位巨人。

（黄雨虹）

狂飙起天末,狂人曹雪芹

曹雪芹生活的封建末世,天崩地解。他就像书中的顽石一样,无才补天,被肆意丢弃,无人问津。

"石奇神鬼搏",那一社会无情地折磨着这位伟大的作家。然而,他毫不畏缩,他"击石作歌声琅琅",歌声中充满了狂气和傲气。这狂傲之情,倾注到《红楼梦》里,就是他对封建叛逆者"狂傲美"的热情礼赞。

他第一次在中国小说文学中,塑造了一批熠熠生辉的"狂人"形象,这些狂人宣泄着一种无所顾忌、突破羁勒的狂气,和他们的创造者曹雪芹一样,直要狂飙起天末!

在封建中国,闭塞的制度是绝对不容许孤标傲岸的"狂人"出现的。世俗社会的枷锁囚禁住他们的思想光华,实在可悲可叹。可是,这样是遏制不住他们磅礴的才情倾泻的。先秦时有屈子行吟道:"世浑浊而莫予知兮,吾方高驰而不顾。"他披发怀沙,自沉汨罗,结束了上下求索的一生。其狂也,令渔夫为之咋舌。自李唐来,又有李白飘然不羁,以"天子呼来不上船"的狂气指点江山,笑傲王侯,扬言要以"弯月为钩,长虹为线,天下不义丈夫为饵"。

屈原和李白,实"狂人"矣!可当属于他们的亮丽的楚骚唐诗时代远去之后,封建社会急转直下,贫瘠的土壤再难以催生出一个像屈原、李白这类的"狂人"。唐人小说虽清丽雅致,却过于稚嫩,功力火候未到,胆识不足。后来,又有《水浒传》出现,可其中的农民造反者虽摧枯拉朽般壮烈,却只会高喊"杀去东京,夺了鸟位",狂则狂矣,其实大粗人。

在这个层次上,我们不得不佩服曹雪芹,他有卓越的艺术胆识,审美意识远远超过同时代的许多进步文人,又敢于摒弃顽固的世俗偏见,能够从纷繁复杂的生活现象中发现时代的新诗。被他看中的人物,一个个都是"狂人"。

在曹雪芹笔下,出现了似傻如狂、顽劣乖张的贾宝玉,出现了性情怪诞、目下无尘的林黛玉,出现了心比天高、一副狂样的晴雯……他们是封建末世的"狂人",遭受整个社会的攻讦。贾宝玉生活在世人诽谤之中,林黛玉被人们视为比刀子还要厉害的角色,而晴雯,命运更惨——王夫人竟扬言要揭她的皮!曹雪芹清醒地看到了这种社会情势,然而,他不为所动,他欣赏这种狂气,并且含辛茹苦地用血泪文字,讴歌这些"狂人"的心灵美,揭示他身上充溢着的"狂飙起天末"的诗意。

这是何等辉赫的艺术劳作!曹子雪芹,旷世奇才,他将一组头角峥嵘、不同凡响的"狂人"形象,第一次带进中国小说的艺术画廊。他的审美理想的神髓——对封建叛逆者"狂傲美"的礼赞,在这些人物身上找到了最佳的寄托。

不禁想,到底是怎样的机缘让曹雪芹的美学理想和艺术境界达到如此高度呢?

首先定要说到"天崩地解"的时势。在这样一个怒涛汹涌的严峻时刻,王艮、李贽那些敢于掀翻天地的进步思想家,"赤手以缚龙蛇",猛烈抨击禁锢人欲的封建主义思想。

他们口出狂言、放浪不羁,大碗喝酒、大块吃肉,高呼着"天幸生我大胆"!他们逼人的狂气招惹来封建统治者的迫害,又不能容于其他进步思想家,支持者寥寥。可是,他们的喷薄而出,他们泥沙俱下的反抗所掀起的思想的惊涛骇浪却给曹雪芹送去启迪。当曹雪芹疲累地思考人生而无所得的时候,那些神采奕奕的前辈思想家们的灵光,叩开了他的心扉,让他豁然开朗,使其终于知道自己要表达的是什么,要追求的又是什么,继而奋笔疾书,笔耕不辍。

但光有时势是造就不了曹雪芹的,这些思想的火星如何能与他碰撞摩擦出火花呢?他的思想萌芽正是从他历尽沧桑的人生中汲取养分。《红楼梦》摆在那里,曹雪芹对"狂傲"之美的欣赏毋庸置疑,可他又何以如此执拗地把他的血泪倾注到贾宝玉、林黛玉和晴雯的性格世界中去呢?因为那就是他自己的性格世界啊!曹雪芹颇有狂气,"醉余奋扫如椽笔,写出胸中块垒时",活脱脱一个李白,借着酒力,吐出自己的真性情!

　　他还翻白眼,什么庞然大物也不放在眼里。曹家,一个世代为皇奴的家族,在雍正、乾隆时期破败后断了脊梁骨。可曹雪芹不一样,虽然有时候也会长吁短叹"秦淮风月忆繁华",可他终究还是挺起了脊梁。他频频接触社会的底层,居无定所,只靠几个真心相待的好友接济,这些都让他想把心中的新仇旧恨一吐为快。积蓄已久的怒潮一旦冲破奴性的闸门,那狂澜飞卷的气势想来便知。泥淖里的社会最污浊丑恶的真实硬生生扎进曹雪芹的双眼。在这种强烈震撼下,他要呼唤起新的属于他的时代狂飙。他的一切都被剥夺,所以他大可以无所顾忌地去掀起狂澜,以粉身碎骨的勇气去热烈讴歌贾宝玉、林黛玉和晴雯这些狂人!

　　让曹雪芹的美学理想和艺术境界达到如此高度,似乎这两点已经足矣,但是还不够。贾宝玉的狂气里透露出来的是乖僻和傻劲儿,林黛玉的狂气里蕴含着清高和忧郁,晴雯的狂气中夹带着任性和暴烈。这种奇巧的极富个性的描摹,背后有艺术发展的趋向在推动。

　　明代中叶以来,下层市民文艺的现实艺术与上层士人文艺的浪漫主义相互影响,推波助澜,结果使小说出现了这样的势头:既有对世俗生活的如实摹现,又有对个性心灵的挖掘深思。凿凿有味的写实加以绝假存真的童心,使小说艺术蒸蒸日上。现实主义的沃土上绽放出含露的浪漫主义花蕾。

　　曹雪芹满怀热情讴歌的那些"狂人"形象,被他传奇的一笔推到了朦胧而又寥廓的理想境界中。譬如,贾宝玉所向往的清净女儿的世界,林黛玉向往的没有风刀霜剑的香丘,晴雯向往的不分贵贱的天地。

　　粗略巡礼,就是这些共同成就了曹雪芹的美学理想和神髓。这神髓,支配着曹雪芹的椽笔,将生命灌注到他所塑造的那些"狂人"的形体之中,使他们醒目地出现在中国古代小说的人物画廊里,异军突起,独树一帜。

　　再来看看他们吧,他们的性格实在是不讨喜。贾宝玉行为偏僻,秉性乖张,无故寻愁觅恨,动辄似傻如狂,是大观园里的"混世魔王"。林黛玉常耍歪派,谁也触犯不得,稍不如意,就要闹得不可开交,甚至绝食求死。她又自小爱哭,哭得是"花魂点点无情绪,鸟梦痴痴何处惊"。更有一种奇思怪想,要将花儿葬了,随土化了,好图个"质本洁来还洁去",简直是古今少有的疯狂念头。晴雯呢,"那蹄子是块爆炭",身为下贱,心比天高,有时候比林黛玉还要难对付,扇子撕了一大把,却大笑道:"我也乏了,明儿再撕罢!"临死时,采取那种强烈得不能再强烈的方式,向一个高贵的公子表达了自己的爱情!

最后,在劫难逃是"好一似食尽鸟投林,落了片白茫茫大地真干净"的结局,可他们痛斥禄蠹、笑骂奴才的声音却曾恒久地震撼着贾府的殿宇。他们仿佛燃起的熊熊烈火,映照得那些"乌眼鸡"们越发渺小和丑陋。是他们,在牺牲自己的青春、爱情和生命,去敲响旧制度行将就木的丧钟。

时势造英才。曹雪芹所处的时代,他所走过的人生道路,他所呼吸的艺术空气,使他可以狂飙起天末,做一个狂人!

(耿　颖)

围 城

——笑看人间百态

鸿渐还在深冬的街头漫无目的地游走,寒冷和饥饿裹挟着情思弥漫纷乱。柔嘉随着姑母出了门,瘦削的肩融进漫漫黑夜。辛楣不会忘记那个仓皇出逃的夜晚,苏小姐的容貌和沈太太的奸笑让他灵魂出窍。文纨执那顶阔边大草帽,看着旧时情人如今的难堪得意而又故作优雅地笑。晓芙站在窗口,望着马路那一侧的鸿渐,心跳被喧嚣的雨声盖过……

哪有什么得意不得意,只有越来越仓促,越来越落魄。

每个人的出场都颇为亮丽。苏与方是留洋归来的博士,一个是"孤芳自赏,落落难合",一个是同行的留学生中唯一乘坐二等舱的人。两人的博士毕业照并排登在报纸上,好不风光。辛楣神气轩昂,有着留美博士傲兀的姿态。唐小姐和孙小姐也都是女大学生。这是一场知识分子的盛会,每个人都经过华美的包装,但结局却是相似的——灿烂地没落,狼狈地没落。

一、语言精致隽永,幽默风趣

本书的语言颇有趣味。尖刻的嘲讽包裹在幽默风趣的文笔里,让人分不清是书中人物口气,还是钱老的口气;是品评书中之人,还是所指另有其人。

"一张文凭,仿佛有亚当、夏娃下身那片树叶的功用,可以遮羞包丑;小小一方纸能把一个人的空疏、寡陋、愚笨都掩盖起来"生动地体现了国内对外国文凭的疯狂追捧。钱老对那个时代知识分子的鄙夷不屑跃然纸上。

"有人叫她'熟食铺子',因为只有熟食店会把那许多颜色暖热的肉公开陈列;又有人叫她'真理',因为据说'真理是赤裸裸的',鲍小姐并未一丝不挂,所以他们修正为'局部的真理'。"这个玩笑开得既优雅又低俗,可见全船男学生的满腹经纶无处施展,到头来还是在女人身上做文章。留学并没有给人的心智带来彻底的改变。

辛楣说:"对于丑女人,细看是一种残忍,除非她是坏人,你要惩罚她。"这句话甚至成为当今的流行语,看来钱老的幽默更是被后世所沿用了。

鸿渐与柔嘉吵架的对白也十分有趣,如这段:

> 鸿渐道:"早晨出去还是个人,这时候怎么变成刺猬了?"
> 柔嘉道:"我就是刺猬,你不要和刺猬说话。"
> 沉默了一会,刺猬自己说话了……

总而言之,钱老有一身文人气,他的幽默,即便是打嘴仗、画漫画的调子仍然优雅好看、不失风度,有绅士做派。

二、对人情世故睿智的讽刺

有人评价钱钟书:"不善交际,却极通世故。"《围城》中的世故,想来不能再真实了。

女人间的戏最多。苏文纨与唐晓芙是表姐表妹,苏文纨却对鸿渐说晓芙:"人虽小,本领大得很,抓一把男朋友在手里玩弄着呢。"也许是看出了鸿渐的动摇,不惜靠造妹妹的谣来把他牢牢抓在手中。但当方鸿渐表明自己不爱苏小姐,爱的是唐小姐后,苏小姐就立刻转了态度,把方鸿渐买假文凭、在回国的船上与鲍小姐风流的事全都抖出来,像是与唐小姐同仇敌忾。

范小姐与孙小姐是在三闾大学中的舍友,范小姐说孙小姐行为邋邋遢遢,还与陆子潇天天通信,像是在交往。孙小姐说范小姐在外借的剧本上写些甜言蜜语,炫耀自己的魅力,伪装出有许多人追求的样子。但两人表面和和气气,孙小姐离开时,范小姐还来送她,两人勾了手依依惜别。这让鸿渐感慨道:"女人真是天生的政治家,她们俩彼此背后诽谤,面子上这样多情,两个政敌在香槟酒会上碰杯的一套功夫也不过如此。"

女人间关系的微妙还体现在方家。二奶奶和三奶奶见了鸿渐寄来的结婚照,一面说照片好看的人,真人不一定好看,一面猜疑照相只照了半个身子,是因为下半身见不得人。最后两人得出孙柔嘉不正经,是个无耻的女人的结论,终于可以扬眉吐气地鄙视她一番。两人来"视察"鸿渐的房子时,又是话里隐说家具买贵了,又是吹捧自己家打仗前有多么风光显赫,显然达成了"统一战线"。

鸿渐初到上海时相亲的张家是暴发户的典型。说话时夹杂着无谓的英文,过分模仿美式发音,收集各种俗气的古董,打牌时不知是故意还是无意忘记付账。"我你他"小姐看的书《怎样去获得丈夫而且守住他》更是暴露了优雅包装下的本质。

去内地同路的李梅亭则是吝啬鬼、伪君子的典型。他从上海带了西药想去内地卖个高价,即使同行的孙小姐病了也不肯拆封,以为孙小姐一路上对自己的态度也不够一包仁丹的交情。贪便宜藏私钱、好色、结识风流女子、与寡妇相谈甚欢,人家还说:"倷先生真是好人。"鸿渐、柔嘉订婚,李梅亭造谣中伤。"李梅亭这两日窃窃私语讲的话,比一年来向学生的谆谆训导还多。"其阴险不言而喻。

三闾大学是个微型的社会。言而无信的高松年用滑头手段欺负方鸿渐的年轻懦弱。韩学愈的"双假"——假学历和假国籍,与鸿渐形成了鲜明对比。一个不愿再提起,一个仍然用着假文凭,但是他"大胆老练,撒谎骗人有勇气坚持到底",反而功成名就。鸿渐开始教英文后,韩学愈又指使学生陷害他,想要赶走这个隐藏的祸害,同时为太太腾出位置,不知不觉中离间他和刘东方的关系。刘东方为了让鸿渐入赘他家千方百计,帮他摆平教学上的事,平日里待他也甚是亲切。汪厚处借做媒拉拢关系,汪太太与高校长、赵辛楣关系暧昧,陆子潇桌上故作姿态的"外交部来信"……学校里自成派别,"粤派""少壮派""留日派""汪派"……乌烟瘴气。

甚至一个无关的人的过场，钱钟书的眼神、语调中都有那个时代满满的市井气息……不得不说，钱钟书对人性和生活中的各种算计、心机、虚伪以及对中国式的人情社会，真的是看得太多，看得太透了。

三、女性的爱情与婚姻

为什么鲍小姐、苏文纨、唐晓芙、孙柔嘉，前前后后那么多女人，都会喜欢上方鸿渐？

在我看来，每个女人的形象都鲜明不同，也几乎有社会上所有女人的缩影。鲍小姐是性感妩媚的朱古力糖，情场高手、逢场作戏，但又能轻松地从爱情游戏里抽身离开，毫发无伤。苏文纨爱慕虚荣，她要方鸿渐、赵辛楣、曹元朗这些男人都爱他，满足她颐指气使的大小姐脾气，而她的爱情不能轻易施舍给别人，所以过了保质期。范小姐和她很像，要的都是"许多男人发疯似地爱过我，我却不曾动心"的效果。唐小姐是一个"真正的女孩子"，她认为自己决不会爱方鸿渐，爱是又曲折又伟大的情感，决非那么轻易简单。但她真的没有爱上他吗？书，电话，最后分别时的决绝，让情感变得复杂了。有时候，真正喜欢一个人的时候，甜言蜜语还比不上一句"我只希望方先生前途无量"。与苏文纨留着赵辛楣的信取笑他相比，唐晓芙归还方鸿渐的信要善良得多。

为什么最后嫁给方鸿渐的是孙柔嘉？她相貌平平，是行为拘谨生涩的女子，也是一个真正的独立女性。她渴望婚姻，在反复权衡家世、学问、前途和人品等等之后，锁定了方鸿渐，所以说她"千方百计"。刚好，那时候方鸿渐不想要一个女朋友了，他只想要一个太太，两人的结合便是必然的了。

以浪漫的名义在一起，还得以世俗的方式一起生活下去，这是人间常态。在大部分的关系中，都强调容忍，而爱情的美好是可以放肆——所以爱情才如此被歌颂与追逐。但人还是人，我们以为可以放肆的爱情，却容不得我们放肆。两人的分开，归根结底还是因为将就。

对爱情将就，对生活也将就。方鸿渐"不讨厌，可全无用处"。他有一点善良、一点心机，懦弱小心，虚伪却讨厌处心积虑的人；努力尝试着改变生活的现状,间歇性踌躇满志,又被很多东西羁绊了脚步,周而复始平庸地活着。而大多数人都是这样。方鸿渐这样反思过自己:"爱她(唐晓芙),怕苏文纨,给鲍小姐诱惑这许多自己,一个个全死了。有几个死掉的自己埋葬在记忆里,立碑志墓,偶一凭吊,像对唐晓芙的一番情感。有几个自己,仿佛是路毙的,不去收拾,让它们烂掉化掉,给鸟兽吃掉——不过始终消灭不了,譬如向爱尔兰人买文凭的自己。"

看方鸿渐的生活就像在看自己,看他在公众场合毫无脸皮地卖弄,看他的爱恨情仇,看他的家庭生活,看他处理世事时的窘迫谨慎,人情丝毫不练达,考虑毫无周到,就像在看你我。

你我都囿于这围城中。

围城内是不得向它俯首称臣的世俗,围城外是内心向往的桃花源。

钱老就像书末的祖传老钟一般,质朴的文字里,无意中包含对人生的讽刺和感伤,深于一切语言、一切啼笑。

(刘晓悦)

论《围城》之中的三重困境

作为中国现代文学史上的经典作品,《围城》的魅力皆在"围城"二字。"围城"实际上昭示了一种困境。

第一重困境我觉得是环境的困境。无论是生活或者是社会场景,方鸿渐都如同在逃离了一个"围城"之后,又闯入另一个"围城"之中,并在其中上演了种种闹剧,这是时代使然。方鸿渐在欧洲时无所事事,买了个子虚乌有的克莱登大学的文凭。从欧洲回国后,方鸿渐就处于国内这个"围城"之中。在上海度过一段欢乐的时光后,方鸿渐因战乱到三闾大学任职,却发现这里并不是他施展才干大干事业的场所,他总是担心假文凭被人识破,也不善于心计之斗,在几十个知识分子的钩心斗角中他被排挤出来,后又与孙柔嘉到桂林,返回上海到报馆任职。因为赵辛楣的缘故而到重庆寻找机会。而此时方鸿渐和孙柔嘉的婚姻也将近死亡。从城市到山野,从肮脏的旅店到钩心斗角的大学,方鸿渐的一次次离开与出走,与环境是有着密不可分的关系的。一个个环境之间的转换,是其与不同环境之间的摩擦斗争失败的结果。

第二重困境是很容易读出的,"婚姻即'围城'",是爱情的困境。整本书中几乎所有的男女人物都或多或少涉及情爱。在回国时,方鸿渐与鲍小姐便有了段露水情缘,却发现自己被鲍小姐戏弄了一番。随后在上海又卷入了赵辛楣、苏文纨两人的三角恋中,又迅速地恋上了苏文纨带出的表妹唐晓芙。方鸿渐热烈地追求唐晓芙却未能如愿,同时与苏文纨纠缠不清。方鸿渐斡旋于爱与不爱间,最终被一场蓄谋已久的"阴谋"夺去了爱情。到三闾大学之后,而汪太太更是扮起了媒人的角色,让赵辛楣、方鸿渐与范小姐、刘小姐之流相亲,却弄巧成拙,暴露了自己的暗恋。还有当然就是孙柔嘉与方鸿渐的相恋。孙柔嘉"处心积虑"地设下一个爱情陷阱,而方鸿渐呢,也顺理成章地掉入这个陷阱之中。返回到上海之后,方鸿渐逐渐感受到了婚姻这个"围城"的约束,越发地不自在起来。情场上的失意与事业上的失败,使得方鸿渐试图在婚姻中寻找温暖和慰藉,可是婚后的生活不是那般理想,辗转不定、颠沛流离的生活很快磨平了激情和爱恋,夫妻双方大家庭里亲人的误解和二人本身性格的不合,使得他的小家庭争吵不断,最终导致了家庭的破裂。

最后一重困境,我认为是精神的困境。纵览整个故事,似乎主人公方鸿渐就没有一天平静日子可过,真可谓是"趋避道穷、动与祸会、事故乖违"。而其实小说也正是通过备述主人公在教育、爱情、事业和婚姻这些人生阶段中的种种境遇,一次次地让主人公陷入僵局,一步步地揭示主人公和社会环境的种种矛盾冲突,从而得出人生是一个"一无可进的进口,一无可去的去处"这样发人深省的结论。方鸿渐的流离,是被迫的。与第一重的环境也有着密不可分的关系。这种流离,是在环境中失意,甚至是在无法生存的情况下出现的。方鸿渐在各种各样的"围城"中进进出出,而他的内心却越发地迷茫。他内心所包含的犹豫不决、懦弱等因素,是导致"围城"不断出现的根本原因。留学期间的西方文化让方鸿渐想要追求自由,但回国之后的种种传统文化禁锢着他,由内而外地包围、压抑着他。这才是最难以翻越的一道"围城"。东方与西方文化没能很好地交融,格格不入,因而在方鸿渐身上就显得矛盾,也造成了他双重的人生态度与性格:既追求自由又不知所措,既聪明又懦弱,时而自信,时而自卑,等等。他鄙视身边的伪君子势利眼,自己又无法成为真正的君子,只能在思想与行动之间犹豫,在欲望与道德之中寻找、奔突、挣扎、沉沦。在两种文化的影响下他本想过一种自由的生活,却鬼使神差般地陷入了社会、婚姻、自身的"围城"。社会与婚姻其实并不能束缚住人,在选择的过程中的人性才是始作俑者。无论走什么样的路,人性导致方鸿渐依旧逃不出病态社会与人性弱点的"围城",这也是最大的隐患和威胁。说什么无可奈何形势所迫,很多情况下其实还是取决于自己的选择或者说人性所导致的一种潜意识,可能连自己也没有意识到,就选择了自己心底里那条最符合自己利益的道路,到头来却发现结果和自己所想象的根本是大相径庭。于是就开始不满地大放厥词,把一切都归结于外部原因,却忘记了平心静气地去审视一下自己的内心与诉求。或许这样才会发现,自己的人性才是一切的根本原因。

  其实在当今社会,很多人都是忽略了内心真正的需求而放大了对利益的渴望。主人公方鸿渐的性格和遭遇即使在当下也是非常常见的,这也使得我们能与主人公产生更多共鸣。主人公努力地逃出一个围城,又陷入另一个围城,这与我们的人生何其相似。我们选择了看似符合自己利益的道路,最后却发现事情并不全都如我们所愿。我们便开始悔恨,下意识地认为当初选择另一个便会今非昔比。可是如果不能真正理解内心的诉求,无论什么选择都只会是悔恨的循环。人生,就像是一个苦难的集合。当然,现实的人生不会如方鸿渐一般处处碰壁,但是书中所道出的种种困境,我们或多或少地都有相似的经历。其实不管什么时代的人,都逃不出种种"围城"的束缚,而作品中综合了人生种种惨淡境遇,这使得我们不得不在感叹他悲惨遭遇的同时发出一声同病相怜的苦笑。《围城》这本书的高明之处就在于此。

(夏逸涵)

浅谈梁实秋以及他的《雅舍小品》

梁实秋是中国文坛上一个颇有争议的人物。他,曾遭鲁迅批评,也与鲁迅发生论战;他,曾被毛泽东点名,在"毛选"上留下了不光彩的一笔。而在海峡的另一边,他则有被"造神"的"节奏"。那么,真实的梁实秋究竟何如,笔者试图从他的随笔集《雅舍小品》中探知一二,感知梁实秋先生的一些人格特点。

梁实秋最为人称道的一点便是他的极为出色的幽默感。有人甚至认为他比林语堂——幽默大师和"幽默"一词的创造者,更加幽默。我深以为然。每每翻开书页,触及他的文字,都会被他的风趣幽默的文字所感染,甚至会忍俊不禁,笑出声来。

那么,就用例子来证明这一点。在《雅舍小品》之中,梁实秋先生运用了一个极为有趣的比喻。谁能想到,"上肢运动""蛙式游泳"竟会与打麻将联系起来?但细细一品,的确,打麻将不正是一次上肢的运动吗?打麻将时的动作和蛙泳也确有几分相似。但是,平日里,又有几人会将打麻将与这些运动联系起来?所以,初一读来,确实有几分滑稽。但是,也的确要钦佩梁实秋先生的幽默感和细致入微的观察力,试想,如果没有对事物的仔细观察和幽默感,恐怕也只能干巴巴地记录下打麻将。可是,在梁实秋先生趣味横生的记叙中,这样的生活场景也变得有趣而活泼起来。

梁实秋的幽默感更体现在他近乎孩子气的天真上。有一回,有人给梁老先生送礼,是外包装干净且俊俏的金华火腿,但里面竟已生蛆虫。老先生本想将火腿原封退回,又怕伤了送礼者的自尊,老小孩一样竟想出了"人头挂高杆"

的恶作剧解气，趁黄昏时分蹑手蹑脚偷偷把这败絮其中的火腿挂在大门外的电线杆上，然后躲在门缝里窥伺，果然看见有行人不明就里，四顾无人，欣欣然挟带而去的。看，这不正是顽童恶作剧常用的伎俩吗？梁实秋老先生，不仅亲身实践，还将它记入文中，语气中还夹带着几分骄傲自得和炫耀。这不是老顽童的天真是什么？

　　作为一名作家，一位长者，梁实秋老先生的幽默中更夹杂着几分讽刺，读来让人大呼："写得毒辣，快哉快哉！"《不亦快哉》一文中，老先生详细地描写了那些罔顾社会公德的种种行为，行笔至末，总不忘添上一笔"不亦快哉"，如是嘲讽。字句之间，尽是批判，但是又充满了幽默和诙谐，真不愧是"嬉笑怒骂皆为文章"。

　　这，就是梁实秋的幽默。全是信手拈来，没有一丝矫揉造作，"硬装派头"。读者可能会问，这种幽默有什么用？联系到梁实秋老先生生活的年代，那是多灾多难的年月，每个人都被愁云惨雾所笼罩。梁实秋老先生能保持如此的幽默感，是何等珍贵。正是有这种幽默感，才能让梁实秋老先生坚持度过这段艰难的岁月，想必也激励了一代人，让许许多多的人坚持走过难忘的黑暗。这或许也是幽默感的伟大所在。

　　而梁实秋更为吸引人的一点，则是他的细腻、柔情以及怀旧之情。

　　从《雅舍小品》的选材便可窥见一斑。从一碗友人炖煮的萝卜汤，便可生发出做文章的一些道理，足见老先生心思的细腻。"少说废话，这便是秘诀"，这几个字，掷地有声。试想，若是一个不拘小节之人，又怎么会有如此遐思？罗丹尝言："世界上不缺少美，而是缺少发现美的眼睛。"梁实秋老先生也可以如是说："世界上不缺少哲理，而是缺少发现哲理的心灵。"或许，正是因为身为一名作家，他时时刻刻对生活保持着细密的关注。这对于今日的我们，未尝没有启示。

　　他在《吃相》一篇中两次提到目睹劳动人民痛快淋漓地吃。一个是北京小吃馆里的车夫，"辫子盘在额上，衣襟掀起塞在褡布底下，大摇大摆，手里托着菜叶裹着的生猪肉一块，提着一根马兰系着的一撮韭黄"，让掌柜做肉丝炒韭黄和炖肉，分成两份，卷进一斤有余的两张家常烙饼中，卷得"比拳头要粗"，然后"两手扶着蠹立在盘子上,张开血盆巨口,左一口,右一口,中间一口","直吃得他青筋暴露满脸大汗,挺起腰身连打两个大饱嗝"。另外一个是在青岛,见石匠们在工地上歇工吃午饭,"有人送饭,打开笼屉热气腾腾,里面是半尺来长的发面蒸饺,工人蜂拥而上,每人拍拍手掌便抓起饺子来咬,饺子里面露出绿韭菜馅。又有人挑来一桶开水,上面漂着一个瓢,一个个红光满面围着桶舀水吃。这时候又有挑着大葱的小贩赶来兜售那像甘蔗一般粗细的大葱,登时又人手一截,像是饭后进水果一般"。老先生说:"他们都是自食其力的人,心里坦荡荡的,饥来吃饭,取其充腹,管什么吃相!"这样的描写,又岂是那些所谓的文人、"文艺小清新"所能写、所愿意写、所想要写的?梁实秋老先生的描写形象而生动,读来真可睹其物见其人。而他愿意对这些社会的底层不吝笔墨,更体现出他的性格特点,对于社会底层以及劳动者的同情与怜悯,细细品读,还有对自食其力者的赞颂。

当然,还有浓浓的怀旧之情。梁实秋老先生生于北京,尽管最终终老于东南,但他始终对老北京念念不忘。《北平年景》中,他絮絮叨叨着过年的点点滴滴。《爆竹》一文中,他则以细腻的笔触描写着童年燃放爆竹焰火的趣味,还不忘幼时对"过年给小孩子们吃的沾了灰的桃脯蜜饯"的厌恶,娓娓道来,如一位长者,讲述着一些人生的经历。但是这笔触不落俗套,始终以"雅"贯穿,这些琐屑,读来也颇有韵味,俗事似乎也变得雅起来。难能可贵的是,这些回忆,都是如今无处寻的,而且也不似鲁迅,充满火药味和政治气息,读来都是暖暖的,还描绘出了过往的那些不为人知的小节,读来还有些知识性。这或许就是《雅舍小品》在海峡两岸畅销之由。这些东西,可称为怀旧,也可理解为一种情怀。这里的梁实秋已不只是一个人、一名作家,而是升华为一种符号,一种代表着已然逝去的过往的符号。人们通过他的文字,可以看到一个逝去的老北京。

但是梁实秋也并非完美,《雅舍小品》中也有不足之作。比如,由于受传统概念的约束,他对橄榄球存在着误解,人高马大的众选手挤作一团的抢斗场面,老先生形容为"蚂蚁打仗都比这个有秩序",就体现出他对西方的陌生。再如《由一个厨师的自杀谈起》《腌猪肉》两文,虽然洋洋洒洒,总有凑数之嫌,读来味同嚼蜡。梁实秋虽然有过留学海外的经历,但毕竟还是深受传统文化的熏陶，对现代的种种还存在着隔阂，对西方文化还缺少了解。他，还是有着保守、守旧的那一面的。他，也并不完美。

综上所述，梁实秋的人格特点，我可以做出以下概括：梁实秋充满幽默感，但是，他也有着细腻的一面。他对劳动者充满同情怜悯与赞美。他，怀念着逝去的、无法追回的老北京。当然，人非圣贤，他也有着自己的局限，也有着怀旧的一面，但这枚"怀旧硬币"的另一面，也包含着保守、守旧。

（钱　昊）

烟火爱情背后的伟大

她,在敌人的践踏和蹂躏下,山河破碎,风雨飘摇。

她们,走出小我,用柔弱的肩膀抵挡日寇的洋枪洋炮。

有人说,每个人的生命都相似,只是点缀在生命里的希望和梦想使它有所差异。民族危亡之前,那些个美丽的背影不乏落寞与惆怅,然而,纷飞的战火之中,走出的是另一种美,一种气势,一种磅礴,一种别样……

读《风声鹤唳》,读一种成长。因其成长,成其伟大。

女主人公梅玲的父亲是一位军阀,树敌太多,遭人暗杀。她跟着母亲学会了读书写字,母亲去世后,她孤苦伶仃,走投无路,做了人家的姘妇。偶然一次机会,她得知枕边人竟是通敌的汉奸,便向一个爱国组织揭发了他,但因一切信件都以她的名字签收,不得已落了个"卷带珠宝和钞票潜逃的罪名"。

英国有句谚语:"爱情会自寻出路。"梅玲天生有一颗敏感灵动的心灵,她住进博雅家,一下子被古老大家族的氛围深深吸引,她向往成为这个大家族的一员,渴望亲身探寻这座古老宅子的秘密。

《卡萨布兰卡》中有一句台词:"世界上有这么多城镇和酒吧,你却偏偏走进我这一家。"是缘分,让梅玲和博雅为彼此倾倒,一个美丽聪慧,一个风流倜傥。此时,日寇的铁蹄已踏进中华大地,如火如荼的抗日战争已拉开序幕。然而,北平的这座大宅子依旧静如磐石,大宅子的生活依旧如风安逸,耳边不是震耳欲聋的炮火洋枪声,而是风的呢喃,鸟的低语,爱情的蜜语;眼前不是目不忍视的病痛死亡,而是明月,是流萤,是爱人的脸庞。梅玲很快乐,快乐是真的,是流淌在绵绵情话里的,闪耀在流转的目光里的。

然而,爱得从容,散得匆忙。为了躲避日本人追查,梅玲让老彭带她离开,到上海与博雅会合。

这原本是一个王子与公主的美丽爱情童话,却因为战争,走出了原来的轨道,走出异样的轨迹。

老彭一定是梅玲最后一个男人,是爱的最深的、最隆重的。她们是灵魂相吸的精神伴侣。莎士比亚说:"爱情不是花荫下的甜言,不是桃源中的蜜语,不是轻绵的眼泪,更不是死硬的强迫,爱情是建立在共同语言基础上的。"老彭与梅玲的共同语言,就是仁爱,就是助人,就是为危难中的祖国尽自己的一份力。

从见到老彭的第一眼,梅玲就信任了他,她在写给博雅的信中称老彭是"坐怀不乱的柳下惠"。这份信任冥冥之中注定了两人的爱情。这是梅玲生命的转折点,她不知道这一次逃离,逃脱的不仅是日本人的追查,也逃出了她原本那个狭小的躯壳,等待她的,不是博雅,不是甜蜜的重逢,是一次生命的洗礼,人格的升华。

"是的,是真的。在爱情的眼光里,你仍是纯洁天真的。我是一个佛教徒,你也许听过:放下屠刀,立地成佛。以前的事情不重要,世上谁没有罪孽呢?佛家说:普度众生。每个人都有慧心,躺在那儿被欲念蒙蔽,慧心却没有消失。那是智慧的种子,像泥中的白莲,出淤泥而不染。"老彭是个佛教徒。人们说:"好的爱情让你变成更好的自己。"博雅给得起富贵荣华,却给不了心灵的沉淀,老彭恰恰相反。他从佛经中汲取生命的智慧,磨炼自己的意志,修炼心性。他与梅玲的爱情是真正的烟火爱情。烟火,战火;烟火,生活。生活在战火里,在战火里求生。生命中,能遇见一个使你成长成熟的人,何其幸运!

梅玲与老彭的爱是纷飞战火孕育出来的,亦爱亦敬,跨越烟火,跨越年龄。老彭的介入是精神引领,梅玲爱情的转移是其人格升华的选择。

人的命运不在于无可奈何的选择,而在于选择之后,如何去面对和走这条路。

上海,虽然中国军队撤出了闸北,日本人已占领该区,第八十八师的五百多位弟兄在谢团长的指挥下仍坚守在苏州河北岸的四行仓库。每天,梅玲和老彭买了馒头接济难民。"为别人做点事,而不是为你自己。博雅很富有,可帮助战争的受难、穷苦及无家可归的人——你会赞成博雅这么做吧?""当然。我想我的生活太自私了,不过我从未有机会这样做呀。""男女之间的爱情若非建立在爱人和助人的基础上,就是自私的……有东西吃有地方住——这是无家可归的人最大的愿望。给他们这些,便是至高的幸福。"这一刻,梅玲真正走进了老彭的世界,一个人道主义者的世界。没有海誓山盟,没有你侬我侬,有的是忧国忧民,有的是心系百姓。梅玲离老彭越来越近,同时也离博雅越来越远。第一次,她不用在乎自己的过去,她不再是弱者,她找到了生命存在的价值。

梅玲在上海见到了博雅,老彭则去了武汉。分别之时,两人不禁发现原来自己都已经习惯了彼此的存在。博雅没变,还是过去那个多情少爷。而梅玲已经蜕去了之前狭隘的外壳,她走到过民族危难之前,见到过流离失所、食不果腹的战争惨状,她感受到被需要的快乐、帮助别人的满足。原来,爱情并不是生命全部。真正的爱情,不因石而阻,不因远而疏。地理上的距离可以弥补、可以消除,而心灵的距离,则如"百里是天涯"般终难逾越。

赫尔曼·黑塞说:"我不是为了生活中的鸡毛琐事而生,我的生存是在于所有的星辰。"为了"那所有的星辰",为了民族大义,梅玲义无反顾地离开上海,去武汉找老彭。

周国平在《人与永恒》中写道:"人生多险,生命多难,我们要让自己变得强大、坚韧、有力,坦然、平安、宁静地度过一生,也许唯一的办法就是把自己交出去,交给一个信仰。"在武汉,他们收留了许多难民,给他们提供食物、住处。空袭时刻会发生,死亡每天在进行,几颗孤苦的灵魂只能彼此依偎取暖,张岱年老先生说:"活着,就是一种成就!"对他们而言,也许活着就是一切。

一切终将黯淡,唯有被爱的目光镀过金的日子在岁月的深谷里永远闪着光芒。在这里,他们发现精神恋爱的萌芽早已萌发于彼此的心里。再回首,恍然如梦。

爱情与人间大爱交织相融,幻化出的绚丽光芒照亮了梅玲消瘦却平静、坦然的面孔。"快乐?我无忧无虑,良心平安,我想你就是这个意思吧。"熊熊战火,轰轰炮声,炸出她心底的仁与爱,在弥漫着硝烟与死亡气息的时代,毅然走到千疮百孔的民族面前,托起她沉重的身躯,用自己的脊梁支撑起她的脊梁。不禁想起孟子的那句:"人皆可为尧舜。"只要去做,渺小也能变成伟大。

　　林语堂笔下总是让爱情遇上战争。看着一位位如梅玲一样美丽的女性,走出狭小自我,超越个人情爱,生命得以升华,心中每每就回想起那些话:

　　我们都以为她哭了
　　然而却哭成了汪洋
　　你挣扎着从汪洋中站立
　　像自由女神
　　高高举起你的右臂
　　又像诗人
　　内心书写着外界无法摧残的坚强

(夏雨桐)

悲欢聚散，生死离别

读书人到晚年，都会德高望重韬光养晦，但杨绛先生的言论，一直是俏皮不失刻薄，说话通透直白，并不刻意摆出世外高人架势。当我第一次读到她的文字——《我们仨》时便被深深打动。

《我们仨》大概就是一个世纪老人对人生的感慨，对世事的深刻洞悉吧。经历了人生的波折起伏、大开大阖，但是大部分时间远离了权势与斗争，抑或是早就对这些风轻云淡。她就像一个邻家老太太在跟你平淡地讲述她的一生，丝毫没有彰显学识的引据经典和对留洋经历的炫耀，平淡得不留痕迹，平淡到只有在字里行间细细体味，才能读出她隐藏在内心深处的那份悲怆和凄苦。

全书简简单单三个部分，然而第一、第二个部分全为虚写：梦，一个长达万里的梦，而梦的主人公就是杨绛先生和她的家人，一步一步，从分离到死亡。读完有些失神怅惘，转而第三部分为实写，杨绛先生用平实的语言讲述了一家三口的日常生活与点点滴滴，由热热闹闹、相扶相持的三个人变成孑然一身，孤单落寞的日子更显往日的欢乐。无穷无尽的回忆，相思之苦，肝肠寸断。正是这虚实相生的艺术手法，相辅相成，共同成就了本书的真切感人。

虚实结合，不足为奇，但在这本书中，被运用得炉火纯青。作者本想表达一家三口在人生最后阶段相依为命的深刻感情，然而作者依托梦境来渲染这份情愫。这一部分的故事不是真实发生的，而是作者的匠心独运。某一天早晨，钱钟书先生突然被叫去开会，很神秘，不让人知道。"地点在山上，司机找不到。明天上午九点有车来接。不带包，不带笔记本。上午九点。"电话就挂了。这个电话更为神秘，实则为下文埋下了充分的伏笔：钱老先生即将离她远去，杨绛先生无法接受这个事实。随即，一个重要的意象出现：古驿道。或许大家都会心生疑惑，然而整个故事就是围绕她和她的家人在这条古驿道上的离离合合、聚聚散散。杨绛先生和钱瑗在古驿道上开始无止境的寻找之途，功夫不负有心人，两人最终找到了。往后，则出现了更多的意象。其实，客栈、小船和古驿道分别对应于现实中的家、医院和两地间的路途。此艺术手法为象征，暂且先不谈，下文会提到。"古驿道烟雾迷蒙，杨柳成行杂树丛生，野草滋蔓，几棵苍松翠柏掩映着谁家的陵墓。"场景的描写暗示通向死亡的荒凉、迷离、阴森。作者内心的伤感和悲凉一览无余。杨绛对于爱女和爱人的依赖之情以及钱瑗个人性格与对父母深沉的爱，在这一系列的情节中表现得淋漓尽致，这一部分的明暗交替过渡得十分自然贴切，没有丝毫的强制拖沓之嫌，这与作者高超的写作技术有关，更离不开作者在写作过程中给予的深刻情感。这一部分虚写大致如此。

而虚写的原因在我看来是这样的。首先，以实笔写生，以虚笔写死，这样一来，"生"的部分显得充实而丰厚，给我们深刻的印象。而以"梦幻"的形式描写女儿和丈夫最后的岁月，也许是作者不愿、不能、不敢去回忆的让人撕心裂肺的岁月。作者还处在失去亲人的痛苦之中，没有走出阴影，因而只能通过虚写，把自己置身于另一个角度中，来回忆那遥不可及的过往。其次，从内容和形式的结合来看，死亡原本就是虚幻缥缈的东西，是很难用文字把握的东西，用梦幻的形式去表达，更容易揭示死亡的真实面貌。

再来说一说象征。象征，借助某人某物的具体形象，以表现某种抽象的概念、思想和情感。在我看来，文中有两类象征。第一类即把现实中真实存在的地点和场景幻化成给人以虚无迷茫之感的古驿道。换了一个地点，含蓄隐晦地表达出了杨绛先生与家人的别离。古驿道不仅象征着现实中的这段路程，也象征着杨绛先生内心的那段心路历程或是那道坎，她不想丈夫离去，但却阻止不了。古驿道上行走的姿态象征着他们对家的不断追求，在杨绛看来，家并不仅仅是一个居所，更是指有家人的地方，而没有家人的地方，就仿佛失去了一切，正如第二部分《我们仨失散了》中的最后一句话："不过三里河的家，已经不复是家,只是我的客栈了。"古驿道上的一切都不以人的意志为转移,该离开的最终会离开,该留下的终归会留下,这与人生旅途的结束何其相似!第二类象征则是将某一景物作为意象寄托情感。文中对杨柳的描写不断出现,写得最多的是寒柳和秃柳:"驿道上又满满地落叶,一棵棵杨柳又都变成光秃秃的寒柳。""堤上的杨柳开始黄落,渐渐地落成一棵棵秃柳。"柳树这一意象在古代诗歌中多用来表达离别情绪,例如王维的"渭城朝雨浥轻尘,客舍青青柳色新",白居易的"青青一树伤心色,曾入几人离恨中"都是借柳来抒发不舍悲凉之情。自然而然,它所含的韵味是苦涩的。而杨绛笔下的这一意象与一般别离不同,杨绛笔下的寒柳和秃柳暗示着死别和永别。景因情而生,情由景而传。触景而生情,见柳而落泪。

　　世间好物不坚牢,彩云易散琉璃脆。人总要经历生离死别,再美好的东西也会离我们远去。杨绛先生博学多识,声望极高,然让人感叹的是她为了爱情甘愿屈居并付出,用智慧和大爱精心营造着家,编织着生活。也因如此,杨绛先生的文字才如此耐人寻味。夕阳正好,浩瀚无边的水面如镜,远远望去,一朵旷世莲花圣洁夺目,出淤泥而不染,濯清涟而不妖地绽放、烂漫,任凭风吹雨打,她自岿然不动,唯有清香飘来,沁人肺腑……

(李思含)

星斗其文,赤子其人

——我眼中的沈从文先生

说实话,我初次萌生要深入了解沈从文先生的想法,并不是因为他的小说《长河》《边城》,或是他的学术巨著《中国古代服饰研究》,而是因为他为张兆和女士写下的那句情话,"我行过许多地方的桥,看过许多次数的云,喝过许多种类的酒,却只爱过一个正当最好年龄的人"。

我一直在想,这个情深义重的男子,到底是什么样的?风流倜傥?洒脱俊朗?是,也不全是。

直到我在凤凰古城的沈从文故居,看见沈先生年轻时的一帧黑白照片,清亮的眼神如沱江的潺潺清流,一脸的干净纯粹,嘴角微微上扬,眉宇间英气逼人。君子如玉,自始至终,温和谦逊。即使到了老年,照片里的少年意气褪去,那目光愈加慈悲。它不是凌厉的,但却能直击你的内心。沈从文先生一生都是用他那孩童般的眼光,好奇地打量着这个给他惊喜,也给他苦难的世界。

大人者,不失其赤子之心者。显然,沈从文先生应该是一个温文尔雅的赤子。正如木心所写的那样:"借我瞻前与顾后,借我执拗如少年。借我后天长成的先天,借我变如不曾改变。借我素淡的世故和明白的愚,借我可预知的险。借我悲怆的磊落,借我温软的鲁莽和玩笑的庄严。"

在沈从文先生那里,一切都是那么举重若轻,自然而然。没有故意造作,却含蓄蕴藉。

沈先生的眼睛里是有故事的,你可在先生的文字里得到印证。沈从文先生一生留下这么多好文,足见其笔力深厚,他的眼光决定了他的高度。君子不必怒目圆睁、咄咄逼人,也能看清人事浮沉,道尽生命的幽微,月白风清。

先生的文字让我想到了潘维曾经写过的一首诗——《同里时光》。我暂且引这首诗来表达我的阅读感受:

青苔上的时光/被木窗棂镂空的时光/绣花鞋蹑手蹑脚的时光/莲藕和白鱼的时光/从轿子里下来的,老去的时光

在这种时光里/水是淡的,梳子是亮的/小弄堂,是梅花的琴韵调试过的/安静,可是屋檐和青石板都认识的/玉兰树下有明月清风的体香

这种低眉顺眼的时光/如糕点铺掌柜的节俭/也仿佛在亭台楼阁间曲折迂回/打着的灯笼/当人们走过了长庆、吉利、太平三桥/当桨声让文昌庙风云聚会/是运河在开花结果

白墙上壁虎斑驳的时光/军机处谈恋爱的时光/在这种时光里/睡眠比蚕蛹还多/小家碧玉比进步的辛亥革命/更能革掉岁月的命

看似质朴平和,没错,先生的文字似乎真的有能革掉岁月的力量,或者说与岁月抗争的力量。

我很喜欢《从文自传》。那里的岁月,横跨了河流与山川的距离,所见满目青山绿水,风土人情。湘西的水,月下的风,梦里的树枝,思念的远人……他写童年乐趣、军旅生涯、赴京寻梦,顺次展开,离奇有趣,独抒性灵,不拘格套。一个男孩要走过多少路,才能真正成为一个有担当的人——在书中我得到了答案。

顽劣与美德,诗与真实,但事实上,潜隐在故事里的是"近于出入地狱的沉重和辛酸"。

这是为什么呢?

想起故居里的那张照片,好像先生就是用那悲悯的目光,注视着阅读他文字的每一位读者,真诚地告诉我们这个问题的答案。

先生处在什么样的时代?

1948年沈从文先生因写自然纯朴、人性之美的文章而被认为是"游离于时代和政治之外",被定性为"自由主义作家",受到左翼严厉的批判。各种言论谩骂铺天盖地,这对于一个有自尊、有傲骨、有气节的文人来说是怎样一种痛苦的体验,我们从后来老舍先生的结局不难看出。

然而,先生真正的魅力,就在于他能把一个时代最荒谬的东西尽收眼底,把个人的悲愤化在山水之中,笔法清淡,大巧不工。时代的荒唐击不垮他,岁月的无情奈何不了他。无论世界给予他什么,屈辱、悲痛、折磨,他都用那含笑的目光接受了。他平静地注视着无所适从的人们,说:"我轻轻地叹息了好些次。山头夕阳极感动我,水底各色圆石也极感动我,我心中似乎毫无什么渣滓,透明烛照,对河水,对夕阳,对拉船人同船,皆那么爱着,十分温暖地爱着。"

先生觉得岁月并未辜负我们,所以我们也别辜负了岁月。"美"字笔画并不多,可是似乎很不容易认识。"爱"字虽人人认识,可是真懂得它的意义的人却很少。

所以,他的文字属于远离政治,远离斗争的京派文学。有人评论说:"作为'京派'小说的代表,沈从文笔下的湘西无不切实表现了其远离政治,消解阶级斗争,以独特的文化视角进行社会批判的艺术特征。"沈从文笔下的"湘西"世界,有高高的吊脚楼,有辛苦的水手,有卖身的妓女……倾诉着他对古老湘西的理想而完美世界的不懈追求。

在支持迅猛发展的时代,他最早提出了"都市的诟病"。于是,他写下的都是对理想世界的寻找和重构,就比如说《边城》,无论是傩送和爷爷的死,还是天保的出走,都是一切的误会,展现着"谁都没有错"的理想世界。翠翠在失去一切后,并没有像她母亲一样殉情,而是选择坚强地活着——其实她也开始踏上了母亲一样的道路。《长河》里的夭夭,是同翠翠一样的精灵、单纯、可爱、纯洁、美丽。而又与翠翠不同的是,她身上有强烈的时代感,表现出强烈的反抗意识,这一形象的出现,则是沈从文对理想更进一步的追求。

对中国社会现代文明的不懈追求,这样深沉的情怀难道不是对时代的反映吗?怎么是游离于时代呢?经过二十世纪四十年代的风波后,沈从文沉寂文坛达几十年之久,直到八十年代他才重新复兴。

三毛说,"这个世界的色彩与可观也在于每个人的价值观都不一样",战争革命是文化,品茶赏雪也是文化,可以并存。

不过有时,我甚至很庆幸他三十多年的沉寂,因为他避开了过于敏感的五六十年代,过于残酷的七十年代,避免了那一代很多文人都不能避免的命运。

有人这么评价沈从文先生的一生:二十年代崭露头角,三十年代名噪一时,四十年代断然隐退,八十年代再度复兴。

这一生固然坎坷,但毕竟是完整的。

1988年5月10日,沈从文逝世,他的骨灰一半撒入沱江,一半葬于石下。

他的墓碑正面刻着:

"照我思索,能理解我,照我思索,可认识人。"

背面刻着:

"不折不从,星斗其文;亦慈亦让,赤子其人。"

凤凰之子,不负凤凰。赤子之心,熠熠闪光。

在这个时代,我们称先生为"赤子",亦尊其为大师。

(周乐陶)

沉醉在悲哀里

——略谈张爱玲二三事

作为一个无师自通的写作天才,张爱玲同李白一样,"清水出芙蓉,天然去雕饰"。自然而然地水到渠成,无须过心的技巧或矫正,只要拼命不辍笔地写下去,每篇写出来都是惊世骇俗。所不同的是,张爱玲的感情偏重于女性的悲凉。如何见得,且听我慢慢述之一二。

喜欢一个人,就算你是站在无人可以企及的云端,也会为他卑微到尘埃里,然后开出花来。最后,却迎来她料之不及的凋萎。所以她宁愿用最冷、最深沉的悲哀抚慰她的心伤。

小说里,她可以支配任何一个人物的人生:人的年轻、老去;男女之间的爱与不爱,名利与金钱,过去与未来的辉煌衰败,或是分分合合,生生死死……却像一个个鲜活的张爱玲演绎不同的悲苦人生。

就拿张爱玲处理一个底层的人物——小艾来说,于爱玲自己,并不十分满意,在《重返边城》中也有所谈及:小艾缺乏故事性,原本想的故事是另一位宠妾的婢女,让她被毒打囚禁,生下的孩子也立即被抱走,最后在青楼里生死未卜。小艾至少还有算得上美满的婚姻,虽然几经辗转,最后一刻总归还有丈夫可以依附。

尽管婚后的小艾像美国畅销小说中的新移民一样努力想发财,依靠正当的行径获取等价利酬,却又在因现实而落空后怅然笑道:"现在没指望了!"曾经热情满满地追求过的繁华,思念着的、怨着的人,一切都只能埋在眼睛里,倘若有一天醒来,面前物是人非,才害怕迷茫。张爱玲给她的期望,像是无尽深渊，偏要将她引入更深的绝望，让她似冰似火地煎熬着，而给旁观者"享受"从深深的地下传来低浅的嘶鸣。张爱玲就像是看透了现实残酷的内在，尤其对处在那样"吃人"的迂腐时代的女人来说，这些不切实际的希望比残酷的人肉欺凌更具摧毁性。

连上层人物之间的尔虞我诈也是如此，一个单纯女子的性命，便可兑换了一时的太平与心安。在《色·戒》中，情感像地雷一样不知情地埋下，只需轻轻一抬脚，一个指示罢了——她从他不知其味的悲哀眼神里，读出了真爱，一瞬如觅知音的心悸、恐惧，令她更加兴奋地推开了预定死亡名单上的对手。她想证明她要彻底违背早已厌倦的宗旨，吻别她那无味枯烂的生活，她要推翻掉一连串精谋深算的伏击计划。鹬蚌相争的，一个是失去了性命，一个则失去他不曾重视的"真爱"。

在他们的视界里，人需要时刻明防暗防，所以他们选择在演戏中斗智，背叛下谋划，往往如此，他们的内心变得更脆弱胆小，却又全都很好地掩饰在凶猛的狼皮下。张爱玲通过这篇《色·戒》，将人的挣扎、恐惧、自私自恋、男人与女人之间的欲望藏在清醒的试探中。这些虚虚实实的伪装好像一张精美的网，越诱惑着，越是不想看透，最后被残忍地捆缚，失去搏斗意识。就像张爱玲自己一样，越是明白，反而陷得越深，所以只能装作糊涂，自欺欺人，以纾解伤痛。

"笑，全世界便与你同声笑；哭，你便独自哭。"世界对于他人的悲哀并不是缺乏同情，小和尚哭灵，小寡妇上坟，都不难使人同声一哭，只要是戏剧化的，虚假的悲哀，他们都能接受，可真遇上了一身病痛的人，他们只睁大了眼睛说："这女人瘦来！怕来！"虽说，张爱玲是民国世界的"临水照花人"，无须知晓世事，一切便会来与她交涉，但是因为一场不合时宜的爱情，将她拖进了漆黑冰冷的地狱，却没有人来拉她一把。再华美惊艳的文字也镇压不了舆论的波涛，因为作为旁观者的庸俗的大多数人中，没有哪一个愿意倾听她的委屈，时间就这样一波一波冲刷掉张爱玲辛苦搭建起来的"幸福城堡"。用一句话总结，这真是"无与伦比"的悲哀。

这花花世界充满了各种愉快的东西——名文报纸上，时装样本里……这一切她久已视作她名下的财产,现在,随她一寸一寸地死去了,她不存在,然而愉快的大多数只有更加愉快,因为有更多的谈资供他们消遣。

在久久不遇的短暂爱情中,如此高傲,自诩天才的张爱玲竟汇入尘埃,似与风尘女子无异,这可就算是真得不能再真的悲惨事实。

张爱玲的《殷宝滟送花楼会》里有一段这样的描写:"罗教授戴着黑框眼镜,中等身量,方正齐楚,把两手按在桌子上,忧愁地说:'莎士比亚是伟大的。一切人都应当爱莎士比亚。'他用阴郁的,不信任的眼色把全堂学生看了一遍,确定他们不会爱莎士比亚,然而仍旧固执地说:'莎士比亚是伟大的,'挑战地抬起了下巴,'伟大的,'把脸略略低了一低,不可抵抗地平视着听众,'伟大的,'肯定地低下头,一块石头落地,一个下巴挤成了两个更为肯定的。"

我觉得这段对罗教授的描写用在张爱玲身上再合适不过,即使是了解"真爱"寥寥无几,那么瘦削的她总想用尽力气向大众传递她的才华,所以她变得更瘦,尤其瘦的是两条胳膊,像是她生命中所有的力量和血液,统统流进她稿纸的格子里去了。

要看懂张爱玲的书,还是要先去了解她的生平,从短暂的彩色童年,到金光闪闪的声名鹊起的那几年,还有颠沛流离孤独无依的晚年。了解其间接二连三的惊喜与打击,亲临一下张爱玲的心境,也就不难读懂张爱玲悲伤到极致的小说根源,同时也能明白这位文学天才是如何拥有与生俱来人人钦羡的下笔即成佳文的能力的。

陶醉在永远无法驱散的悲哀中,张爱玲快要不明白人生的快乐了,所以她逃跑,在她说长不长的后半生里,都在为远离俗尘而四处流浪——有的人醉心于流浪,而有的人宁愿岁月静好,现世安稳,却永远逃不开流浪的命运。在这点上,张爱玲可算与萧红是同道中人。不同的是,尽管张爱玲的心思在尘世,她的写作更是离不开平庸的大多数人,她也只愿做一座孤岛,不想让任何人再踏足,再毁了她的清净。开得万众瞩目,凋得无声无息。于她,总是残忍。

因为懂得,所以慈悲。在张爱玲这儿,没有最悲哀,只有更悲伤,张爱玲的笔会将读者们的心戳得千疮百孔,但千万别怨恨她,她只是太早地看得太透,想得太深、太明白,而她又仅仅是个弱女子。即使就像哈姆莱特,他有远见卓识、坚忍意志，也有强健体魄，最终还是逃不了同归于尽、随着一个时代而落幕的结局。

读张爱玲的小说，就像是第一次喝白酒，一来就十分呛人。当然，酒量好的人，越是烈酒反而越有味，会感觉沉醉到上瘾无法自拔。

说这么多，倒不如来场"倾城之恋"——胡琴咿咿呀呀拉着，在万盏灯火的夜晚，拉过来又拉过去，有说不尽的苍凉故事。

（唐兴欣）

"苍凉"蓝血张爱玲

"贵族之血是蓝色的,所以说张爱玲的色调是冷色的,低调的,我行我素的。"

看,太多的人知道她心性凉薄,比烟花寂寞,即使再多的人用华丽的辞藻恭维她,"一个旖旎的民国梦境""傲然于世的海上花,才华横溢,惊艳文坛"。她都是一朵温暖不了的花。一如她最喜欢的那个词——苍凉。

簪缨士族,豪门之后。祖父张佩纶是清末名臣,祖母李菊耦是李鸿章的长女。然而这不是李鸿章的时代,身上背负着的七零八落的贵族血统与而今荣辱并不相关,甚至父亲那前朝遗少的悲哀,一定程度上碾碎了张爱玲的童年,使她生活在旧朝习气的阴影之下。可也正是受到父亲的影响,她对中国古典名著自小就有很好的兴趣与积累。白先勇曾评价她的文字风格很有趣,像是绕过了五四时期的文学,直接从《红楼梦》一脉承下,语言纯粹,是正宗的中文。

当她喊出"出名要趁早呀!"这句在当时惹人讶然的话,就注定了她的想象力与生命力属于那座遍地传奇的都市上海滩。她对胡兰成那段"低到尘埃里"的爱情最后以一个失望透顶以至决绝的背影告终,只剩下一句"民国的临水照花人",这也成了她身上撕不去的标签。

她是一个传奇。

我是喜欢张爱玲的,喜欢她年少时的孤芳自赏,爱美天性,拿着人生第一笔稿费买了一支丹琪唇膏,令母亲哭笑不得;喜欢她遭遇爱情后的痴心不悔,体会背叛后的决然转身;亦喜欢她人生迟暮之时的离群索居。在她人生的每一个阶段,都或多或少掺杂着疏离与孤傲,这是生活烙印在她气质上的冷色,投射在她血液里的冷色。

但我更喜欢她的文字，那是她笔下的传奇。

她像是踢脚坐在云端，似正经，似顽皮，泛览周王传，流观山海图，俯仰终宇宙。而兴趣最浓的，却是由上眺望人间世，和那些她所写的"三三两两勾搭住了，解不开的；自归自圆了的；或淡淡地挨着一点，却已事过境迁了的"各式各样人与人间的相互关系。

恋爱与婚姻，无疑是她小说的中心题材，也是她着力描绘的人与人间的相互关系。张爱玲世界里的恋人总喜欢抬头望月亮——寒冷的、光明的、朦胧的、同情的、伤感的，或者仁慈而带着冷笑的月亮。就连这喜爱的意象也是如此清冷，仿佛是在刻意营造那苍凉的氛围。于是有人批评，说她的文章市井，说她的内容俗气，说她小说里面的人物不管遗老遗少或小资产阶级，全都为男女问题这噩梦所苦。噩梦中老是淫雨连绵的秋天，潮腻腻、灰暗、肮脏、窒息而腐烂的气味，像是病人临终的房间。噩梦没有边际，也就无从逃避。青春、热情、幻想、希望，都没有存身的地方。川嫦的卧房，姚先生的家，封锁期的电车车厢，扩大起来是整个社会，都给人难以名状的压抑感。

如出一辙，成了格式。

同样她笔下人物的结局也总透着悲哀。不管是范柳原和白流苏逢场作戏，最后借着一个城市的沦陷来成就的这场爱情；还是佟振保出轨，他的妻子与裁缝也隐约着暧昧，结尾居然是"第二天起床，振保改过自新，又变了个好人"，却仅仅是维持了形式维持不了心。"长的是磨难，短的是人生"，说出这句话的张爱玲，她想要表现的内容即使冰凉但不应该如此单一又单薄。

我曾询问过师长，也读过很多张爱玲迷的看法，其中有一条简单但印象深刻："这个女人太聪明了。"若当真仅把它当作男女情爱的小说来演绎，真是小瞧了张爱玲，可若真的仅仅当作男女情爱的小说来欣赏，也的确精彩。初看她的小说，就常为她优美的文笔、细腻的描写和传奇的情节所吸引，尤其是那些异想天开、奇绝生动，令人忍俊不禁或心生恐惧的各种比喻：她描述胡琴嘎嘎惨伤的音调，是"天地玄黄，宇宙洪荒，塞上的风，尖叫着为空虚所追赶，无处可停留"。写被虐待将死的媳妇，则是"直挺挺地躺在床上，搁在肋骨上的两只手蜷曲着,像宰了的鸡的脚爪"。写冷天乡村里的太阳,"像一只黄狗,拦街躺着。太阳在这里老了"。她喜好嘈杂的市声、车马的喧嚣、浓烈的色彩,最爱油漆抑或汽油的气味,并将生活的点滴感受倾入笔下。繁华深处是悲凉,或是热闹喧哗的语言,或是冷漠压抑的比喻,都是为她想要表现的内容服务的。那么究竟是怎样冷的色彩,怎样的苍凉,需要这样的笔调呢?

忘记了吗?她像是踢脚坐在云端,由上眺望人间世。很多人错认为她是绝情的,错认为她的内容一味悲哀、一样单薄,其实她的同情和慷慨已经超越个人、超越主观。她那客观、冷静、敏锐的洞察力,不仅使她难以对人虚伪敷衍,对自己,她更是忠实,所以她才会义无反顾追求所爱,义无反顾放弃所爱,因她看得太过明白与透彻了。像纳兰性德所说,"人到多情情转薄",这与凉薄有着本质的区别。

比如说她文章里一股子的苍凉味道就不对。她曾经说过:"我不喜欢壮烈。我是喜欢悲壮,更喜欢苍凉。壮烈只有力,没有美,似乎缺乏人性。悲壮则如大红大绿的配色,是一种强烈的对照。但它的刺激性还是大于启发性。苍凉之所以有更深长的回味,就因为它像葱绿配桃红,是一种参差的对照。"她要写的,是人性,而人性的真相,最好放在社会风俗的框子里来描写,因为人表达情感的方式,总是受社会习俗决定的。

张爱玲以她敏锐的视角、独特的身份、切身的感知,以小说的形式写下这段新旧交织的历史,用难以名状的压抑,表现特殊的社会习俗、时代风貌。那是一个冰冷而矛盾四起的时代,就像蓝与红的撕扯,物质上的闭关锁国已然随着清王朝大厦的倾颓消失,人们从旧式的生活中解脱了,但并没有从旧式的文化中解脱,精神与现实的冲击必然带来迷惘与压抑,因为大部分人都是平凡人而不是英雄,不是那些可以在精神与现实中找到平衡点,可以在拯救别人的同时拯救自己的人。

时代是这么沉重,不那么容易就大彻大悟。回过头来再看她的小说,除了《金锁记》里的曹七巧,全是些不彻底的人物。他们不是英雄,可他们是这时代的广大的负荷者。她在作品里面从不呼天抢地,她的女主人公形象大多坚强有力量。她们虽然不彻底,但究竟是认真的。她们没有悲壮,只有苍凉。因为悲壮是一种完成,苍凉是一种启示。

人生的结局总是一个悲剧,老了,一切退化了,是个悲剧;壮年夭折,也是个悲剧。但人生下来,就要活下去,没有人愿意死的。生和死的选择,人当然是选择生。

终于,那些人物,相似却又独一无二。大多得使出他们渺小的力量,在浪漫的梦想和逼人而来的悲剧之间,找寻一条出路。她深深知道人总是人,一切虚张声势的姿态终归无用。她所记录下来的小人物,不可避免地做些有失高贵的事情;这些小故事读来也叫人悲哀、叫人理解、叫人宽容,不由得使人对于道德问题加以思索。

我看到过这样的评价,像张爱玲这样的女子,因为灵魂不老,所以一生只能活一世,今生只作最后一世,她永远是民国世界的临水照花人。她疏离清绝,很多人只看到她的冷与硬,但那蓝血之上那一抹红得炽热的灵魂,因为看得透彻,所以饱含同情、悲悯与宽容的灵魂,更值得我们追寻与拥抱。

(夏怡宁)

谈汪曾祺笔下流淌的故乡情

冯骥才有言:"家是世界上唯一可以不设防的地方。"善哉斯言!故乡把它怀抱里的每个人都养育成自己的儿子。它哺育我们的不仅是海河蔚蓝色的水和亮晶晶的稻米,更是它斑斓而又独异的文化。它把我们改造为同一的文化血型,它把精神的因子注入我们的血液之中。而在汪曾祺老先生的笔下,这股浓浓的故乡情更是表达得淋漓尽致。

一、绘尽苏北旧风情

汪曾祺出生在风景秀美的高邮一带,苏北水乡的清新灵动孕育了他独特的审美情趣,小城古镇的淳朴敦厚滋润了他欢欣愉悦的童年时光。故乡的优美风景和独特风俗使他魂牵梦萦,久久不能忘怀,从而形诸笔墨。他饱含深情地讴歌苏北小城古老淳朴的风土民情,动人心魄地撩拨起人们对昔日生活的深深迷恋,勾起人们对传统文化的重新追寻。如"芦花才吐新穗。紫灰色的芦穗,发着银光,软软的,滑溜溜的,像一串丝线。有的地方结了蒲棒,通红的,像一枝一枝小蜡烛。青浮萍,紫浮萍。长脚蚊子,水蜘蛛。野菱角开着四瓣的小白花"。这里的风俗,有钱人家的小姐出嫁的第二年,娘家要送灯。送灯的用意是祈求多子。远远听到送灯的箫笛,很多人家的门就开了。姑娘、媳妇走出来,倚门而看,且指指点点,悄悄议论。再者他还对各种民俗场景进行细致的描述:"阴城的正中,立起一个四丈多高的架子。有人早早吃了晚饭,就扛了板凳来等着了。各种卖小吃的都来了。卖牛肉高粱酒的,卖回卤豆腐干的……人们寻亲访友,说短道长,来来往往,亲亲热热。"聪明的汪老用自己的眼睛将苏北的旧日风情尽收眼底,然后用平淡细腻的文字,接地气地抒发自己对于故乡特殊的情愫。他的散文、小说不讲什么大道理,也不谈什么玄奥主题,没有主旋律,只是将自己眼里看到的、心里想到的,真实地展现在读者眼前。只不过,它们多以民俗风情的形式出现罢了。

二、着眼昔日故乡人

汪老不仅泼墨写事,还泼墨写人。他的前半生颠沛流离,而到了后半生,他笔耕不辍,或许是觅得了生命的真谛吧。他把笔尖瞄准故乡,一人一物,皆在他的笔下酣畅淋漓地流淌。不浮华、不矫情,却意味隽永。叶落归根,大概追求的就是这样一种境界。因为心中始终有对故乡的温情和怀旧,他的笔下也时时表现出对故乡人的追忆。其中有对人物"点"的描写:《故乡人》描写高邮历史上一次罕见的水灾,"这一年死于大水的,有上万人。大水十多天未退,有很多人困在房顶、树顶和孤岛一样的高岗子上挨饿;还有许多人生病;上吐下泻,痢疾伤寒。王淡人就用了一根结结实实的撑船用的长竹篙撑着,在齐胸的大水里来往奔波,为人治病"。小说中这位冒着生命危险、到洪水中去救人的王淡人先生,其实就是汪老的父亲汪菊生。汪菊生多才多艺,品德高尚,无疑给读者留下了深刻的印象。同时汪老的笔下也不乏对人物"面"的描写:在《忆昔》一书中,汪老细细讲述了他的成长际遇,过往的亲人和朋友。他讲述自己的父亲"多年父子成兄弟",回味父亲做风筝、拉胡琴,以及陪伴他的点滴;想念幼时离世的生母和另两位继母。他讲述恪守传统的祖父母,记起祖父送给他的端砚和字帖,"一个封建家庭的祖父对于孙子的偏爱,也仅能表现到这个程度"。这些文字,像极了一位老人的闲散漫谈。正如川端康成所说:"何时你能与一位老人待整个下午,听完他精彩或不精彩的人生故事,那说明你已成熟。"正是因为熟悉这些昔日故乡人的原型,所以在他笔下的这些人物有血有肉又充满生气,而且他们的故事真实、自然又贴近生活。

三、诉尽满腔故乡情

汪老通过具体地写事、写人,将自己对于故乡特殊的情愫毫不掩饰地表达出来。细品他的文字,妙不可言,尤其是读他的散文。借着清寂的冷意,静下心来,慢慢看,细细想,一句,再一句,最后,畏寒的心总能被他的文字温热。你会发现他的作品释放着光。这光,不是鲁迅作品中那种凛冽的寒光,它如当空的圆月,明净、皎洁,给人浅浅的暖。故乡,在他的文字中被拉近,一颗静谧的心会去思考回家的意义,然后,你就会发现故乡就是你魂牵梦萦的根啊。而聪明的汪老似乎早就觅得了其中的真谛。在他的笔下,花鸟虫鱼,衣食住行,样样涉足。他写故乡端午的鸭蛋,惟妙惟肖。"别说鸭蛋都一样的,细看却不同。有的样子蠢,有的秀气。"好一个活灵活现的"蠢"字,足以让人哑然失笑!他写故乡的食物——《炒米和焦屑》也饶有趣味。"我们那里,餐餐吃米饭,顿顿有锅巴。把饭铲出来,锅巴用小火烘焦,起出来,卷成一卷,存着。锅巴是不会坏的,不发馊,不长霉,攒够一定的数量,就用一具小石磨磨碎,放起来。"没有热情洋溢的抒情,没有长篇累牍的评论,他只是信手拈来,把故乡的风情随意带到我们眼前,舒缓从容到了极致。品读他的每一篇作品,或写风俗,或谈文化,或忆旧闻,或述掌故,这样清浅简练的文调,无处不在。是的,家的意义在美味的食物中被放大:那是养你、育你的地方,你的血液里流淌着和它一样的血,你们被一种叫作血脉的东西牢牢拴住,无法挣脱,也不能挣脱。沈从文这样评价他:"最可爱还是态度,'宠辱不惊'!"冯唐这样形容他的文字:"明末小品式的文字,阅读时开窗就能闻见江南的荷香。"他的文字,写出了今人所没有的慢与闲。他让人觉得,生活是美好且充满希望的,人生是充满诗意的。也正如海德格尔所言:人应当诗意地栖居。诗意如汪老,汪老之诗意,他横竖撇捺,用一字一句写尽人世的趣味。

对联有言:"柴米油盐酱醋茶,琴棋书画诗酒花。"读汪老,读他笔下所描绘出的好玩的事与人,读他笔下所迸发出的安静从容的文字,读他笔下所流淌出的浓浓故乡情。而这一切,是他在故乡高邮看尽自然风光,在西南联大看尽世事纷乱所积淀出来的安静。这种安静带给人的,是灵魂深处对原始美的呼唤,是对人性的赞美与发掘,是一个游子对于故乡无法割舍的,也说不清道不明的情愫。

(何艳艳)

波澜不惊，淡中有味

——品读汪曾祺

汪曾祺先生被誉为"抒情的人道主义者，中国最后一个纯粹的文人，中国最后一个士大夫"。他的文风可称中国文坛中的一股清流，具有独特的艺术价值。人们在形容他的文字时常使用"春初早韭，秋末晚菘"这句话。早韭，指早春新韭；菘是白菜、青菜的古称，晚菘是指成熟于秋冬的大白菜和塌地而生的一类青菜。这些蔬菜味道平淡，但又在平淡中蕴含着纯真自然的韵味。汪曾祺的文字风格也正是如此，可以说是"淡而有味"，引人细细咀嚼，品起来回味悠长。

汪曾祺先生文风的形成，首先与他的成长经历有关。他出生于江苏高邮。高邮地处苏北，气候温和，民风淳朴，风景秀丽宜人。大运河川流而过，流转南北货物，是来往客商云集的繁华大码头。高邮湖水域辽阔，物产丰富。他在水乡的滋养下受到儒家仁爱思想的熏陶，后来的作品也因而常常离不开"水"。他出生在一个旧式地主家庭，从小就受到良好的教育。祖父是清末的拔贡，以八股文出名，指导汪曾祺的古文，奠定了他的古文功底。祖母是高邮最出名词人谈人格的女儿。生母和两位继母都很爱他，给了他无私的母爱。父亲上过南京旧制中学，多才多艺。这个家庭温馨和睦，汪曾祺从小受到家庭亲情的关怀和传统文化的影响，因而形成了平易温和的性格。或者说，他的性格中有一种"贵族式"的气质——温和典雅、波澜不惊，没有中国许多乡土作家所有的"自尊与自卑"之感。没有苦难留下的刻骨铭心的印记，没有声嘶力竭的抗争呐喊，这是优渥无忧的童年生活给他奠定的人生基调。

汪曾祺先生中学时代就读于高邮中学和江阴南菁中学,后考入西南联大,开始创作生涯。西南联大对他的影响也是至关重要的。西南联大以"自由"滋养了他的文学功底,他的文学作品也在这时将童年积淀的温柔敦厚表现出来,形成了"淡而有味"的文字。没有老师沈从文先生那样"以一支笔打出一片天"的意念,他的写作是由自然而发,文字平淡,随和。也正因如此,他看似"未尽才,无大志",甚至真正获得全国性的声誉是在晚年《受戒》发表后,堪称"大器晚成"。而究其"有味"之根源,是由于其思想、人格的独立。他从未真正被"改造",不做作,无拘束。无论是在动荡的战争年代还是在"文革"的浩劫中,他都保持着对人生的达观,平淡的处事态度使他的内在与外界保持了相对隔离,从而使内心的变化相对独立而深入、不间断,时间过滤掉了浮尘,能够将所见、所忆、所思沉淀下来,形成醇美的积淀,反映至其作品便是"渐入化境",所写皆是其理解的"人性"。经过几十年的沉淀后,他才能让文字如流水之源自然流出,内蕴浑厚。

汪曾祺先生作品中的"淡而有味",主要表现在以下几个方面:首先,其语言文字高度成熟,表现得平淡如画亦如诗,回归语言本身。他以平实委婉而又有弹性的语言,反拨了笼罩一切的政治气息的僵硬;以平淡、含蓄节制的叙述,暴露了滥情的、夸饰的文风之矫情,其中深厚的中华文化底蕴让人重温曾经消逝的"田园隐士风格"及"古典主义的名士风散文的魅力"。他毫不吝啬地进行正面和侧面描写。这种描写很真诚,让人容易读下去,也愿意一遍又一遍地回味。"真诚"是因为描写不华丽,该简则简,该繁则繁,充实而不冗绪,简洁而不急躁,因此节奏能把握得舒缓自然。

其次,其内容情节多从小人物、小事件写起,没有一波三折的奇诡跌宕,没有借助宏大的表现、极端的情境和较少矛盾冲突所带来的戏剧性,而是从"生活的波澜"里折射出人与社会的状态,如他所言:"跟一个可以谈得来的朋友亲切地谈一点你所知道的生活。"不追求题旨的玄奥深奇,他使"日常生活审美化","琴棋书画诗酒花,柴米油盐酱醋茶",将生活气息与雅致情调相融合,纠偏了那种集体的"宏大叙事"。因为从小处入手,所以总是以大量的笔墨来铺垫出环境,使读者从那布景中还原出其人生心境或社会风貌,从而投射出完整的图景,变得可观可感,值得咀嚼。在这种随意、散漫的描写中,他润物无声地渗入自己的情感和生命的体验,构成了一种具有浓郁的风俗意味和生命气息的氛围。

再次,汪曾祺的写作摒弃了技巧的修饰,或可说是已使技巧化为无形。少刻意、少雕琢,为本真、自然。他弱化了事件,而注重营造诗意的氛围,从而给人以美的享受。这类似于西方的"诗化小说"或"散文化小说",具有一种从有限的形象画面,升华到无限的思想、理念的升腾力,一种从具体的人物情节提高到普遍的意蕴与诗情的概括力,它既有生活的具体实感、美感,又有引人思索的丰厚、博大的思想内涵。他自己亦声称:"我的小说的另一个特点是散,这倒是有意为之的。我不喜欢布局严谨的小说,主张信马由缰,为文无法。"这也类似苏轼的文学创作理论:"大略如行云流水,初无定质,但常行于所当行,常止于所不可不止,纹理自然,姿态横生。"他的作品中小说与散文的界限越来越模糊,手法愈加纯熟,游刃有余。他没有刻意地张扬某种主张,而在自然而然的过程中回归了传统,"回到现实主义"。这也正是他不为了写作而写作的表现,一切只为想要表现的内在精神而抒发,而不被事件的完整性和逻辑框架束缚,让时间、心理变得交融浑然,情节淡化而富有哲理性的诗意美。

最后,他的抒情方式也因为这样的写作方式而独具特色——使情感通过"表现"而可"感知",而非以"抒发"使人"意识"。因为没有确切的文体,他的抒情也介乎小说与散文之间,流散在文字之中,不明显直白而并非不可捕捉,却营造出完整、浓厚的抒情氛围。也因为情节的稀释,使这氛围更为浓厚。

汪曾祺先生的作品使叙事与抒情回归本真,用他自己的话说:"追求的不是深刻,是和谐。"他的大部分作品表达的都是和谐,真、善、美,是真切的、朴实的人性的自由舒展和世俗人生的喜乐,充盈着旺盛的生命力量。他笔下的人物大多有着良好的内在美德,活得坦荡而自然;他自己亦是一个善于发掘美好、诗意和乐趣的生活家。读汪曾祺先生的作品,会有一种"润物细无声"的感觉,会把心灵托举起来漂浮在波澜不惊的水面上,潜移默化间被字里行间的淡淡的平安喜乐浸透。他想为读者构筑的便是一个"世外桃源般的美好境界",

以获得文化的休憩和心灵的慰藉。他传达的是"美好",在我看来这"美好"正是其最大的价值所在,读之如品一杯香茗,让我们回忆起文学原本的样貌和职能,给人以感动、思考和启发。

也许我们无法以汪曾祺先生的视角和思维方式观察思考,但自然和谐必然是我们共同的追求。我们可以重新思考我们需要表达些什么,如何表达是对所见事实、所含情感的尊重,亦是对自身客观深入的考量。

(赵　叶)

浅析汪曾祺《受戒》之艺术特色

汪曾祺是江苏高邮人，曾就读于西南联大中国文学系四年，师从沈从文等。其文如星斗，在中国文学的深深夜幕中熠熠闪耀，其中尤以短篇小说的成就最为突出，本文将对汪曾祺的短篇小说名篇《受戒》的艺术特色进行简要赏析。

汪曾祺最有趣处，就是"对日常贩夫走卒的事情感兴趣"，在他小说里的人物尽是些凡夫俗子，比如风流倜傥的语文教员高北溟，大雪天里围坐如意楼的潦倒三友，五行八作里的能工巧匠。《受戒》里的主人公，一个叫作明海，十七岁，是荸荠庵里的小和尚，小说开篇头一句便是："明海出家已经四年了。"另一个叫作小英子，是一个十五六岁的小姑娘。除他们两个外，小说里所涉及的人物还有荸荠庵里的另外四个和尚和小英子一家等。这些人物都有着普通到不能再普通的身份，他们过的也都是散发着烟火气息的民间生活，这些民间生活就是汪曾祺小说的常见题材。

不同于其他小说引人入胜、一波三折的情节设计，《受戒》的故事情节缺少大起大落的戏剧性冲突，可以说是一种散文化的小说。在小明子（明海）、小英子二人的交往这条主线之外，汪曾祺把大量的笔墨都花在了对当地江南小镇的风景和风土人情的描写上，比如：

> 过了一个湖。好大一个湖！穿过一个县城。县城真热闹：官盐店，税务局，肉铺里挂着成边的猪，一个驴子在磨芝麻，满街都是小磨香油的香味，布店，卖茉莉粉、梳头油的什么斋，卖绒花的、卖丝线的，

> 打把式卖膏药的,吹糖人的,耍蛇的……他什么都想看看。舅舅一劲地推他:"快走!快走!"

这一段,写的是小明子跟着舅舅到庵里去的一路上的见闻,一连串的短句读下来,一座县城就在读者的眼前一点点地闹哄起来,鲜活起来。这样的景象让小明子心向往之,毕竟他还是个没见过什么世面、对什么都充满着好奇心的男孩子,而这样留恋着俗世的孩子即将剃度为僧,这就很有趣了。其实,这些看似无关紧要的闲笔对于人物形象的塑造、背景环境的渲染都有重要作用。

再比如:

> 七月间有些地方做盂兰会,在旷地上放大焰口,几十个和尚,穿绣花袈裟,飞铙。飞铙就是把十多斤重的大铙钹飞起来。到了一定的时候,全部法器皆停,只几十副大铙紧张急促地敲起来。忽然起手,大铙向半空中飞去,一面飞,一面旋转。然后,又落下来,接住。接住不是平平常常地接住,有各种架势,"犀牛望月""苏秦背剑"……这哪是念经,这是耍杂技。也许是地藏王菩萨爱看这个,但真正因此快乐起来的是人,尤其是妇女和孩子。这是年轻漂亮的和尚出风头的机会。一场大焰口过后,也像一个好戏班子过后一样,会有一个两个大姑娘、小媳妇失踪——跟和尚跑了。

这段写当地的风俗"盂兰会",和尚们在这一天耍杂技,出风头,表现出他们在当地的营生很多,也很受女人的欢迎。

与民俗民风的着重描写浑然相成的是语言运用上的质朴平实、不加修饰。汪曾祺曾写过一个《小说笔谈》,写他自己总结的写作要点,其中语言上的是:"语言的目的是使人一看就明白,一听就记住。语言的唯一标准,是准确。"这在《受戒》中就有很多的体现。

比如：

> 两个女儿，长得跟她娘像一个模子里托出来的。眼睛长得尤其像，白眼珠鸭蛋青，黑眼珠棋子黑，定神时如清水，闪动时像星星。浑身上下，头是头，脚是脚。头发滑滴滴的，衣服格挣挣的。

绮丽的文字如同精巧的把戏，往往让人眼花缭乱，不辨善伪，而那些质朴如口语的文字则坚实厚重，不求刻意的雕琢，真诚不矫揉，简省不造作，他们从生活里长出来，又回归到生活的土壤里。若是一个大厨的手笔，哪怕是最常见的平凡的食材也能将其脱胎换骨变为美味佳肴。写作就像做菜一样，越是朴实无华的文字，就越需要功底深厚的作家来掌勺，翻炒之间，就是一篇锦绣文章。这样的文章，乍看之下也许平平无奇，只有愈咀嚼、愈鉴赏，才愈能察觉其间深藏的人生况味。

小说主要写了明海受戒前前后后的一桩桩事情，虽然是受戒，可小说中却处处都是破戒。荸荠庵里的和尚和人们传统观念里清心寡欲、四大皆空的和尚有很大出入，他们和尘世的羁绊，不是一堵墙、一条河可以阻隔的——"这个庙里无所谓清规，连这两个字也没人提起"。三师父仁渡会唱歌词轻浮的小调山歌；舅舅仁山吃水烟，连出门做法事也带着他的水烟袋；他们师兄弟常打牌；他们吃肉不瞒人，年下也杀猪，杀猪就在大殿上；善因寺的方丈石桥有个十九岁的小老婆……总之，在这个旧社会的江南水乡，当和尚在人们的心目中和其他行当并无二致，只是一个谋生的职业，正如汪曾祺在《关于〈受戒〉》中写的："我认为和尚也是一种人，他们的生活也是一种生活，凡作为人的七情六欲，他们皆不缺少，只是表现方式不同而已。"在小说中，无论是庵赵庄的人家、荸荠庵的和尚，还是小明子和小英子，他们都活出了一种健康率真的生命形态，完全依照本性活着，人自然的欲念没有被压抑扼杀，人们能够摆脱世俗的束缚，打破各种桎梏，让生命处于一种自由自在之中。汪曾祺借这篇小说昭示了自在的人性回归，赞颂了人性和人情之美，诉说着他的生态伦理和道德理想。无怪乎汪曾祺自己说："我写的是美，是健康的人性。美,人性,是任何时候都需要的。"

在这样一个温情浓郁、氤氲着江南迷蒙水汽的背景之下,小明子和小英子之间会发生天真无邪的爱情,就像青黑的天下起雨来,待放的苞开出花来一样自然。关于他们之间的感情描写写得很含蓄,那些萌动的心思常表现在细枝末节处,比如:

> 她挎着一篮子荸荠回去了,在柔软的田埂上留了一串脚印。明海看着她的脚印,傻了。五个小小的趾头,脚掌平平的,脚跟细细的,脚弓部分缺了一块。明海身上有一种从来没有过的感觉,他觉得心里痒痒的。这一串美丽的脚印把小和尚的心搞乱了。

这段描写抓住了两个情窦初开的人的心理特征,细腻入微又留有余地,给读者以想象的空间和无穷的回味,写出了小明子和小英子微妙的情感进展,同时从中体现出的人性的美善也使小说的主旨内涵变得丰富而更加饱满。

在文末,汪曾祺写道:"一九八〇年八月十二日,写四十三年前的一个梦。"原来一切的闹闹哄哄,都是一个遥远的梦,真美的一个梦啊。梦幻泡影也许转瞬即逝,而小说家把梦延续到了文学作品中,它就成了不朽,成为小说家自我构建出的理想境界。

苏轼所谓:"凡文字,少小时须令气象峥嵘,彩色绚烂。渐老渐熟,乃造平淡。其实不是平淡,绚烂之极也。"便也可以用来形容汪曾祺先生吧。

(周可玮)

说"梦"的清醒者

莫言曾有一篇文章,名为《清醒的说梦者》。其实,莫言自己,却也就是一位说"梦"的清醒者。

一、说 "梦"

(一)

作为"寻根文学"的一位代表性作家,莫言以其真切魔幻之笔绘出了他"梦"中的高密东北乡。

《红高粱》中的叙述沿两条线展开,主线是土匪头子"我"爷爷余占鳌率领的武装伏击日本汽车队的抗战故事,辅线是在这次战争发生之前发生的余占鳌与"我"奶奶戴凤莲之间的爱情故事。

在书中,莫言用高密东北乡这一小片地方间接但生动地演绎着整个中国的混乱局势,国民党的奸诈和迫害,土匪的猖獗,八路的艰苦、顽强、不怕死,日本侵略者灭绝人性的奸淫掳掠、凶恶残暴。抗日战争时期的中国人民,面对日本兵的惨无人道,伪军的欺压,过着度日如年的艰难生活。

"我"爷爷与"我"奶奶的爱情故事甜蜜又壮烈。"我"爷爷余占鳌,他勇敢剽悍、风流倜傥,他是高密东北乡杀人不眨眼的土匪,又是精忠报国的英雄,他所有类似于土匪的行径几乎都合乎最善良而单纯的人性之美,因此他似匪非匪,他杀人越货却能得到谅解与宽恕,甚至让他的子孙为之骄傲。"我"奶奶戴凤莲不甘嫁给麻风病人单扁郎,勇于追求自己的幸福。她虽然生活在封建社会,从小也是大门不出二门不迈的女工,可她却不亚于一个女中豪杰,她目光长远,敢作敢当,她积极鼓励爷爷抗日并且自己也是一位抗日的女英雄。她得到了爷爷的爱也得到了很多人的尊重。奶奶为了爷爷壮烈牺牲,而爷爷为了给奶奶报仇,出生入死干革命。他们之间的故事令人感动又引人深思。

两条故事线因此天衣无缝地紧密联系起来,真切地展示了小说的柔情与刚强,同时也展示了莫言复杂充实的内心世界。中国人民抗战的勇猛与爷爷奶奶高尚爱情的结晶,正是他以汪洋恣肆之笔全力张扬的中华民族的坚强意志和旺盛生命力,他骄傲地告诉我们:这是红高粱家族的"童话"和民族记忆的复苏。

在这片高粱地里,他说的,是一个中国人的不屈梦,一个民族的崛起梦。

(二)

在他的另一部小说《生死疲劳》中,虽说是"生死"疲劳,更多的却也是"魔幻"的疲劳。

小说的主人公原来是高密东北乡西门屯的一个家境殷实的地主西门闹,土地改革中他的全部家当被分光,还被五花大绑到桥头枪毙。他在阎王殿喊冤,阎王判他还生,结果阴差阳错,这样一个被冤杀的地主经历了六道轮回,变成驴、牛、猪、狗、猴,最后又转生为一个带着先天性不可治愈疾病的大头婴儿。但是,西门闹所有投胎成为的动物都勇猛雄壮,并且都有着超凡的本领,似乎是阎王爷为了补偿他而赋予的。但正是这样,他在动物性的存在中复活了,也正是这样,这片忧郁的土地塑造着不屈的精魂。

小说可以说是由各种动物的生活搭建起来的,也可以说是最后一个关键人物——大头婴儿贯穿起来的。他滔滔不绝地讲述自己身为牲畜时的种种奇特感受,以及西门闹一家和蓝解放一家半个多世纪生死疲劳的悲欢故事。这一双双明眸,透过了五十多年来中国乡村社会的庞杂喧哗、充满困难的蜕变历史。

诺贝尔奖的官方网站如此评价莫言作品:"将魔幻现实主义与民间故事、

历史与当代社会融合在一起。"一个个代表社会最底层也是最深处的牲畜，一个个幽闭而骚乱的心灵，赤裸裸地代表了他也曾作为一个农民的土地和生命之梦。

二、清　醒

莫言是个清醒的历史诗人，他扯下程式化的宣传画，使个人从茫茫无名大众中突显出来。他用嘲笑和讽刺的笔触，攻击历史和谬误以及贫乏和政治虚伪。他有技巧地揭露了人类最阴暗的一面，在不经意间给象征赋予了形象。他清醒地认识到了一个没有真理、常识或者同情的世界，这个世界中的人鲁莽、无助且可笑。

（一）

红高粱家族的"童话"是建立在抗日战争血淋淋的历史上的，而今的我们却怎么也找不到听爷爷奶奶讲抗日时的那种气愤、恼怒的感觉了，因为我们生活在这个和平的年代。但莫言，他却清醒地认识到中国现在的繁荣是踩在先人的血和身躯上的。广大抗日民众、抗日英雄用自己的身躯为中国铺就了一条独立强国之路。南京三十万亡魂见证着中国的痛与恨，壕沟、战场见证着中国的坚持。在莫言笔下，这些残酷的背后也有着诗意的赞叹，它完美地诠释了历史的灵魂与灵魂的历史，这种灵性激活的历史比其他枯燥的历史更为深刻。莫言相信：祭奠的也应该是能复活的。人的生命本体的窥视与生存状态的摹写，在高粱地里生动深刻地展现了那一时期的血与泪，强烈刺激着情感麻木的现代人，张扬着一种原始的生命冲动和激情，演绎着什么是伤与痛，什么是真实与历史，什么才是人生，怎样铸就自己的一生，没有思想与伤痛下的摸爬滚打，怎能造就一部传奇。清醒的民族记忆，赞扬抗日英雄的传奇，唾弃敌人的烧杀掳掠。思想与伤痛共同编织了莫言心中那一部传奇的历史，一部清醒的历史。

（二）

莫言将《生死疲劳》以动物的戏谑来打造"魔幻"的疲劳，有文章这样评价："打破历史的线性固定和压制，踏乱历史的边界和神圣性，留下荒诞的历史转折和过程。"是的，正是这个动物的存在，这个动物的视角，使莫言清醒地在生物学和物种学的层面上审视人类的存在。他的眼神残酷又严厉，让我们觉得，人类的存在居然经不住动物的评判。

莫言清醒地意识到当代人对于历史的不屑与轻视，所以他以农民式的"狡黠"对历史避重就轻，没有对血淋淋的历史进行血淋淋的揭示，没有撕开历史的心脏，而是在外表，与历史逗乐取笑，季红真评价它为"神话世界的人类学空间"。

（三）

鲁迅曾道"暴君治下的臣民，大抵比暴君更暴"，是的，莫言曾说，他是农民的儿子。他饱看了太多中国农民的忧伤与苦难，以致将悲伤与愤怒打扮成无动于衷。他认为，文明社会的当代人，觉得自身的欲望和要求处处受到限制，将之完完全全归咎于社会道德规范的束缚和压制。但是他却清醒地将这种欲望完完全全地袒露出来，展示旧社会的黑暗和光明的真实，又满足我们这些人被限制的欲望，用嘲笑和讽刺攻击黑暗，用赞赏和同情推动光明。

2012年，他有幸获得诺贝尔文学奖，成为第一个获此殊荣的中国人。不过我也很喜欢这样一句话："与其说唯一一位中国籍的莫言老者获得了诺贝尔文学奖，不如说这个奖来得太慢了。"

（颜佳颖）

于对话中见真实

——浅谈余华《许三观卖血记》中的真实感

读《许三观卖血记》，你会有这么一种奇异的感觉：仿佛这不是你从一本小说中读到的虚构的故事，而是从街坊邻居的七嘴八舌中听到、乡下什么三姑四婆什么亲戚絮叨、在你身旁的生活中真真切切发生的事情。

真实！《许三观卖血记》这本书，会让你感受到真实。

而这种真实感是怎么产生的呢？在我看来，这样的真实感主要源于它独特的对话叙述方式。而这种对话叙述方式，又可分为以下三个小点：一是于对话中见真情；二是重复对话的艺术手法；三是通过对话展示历史事件。

一、于对话中见真情

比起余华声名远扬、充满苦难的《活着》，《许三观卖血记》中许三观的一生虽也背负着不断卖血的苦难，但在这份苦难中，却比富贵更多出了点什么——真情。许三观与一乐之间不是亲生父子却比亲生父子更加血浓于水的亲情，许三观与许玉兰之间吵吵嚷嚷一辈子却相濡以沫的爱情……这些通过生活中一句一句、你来我往的对话中显现出的真情，真情的温暖，足以融化一切苦难。其中最经典的情节当数许三观炒红烧肉的片段——

"三乐想吃肉，"许三观说，"我就给三乐做一个红烧肉。肉，有肥有瘦，红烧肉的话，最好是肥瘦各一半，而且还要带上肉皮，我先把肉切成一片一片的,有手指那么粗,半个手掌那么大,我给三乐切三片……"

三乐说:"爹,给我切四片肉。"

"我给三乐切四片肉……"

三乐又说:"爹,给我切五片肉。"

许三观说:"你最多只能吃四片,你这么小一个人,五片肉会把你撑死的。我先把四片肉放到水里煮一会,煮熟就行,不能煮老了,煮熟后拿起来晾干,晾干以后放到油锅里一炸,再放上酱油,放上一点五香,放上一点黄酒,再放上水,就用文火慢慢地炖,炖上两个小时,水差不多炖干时,红烧肉就做成了……"

许三观听到了吞口水的声音。"揭开锅盖,一股肉香是扑鼻而来,拿起筷子,夹一片放到嘴里一咬……"

许三观听到吞口水的声音越来越响。"是三乐一个人在吞口水吗?我听声音这么响,一乐和二乐也在吞口水吧?许玉兰你也吞上口水了。你们听着,这道菜是专给三乐做的,只准三乐一个人吞口水,你们要是吞上口水,就是说你们在抢三乐的红烧肉吃。你们的菜在后面,先让三乐吃得心里踏实了,我再给你们做。"

在这里,作者没有运用任何修辞,甚至砍掉了任何多余、不必要的形容词起的修饰作用,通过平白的对话语言真实地表现出许三观一家的所想、所要和他们的真实情感,将20世纪60年代中国的底层人民遭受的饥饿之苦展现得淋漓尽致,让人在咽口水的同时也咽下心酸苦涩的泪水。菜肴虽然单一,但胜在亲情浓厚;苦难只是暂时的,而人们心中的真情却是永远的。对话的真实洗练出文本不经意间打动人心的效果,朴素犀利,却又感人至深。

二、重复对话的艺术手法

重复手法的运用也是《许三观卖血记》这篇小说的一大亮点。余华打破了重复只适用于诗歌的固定思维,将重复在这篇小说中用得酣畅淋漓、出神入化。

比如还是上面那个红烧肉的例子,许三观给三乐做的是红烧肉,给二乐做的也是红烧肉,给一乐做的还是红烧肉,文字一变未变,却重复了一遍又一遍,最后许三观有点不高兴了,他说:"三个小崽子都吃红烧肉,为什么不早说?早说的话,我就一起给你们做了……我给一乐切了五片肉……"读者并未被这种简单的完全重复所恼,反而被他朴素直白的话语所深深吸引,仿佛随着许三观絮絮叨叨的话,生活的苦难和不易也被这种简简单单的重复和幽默乐观的生活态度淡化了,生活依然散发出想象中的红烧肉那般诱人的香味。

又如众人得知许玉兰在和许三观结婚之前同何小勇有过一腿后的反应——

一乐、二乐、三乐听到了母亲的哭诉,就跑回来站在母亲面前。
一乐说:"妈,你别哭了,你回到屋里去。"
二乐说:"妈,你别哭了,你为什么哭?"
三乐说:"妈,你别哭了,何小勇是谁?"
邻居也走了过来,邻居们说:
"许玉兰,你别哭了,你会伤身体的……许玉兰,你为什么哭?你哭什么?"

同样都是问许玉兰哭的原因,每个人的问法却不同,其中包含的情感也不尽相同。一乐的"妈,你别哭了"是对许玉兰在外面就哭哭啼啼的感到丢脸,二乐的"妈,你别哭了"是对母亲的不解和关心,三乐的"妈,你别哭了"是年纪尚小的懵懂与无知,邻居们的"许玉兰,你别哭了"则是有劝解的成分,邻里的关怀,更多的,还是有好戏看的心态。一句"你别哭了"简单重复几遍,竟有如此大的功效,让人不得不感叹余华在《许三观卖血记》中运用的自然而然的重复的语言艺术。

而全文围绕展开的线索，无疑是许三观总共十二次的卖血经历，这也是全篇玩的最大的一个重复手法。十二次相同的卖血经历，背后却带着十二种不同的原因，意义一次比一次深刻，情感一次比一次强烈，最后在许三观为了给一乐凑足医疗费，一路卖血到上海这个情节中一下子"轰"地爆发，达到顶峰，小说主题得到空前强化，人物形象也在一次又一次的重复中愈加丰满，其生命的价值、生存的意义也一次又一次地震撼着读者的心灵。

三、通过对话展示历史事件

这是我在《许三观卖血记》中觉得最有意思也是最感兴趣的一个话题。将敏感难言、重如泰山的历史事件寄托在轻飘飘如羽毛般的对话中，其想法之奇特，手法之精妙，犹如打太极，四两拨千斤，不可谓不是神来之笔。

如第十八章里一连五个"许三观对许玉兰说……"，短短几段文字却通过对话特别是底层人民关心的吃饭、冷暖等生活问题就包含了"人民公社化运动""大跃进""大炼钢铁""大食堂"等几大历史事件。再如第二十五章中许三观话中的一串"为什么……"虽未直接描写出那个时代背景下人民生活的惨状，却通过疑问引导读者去思考、去体会那个时代的混乱、小人物的生活状态和迷茫的情绪。更有直接如：

> 后来，毛主席说话了。毛主席每天都在说话，他说："要文斗，不要武斗。"于是人们放下了手里的刀，手里的棍子；毛主席接着说："要复课闹革命。"于是一乐、二乐、三乐背上书包去学校了，学校重新开始上课。毛主席又说："要抓革命促生产。"于是许三观去丝厂上班，许玉兰每天早晨又去炸油条了，许玉兰的头发也越来越长，终于能够遮住耳朵了。
>
> 又过去了一些日子，毛主席来到天安门城楼上，他举起右手向西一挥，对千百万的学生说："知识青年到农村去，接受贫下中农的再教育，很有必要。"

胆大至直接通过毛主席的口说出的话却极其聪明,作者用戏谑的语气化解沉重,化解敏感,甚至带着那么一点黑色幽默和反讽意味,读来让人忍俊不禁,却又感触更深。

余华自己曾这么说过:"以前我以为庸俗的生活很可恶,但是我现在却感觉到庸俗的生活自有其美好之处。我感到我写下了高尚的作品。"这种高尚无疑源自作品中的对话让人体会到的真实感,那是一种作家毫不掩饰的、在人性的光芒下展现出的或好或坏的真实。读《许三观卖血记》,于对话中感受真实,于真实中窥见人生。

(戴　乐)

余华的苦难意识

——读余华的《活着》

　　一直以来,苦难似乎成了文学的代名词。的确,没有苦难渲染的文学未免显得有些轻浮,而有了苦难加冕的文学就有了重量,有了那种实实在在厚重的东西。

　　说到苦难意识,我总是第一个想到余华。从读过他的第一本书《活着》,再到后来读的《河边的错误》《世事如烟》,无不用他那冷静得接近无情的笔调叙述着一个个近似荒诞却真真切切的苦难。在余华的笔下,中国老百姓那种传统的法律意识、民族意识、伦理道德意识、忧患意识都统统化为乌有,他浓墨重彩大肆渲染着人类的各种苦难意识却又偏偏回避了应有的价值判断和理性审判。他不厌其烦地将一幅幅人间受苦图丢在你面前,而那种你不能承受其重的苦难却是被他用超现实的方式展现出来的,你在心弦颤动不已之际,仿佛还能听到一旁他嘶哑着嗓音冷森森的惨笑。

　　这种苦难意识的残酷化在余华身上表现得淋漓尽致,他用零度的情感"漫不经心"地向我们讲述着中国大地上那些惨不忍睹却在大多数人身上发生过的苦难。如老全与他旧识嘻嘻笑着谈论曾经和他们一起逃亡的逃兵死了时的漫不经心,医院为了救活县长夫人而不考虑后果去抽那时已经是骨瘦如柴的孩子有庆的血时的对生命脆弱的漠视。那种对死亡的平淡麻木甚至轻蔑,让人感到无限的悲哀。在这里,余华扮演了一个冷酷的角色,我们从中似乎读不到一丝怜悯,他像一个俯瞰众生的上帝默然注视着一个个生命的消逝。我们从他的文字中似乎感觉他只是一个旁观者,一个说书人,在讲着别人身上的故事，仿佛那些苦难与他无关，仿佛他早已抽身于苦难之外，该关心的地方他偏偏漠不关心，该愤慨的地方他偏偏无动于衷，该心弦颤动的地方他偏偏心如止水，该悲天悯人的地方他却偏偏忍俊不禁，把应该有的千愁万绪化作没心没肺的嗤嗤一笑。他这种"不介入"的方式仿佛是站在非人间的立场上，客观冷静地描摹着世间百态。但作家自己说过："我所有的努力都是为了更加接近真实。"也就是说，在苦难人生的呈现当中，他有意打破中国传统的模式，瓦解传统的道德观念，让苦难以超越真实的残酷呈现出来，这样不仅起到了刺激效果，更让苦难在人们面前变得纯粹和透彻。是啊，当我们读到描写"文革"时期随意的陷害破坏，用来宣扬阶级斗争的大字报变为发泄愤恨的场所，那些无辜受牵连的人被不分青红皂白地谩骂殴打，没有人同情，而那些自以为正确，实则盲目的人，漠视生命，在看人被行刑前像看一场闹剧，毫不掩饰地大笑……余华虽然只是以一个旁观者的身份描绘下了这幅画面，但是我们怎么可能从中感觉不到余华对生命脆弱的同情，对漠视生命、随意践踏生命的愤恨。也许，这就是余华想让我们自己悟出来的。

  苦难与死亡似乎是一对孪生兄弟，它们总是同时出现，而在中国人的传统思维模式中，对死亡总有着种种忌讳，虽然也都明白人生人死是天命，但还是不能正视死亡，对死亡有着一种天生的畏惧。所以我们不愿意看到和死亡有关的东西，就算一定要看，也要有些什么帮衬着来慰藉自己的内心。而在作家余华的笔下，你怕什么，那我就要把它血淋淋、赤裸裸地呈现在你面前，一定要让你看得真切。福贵身边的亲人一个个相继离去，从他的父亲、母亲，到有庆、凤霞、家珍，再到二喜、长根……一个个重要的人都离他而去。作者没有给他留下一个亲人来陪伴他走过晚年，没有，一个也没有，唯一对他的怜悯，就是给他留下了一头牛。将苦难之外笼罩的绚烂光环统统抽除，让人们正视苦难，这正是余华的残酷之所在。可事实上，这些苦难都是在一段时间内真真切切发生在中国劳苦人民身上的，余华将它们用这种方式表现出来，也是想让我们不要逃避生活带给我们的苦难。生活就是这样，现实就是这样，我们没必要为了减轻痛苦找一些理由来粉饰苦难，来麻痹自己,生活的本质就是苦难,而苦难也没有我们想象得那么崇高,它就是随时会发生在任何人身上的经历,从我们被赋予生命的那一天起,我们就背上了苦难的枷锁。

有人说,余华的这种残酷化源于他早年的经历。他从小就生活在医院,对面就是太平间,他看到了太多生离死别,听到了太多声嘶力竭的嚎叫,于是对于死亡,习以为常。我觉得这是不对的,他的"零度情感"并非是因为他对于苦难的蔑视。相反,他在洞察了许许多多人间苦难之后,对于苦难有了更深层次的认识与感悟,那种感悟已经不仅仅停留在感性层面的悲叹,而是已然升华到理性层面的剖析,对生命油然而生一种敬畏,所以,才能正视它赋予的种种苦难,并将自己的这些思考写进文学作品中。

我们在读鲁迅先生的作品时也有过这种感觉,觉得他写得太残酷。为什么太残酷?实际上是因为他笔下的东西正中了我们的内心,不给我们一丝逃避的机会,不给我们任何找理由宽慰自己的机会。这就是真实的存在,没有了任何缓冲物质之后的冰冰冷冷、实实在在的存在。余华也是一样。也许,他就是想告诉我们,人在所有苦难面前所做的挣扎,为所有罪恶赋予的解释都是徒劳的。余华要我们承认我们一直不敢承认的:人在苦难面前是无能为力的,我们唯一能做的,就是正视苦难,接受苦难,遭受苦难,习惯苦难。我们也许真的只能如同小说中的人物一样,一次次投身苦难,一遍遍经历浩劫,最后达到作者希冀的那样:对善恶一视同仁,用同情的目光看待世界。像美国民歌《老黑奴》中的老黑奴那样,经历了一生的苦难,依然友好地对待这个世界,没有一句抱怨的话。像《活着》中的福贵那样,在经历了身边亲人相继去世之后,依然坚韧地活了下来,只是为了活着本身而活着,不是为了活着以外的任何东西而活着。活着,本来就是上天赋予我们的最初也是最永久的权利,同时,也是义务。只为这一样,就能在千千万万个遭受身心折磨的日夜静静地走下去,不问昨天,不畏将来。

余华讲述所有的苦难,终究是为了回归生活本身。有人问过余华,为什么福贵讲的是生活,而不是幸存。是啊,对于我们来说,福贵的活法恐怕是人世间最苟且的活法了。然而,余华是这样回答的:生活,是每个人对自己经历的感受,而幸存,则是旁观者对于别人的看法。福贵虽然经历苦难,但他讲述的是自己的故事,是自己的感受,所以是生活。这大概也是余华用第一人称而不用第三人称写这本书的原因之一吧。如果换成我们中间的任何一个人去讲福贵的故事,都不如他自己来讲显得动人,终究,生活是自己的。

最后我想说,我们没有必要竭力讴歌苦难,也没有必要同情苦难,更不要畏惧苦难。余华教给我们的,就是用一种处变不惊的眼光来看待这个世界,看待身边充满着的苦难。

(耿一涵)

昔人已乘黄鹤去

——浅析王安忆《长恨歌》中王琦瑶形象的悲剧性

"天长地久有时尽,此恨绵绵无绝期。"看完王安忆的长篇小说《长恨歌》,我久久止于最后一页,若有若无的遗憾和恨意终于化作实质。以女主人公少时孽起之地,片场之幻影作结,充满了幻灭之感。"她这才明白,这床上的女人就是她自己,死于他杀。然后灭了,堕入黑暗。"宛如四十多年的一场大梦,梦醒了,便是终末之景。当我看到最后的清晨,新的一季夹竹桃开了,白鸽不知从何处飞出,飞向清晨澄澈的天空。仿佛弄堂还是旧时的弄堂,繁杂,明暗交界的感觉。可这座城市,不知不觉间早已改变得不成样了。

王安忆在塑造人物形象的技法上是特别的,设色那样的技法。她的笔墨并没有十分突出人物的某个性格,而是像黄浦江的江风,带着一点似泪的湿气,轻轻吹入读者心里。在《长恨歌》中,王安忆没有去表现同时代的抗日战争和解放战争那样的风起云涌的历史画卷,没有去抒发建立中华人民共和国的历程和经历"文革"的荒唐混乱,而是将笔墨泼向了宏大时代轨道的角落和那角落里的人,他们远离时代、民族、国家,仅仅真诚地追求自己的安逸和快活,这构成了全书悲剧的根源。正如"上海弄堂的感动来自最为日常的情景,这感动不是云水激荡的,而是一点一点累积起来。这里有烟火人气的感动,那一条条一排排的里巷,流动着一些意料之外又情理之中的东西,东西不是什么大东西,但琐琐细细,聚沙也能成塔的"。在这样十分琐碎的细节里,角落里,人物的形象在城市的尘埃里趋于鲜明,但总带一点神秘,像隔了一层纱似的。

总说《长恨歌》中的人物,他们的特点各异,硬要归结起来只能是一个看起来不搭调的词——真诚。书中的人物都是没什么所谓的"高尚志向"的,他们所有的追求就是简简单单的友情和爱情,一点也不折腾,而他们的悲剧,又是一种宿命论的感觉,在书中有无数个细节都似乎在暗示读者,但又有些不像。看着他们真真切切地追求着,最后的结局却是无言,是一首"此恨绵绵无绝期"的《长恨歌》,不免使人觉察到全书中每个人的悲剧性,无一例外。

最为鲜明的形象显然是主角王琦瑶,她的悲剧性也是最为突出的,这个女性形象作为主角其实并不是十分有特点,似乎就是我们身边的你我她,是平日里的"淑媛"那样的女子,顶多容貌再姣好一些,更加世故一些,见过的市面广一些。她的实质还是一个典型的上海小弄堂里走出的女子,王琦瑶的出现就像王安忆理解的上海的历史一样,"从一个灯火阑珊的小渔村一下子变成了东方的夜巴黎"。又像飞上枝头变凤凰的麻雀,王琦瑶成为上海小姐,结束了她平凡的小户人家女儿的生活,被迎进豪华的爱丽丝公寓。从此她就不再是一个单纯的闺阁小姐了,而是背负着部分上海上层社会那样一个身份的所谓的"交际花",而这样的身份给她带来了什么呢?首先是亲情方面,第一部其实隐藏了一条暗线是关于王琦瑶父母的,当女儿整天整夜地留宿于好友家中时,父母却毫无动静,连李主任用汽车载王琦瑶去做他的情人,父母也没有出现,这一条暗线第三部才再次浮现出来,是王琦瑶生下孩子后,王琦瑶的母亲来照顾,可是这里母亲的形象也是比较刻薄的,甚至是瞧不起女儿的,这样我们可以推断,王琦瑶在亲情方面绝对是缺失的,她的小市民父母对她做要员的情人是持极反对态度的,从另一个角度看,堂堂"三小姐"怎么能有如此市井气的父母呢?这样看来,王琦瑶本身也对她的父母是有疏离态度的,如此,她在亲情方面的悲剧也是可以预见的了。

然后是王琦瑶友情的悲剧性,王琦瑶在豆蔻年华是有过极真诚的友情的:吴佩珍,在她们的友情里王琦瑶是站在被"宠爱"的一方,这里我之所以要用"宠爱"这个有些暧昧的词,是因为我认为吴佩珍对于王琦瑶的友情更像是一种"爱"的体现,吴佩珍是一个极为平面的人物,她对于王琦瑶的友情是一种极致式的友情,无私、热情,恨不得把一整个自己都给王琦瑶,这是很令人羡慕的。但是随着王琦瑶决定参加"上海小姐"的评选,吴佩珍那样纯洁的、不带一点杂质的友情,因社会地位差距过大而被王琦瑶选择性略过,于是王琦瑶选择了更能帮助她的蒋丽莉,作为自己的新的至交好友。而蒋丽莉是一个极为复杂的人物,她对于王琦瑶的帮助有真心的一部分,但是也是有目的性的,是有一点自己的欲望和私心的,事实上在王琦瑶选上"三小姐",住进"爱丽丝公寓"之后,看望她的反而是几乎被忘却的吴佩珍,对这个久别的昔日好友,王琦瑶的态度也并不是非常热情,甚至有一些虚情假意,最后文中也确实暗示了吴佩珍今后的生活比王琦瑶要好得多得多,吴佩珍作为将王琦瑶引入片厂,也就是之后一系列事件开端的重要人物,最终是被王琦瑶抛开的。到第二部里,王琦瑶的牌友中,不算有心无力的康明逊和共产主义"小阿飞"萨沙这两个与她有过一段情事的男人,也有一个让我印象比较深刻的人物,就是严家师母,这个人物的友情我们也可以用真挚来形容,从她在第二部毫不犹豫地帮王琦瑶准备女儿的嫁妆就可以看出来,但是这个严家师母的所谓友情缺陷在于她自身阶级性的限制,她的人物形象是一个大家族的成员,一个富有资本家的妻室,所以她的身上是带有部分等级观念的,所以在看出表弟康明逊和王琦瑶之间的"苗头"后,她毫不犹豫地让朋友远离她的表弟,尽管王琦瑶是她当时唯一看得上眼的所谓"同道中人",严家师母依然决然与王琦瑶疏远开来。可以说王琦瑶在当选"三小姐"之后的生活是非常孤独的,是没有知心朋友的,以至于她在最为困难的时候竟只有程先生这个她忠诚的爱慕者来帮忙,不久程先生又被迫害而死,王琦瑶只能与不成器的女儿薇薇相依为命,薇薇也并不是一个道德和行为上的好女儿,于是王琦瑶的友情也是无疾而终的。王安忆在友情的刻画上善于埋下暗线,比如经过一段时间的沉寂后再让这个人物出现一遍,以不同的形象。这样不同的形象——例如蒋丽莉从一个弹钢琴作诗的文艺女青年变成一个粗俗、鄙陋的所谓"投身革命"的形象——事实上是在用人的视角来折射整个城市的变化,在这样剧烈的变化中,不变的只有王琦瑶本身,以及王琦瑶对于过去的恋恋不舍。王琦瑶代表的老上海,终在岁月里与时代脱节,于是"此地空余黄鹤楼",孑然一身,最终碧落黄泉。

《长恨歌》是一部浪漫爱情小说,王安忆对于爱情的刻画是最为繁杂的,王琦瑶爱情的悲剧色彩也是最为浓重的,因为这悲剧的极大一部分是由不可抗拒的外力造成的,记得《繁花》里有这么一句话:"女人觉得,青春不再,男人却说,青春还早。"这句话说得极精辟,女人最为宝贵的财富,可不是青春?王安忆对王琦瑶的青春也是有浓墨重彩的描写的。当王琦瑶的青春极繁盛的时日,也就是参选"上海小姐"前后,她无疑是极有魅力的,程先生对她忠心不二,政府要员李主任也被她迷得五迷三道的,王安忆在这里写了王琦瑶与两个"老男人"的纠葛,此处王安忆通过王琦瑶的言行和与男人的周旋表现出王琦瑶此时的特质:"惹人怜爱""清纯""能决断",是一个算得上有胆色的女子,然而与李主任在一起后,王安忆对她在"爱丽丝公寓"生活的小细节进行描写,比如痴痴等待李主任归来,对于李主任白发的一些心酸,此时王琦瑶已经有些变化了,她变得更加具有依赖性,原先的一点"小野猫"一样的气质没有了,变得驯服乖巧,善于世故。王安忆在每一段爱情经历里,都会隐晦地反映出王琦瑶的一点变化,从一开始王琦瑶试图与要员李主任"旗鼓相当"的锐气,到最后苦苦用其实早已不在的青春和一箱金条挽留普通青年老克腊,这里面的跨度是极大的,但是分析中间的几段感情,像是王琦瑶放任康明逊的独善其身,对萨沙的一点挽留的突然流露,还有想留下程先生却说不出口的那个刚生完孩子的女性形象,这几段感情连接在首尾之间,就让她的变化不那么突然了。王安忆事实上是为我们架构了王琦瑶平缓而有些隐秘的变化之路,而这条路上,王琦瑶最重要的一点没有变,那就是她对爱情的追求,这也是她悲剧的根源,她完全可以像女儿薇薇那样跟着"用别人剩下的",最后结婚出国,也可以像张永红那样玩弄男女感情,但是她没有,无论生活多么孤单,她都是坚持爱情的纯洁和专一,这是她从豆蔻年华时就有的一点少女的情怀,所以她并没有所谓"苟且"地生活,而是到最后一刻都试图走向光明,她自身也存在着人性的弱点,比如对康明逊的过度期望,明知他的家庭不可能接受她,还是决然怀了孕,将自己陷入更加艰难的境地。与老克腊的老少恋,表明了她骨子里的拒绝改变,由着自己的无知将自己推向绝望。王安忆对旧时时光"普鲁斯特式的怀念",在王琦瑶身上表现出了固执的一面。其实这样看来,王琦瑶的爱情悲剧并不是命运的不公正,而是社会流言、上海的特殊环境和现代物质化等外在因素,以及自身的局限性共同作用的必然,也是欲望洪流对老上海的吞没。

王琦瑶的悲剧性，也是老上海城市变迁的悲剧性，在王安忆对上海琐琐碎碎的叙写中，上海似乎变得女性化，婀娜起来，这女子又在世事变迁中浮浮沉沉，褪去脸上的妆，脸蛋却已经变了模样。旧时上海的高楼有些还在，可那些老上海的人们呢？那个传说中的"夜巴黎"呢？还有老上海那鲜活的魂灵呢？它们也许就这样悲剧性地消失在茫茫虚空里，就像一场梦一样，像那个王琦瑶做了四十年的美梦，梦醒之时，竟已碧落黄泉。

（秦铭泽）

浅谈王安忆作品中的发现与追寻

王安忆是当代一个颇具特色的女作家。从二十世纪八十年代初引起文坛注意开始,王安忆从事小说创作已经二十余年,她的作品数量之多、质量之高,在中国当代文坛中已少有人可以与之相提并论。当代文坛文学思潮更迭,创作流派变化纷呈,作为一个独特而丰富的存在,她始终以旺盛的生长姿态屹立文坛。

她的作品类型可粗略地分为以下几种:

寻根题材——《小鲍庄》《大刘庄》《流逝》。

女性题材——《富萍》《桃之夭夭》《上种红菱下种藕》《妹头》《米尼》《我爱比尔》。

性题材——《岗上的世纪》《小城之恋》《荒山之恋》《锦绣谷之恋》。

都市题材——《长恨歌》《香港的情与爱》《桃之夭夭》《众生喧哗》《流逝》。

从她不断地转换视角就可以看出,她不是一个甘于平庸的作家,而是视野非常开阔,不断在发现这个世界,追寻着所思所想。她的作品主旨宽泛得很。从空间上讲,她将生存分成了乡村和城市,始终在发现生命的内在特质;从时间上讲,无特定的限制,始终在追寻灵魂的启迪。

一、发 现

寻根文学是指以"文化寻根"为主题的文学形式。二十世纪八十年代中期,中国文坛上兴起了一股"文化寻根"的热潮,作家们开始致力于对传统意识、民族文化心理的挖掘，他们的创作被称为"寻根文学"。王安忆意识里的自觉自省，使她投射出敏锐的目光，发现了乡村的本质，催生出《小鲍庄》《大刘庄》等一批作品，因此被划入了当时的"寻根派"作家群。

这有赖于她独具慧眼的发现。她通过自己在农村生活的经验寻找到属于自己的文化支点。她的作品中不乏一批乡村小说：《蚌埠》像是一本"地理志"或"风俗志"，最终退却为一个特定的空间与时间背景，使人这个主题得以展现；《喜宴》《开会》等短篇小说，虽不似《从黑夜中出发》一样尖锐，也不似《天仙配》一样面面俱到，但却以一连串平淡真实的人物活动展现出了乡村独特的风貌，流淌着乡村内里的鲜血。《小鲍庄》是高峰，仁义道德以一种无形而强大的力量渗透进他们的遭遇之中，至仁至义的涝渣，对文学怀着一种超常信仰的文化子和鲍仁文，聪慧中带着忧伤的小翠子……在封闭状态下运行着平凡而卑微的人生。以第三者的冷眼旁观，常人只能看到对自由自在生活的向往，而王安忆发现这自由自在的生活中总蒙着一种静静流淌的灰色调调，无形之中束缚着人们的生存。这是乡村社会的道德传统，人情与人性交相辉映，乡村的"根"便在此。

"对寻根的一般看法是寻找古老的民族文化，似乎唯有深山丛林，荒蛮野地才有根可寻，而都市是漂浮的，无根的，那么这无根之'根'又在何方？"王安忆找到了，在九十年代后道出了上海的故事，无不体现出寻根意识。上海作为都市的代表，总是喧嚣浮华，而王安忆生长于此，感触着它内里流淌的血液，寻到它将隐去的根。这时已不是向传统文化寻根，而是向新旧碰撞交替中的另一种异质文化寻求，这才是属于王安忆自己的文化的"根"，而这种从乡村到城市寻根的漫长跋涉经历了相当长的一段过程。

当时大多数人认为乡村与城市是站在对立面上的，要么从乡村的立场去批判城市，要么从城市的立场审视乡村，很少有作家能跳脱出这种对立关系。但王安忆做到了，她超越了形态上的对立，将发现乡村的眼光投射到城市上，以美学的眼光去观察，找到了城市与乡村的共同点——人的生存。

对于城市生存的深层次探索，在《长恨歌》中得以淋漓尽致地体现。王安忆将城市视为现代文明发展的必然阶段，她生于斯，长于斯，洞察了城市一切的细微变化,不时体现出鉴赏城市的眼光和趣味。从乡插队归城后,她个人的生存蕴含在被乡村书写的城市目光中。王安忆深知城市角落里的氛围,亦了解繁华场里的风花雪月。但她将一切表象退却为一个背景,如在乡村时期撇开贫穷困苦发现人性种种,此时她剥开浮华光影,挖掘出了其间隐藏的迷人魅力。她借《长恨歌》将破碎的城市片段连接起来,弄堂、流言、闺阁、鸽子、王琦瑶式的女人,共同组成了一个城市的"完整"。如她自己所说,借一个女人的命运,写城市的街道、城市的气氛、城市的思想和精神,发现人生存的过去、当下和未来。

王安忆说:"小说这东西,难就难在它是现实生活的艺术,所以必须在现实中找寻它的审美性质,也就是寻找生活的形式。""这种方式在当时都被艰难的生计掩住了,如今,在一个审美的领域,我重新发现了它们。"不得不佩服她独具慧眼的发现。

二、追　寻

如果从空间上将王安忆对生存的发现以乡村和城市划分叙述线路,那么她自己还设计了独特的途径,称之为"纵和横的关系"。若将空间上的变换理解为"横",那么"纵"便是王安忆在时间上不断追寻的灵魂的揭示与启迪。王安忆的许多作品都带有时间书写的味道,着重叙述个体或群体的生命轨迹,努力寻找这些生命轨迹所包含的生存秘密。

比如《流逝》通过欧阳端丽这位女性的人生历程呈现出一个时代的变动,展现一个时代中特立独行的灵魂之音。当个人的时间与历史的时间交织在一起,便呈现出"流逝的过去、生存的当下、存在的未来"。对生活秉持一分清醒的认识,不断反思,内心拥有一分追求,可以放牧灵魂。行于闲澹之中,而有深远无穷之味,当真是对生命的另一种体验。欧阳端丽的形象,是那个时代女性自强不息之魂的揭示,而对于我们,却是一种对当代女性的思考。

《六九届初中生》《黄河故道人》和《流水三十章》皆在时间中淌过,激起了一朵朵命运的浪花。在强大的命运之前,人总像是被玩笑着。然而人生的不和谐之间,有暗示、有预言,却总有无尽的无奈。第一个点的终点,是第二个点的开始,王安忆冷静地看待个体的生命轨迹,在揭开一个个灵魂的同时,勾勒出一条条宿命般的道路。路的尽头是什么?没人能说清,它留给了我们无尽的思考与启迪。

时间一直在,你能把它看得清晰,又能将它化为缩影。《长恨歌》中写道:"年华是好年华,却是经不得数的。"可王安忆自己却有板有眼地数了起来,从萌芽到崛起,这是追寻的过程。她的一本书《空间在时间里流淌》,正是一路走来,其与作品同歌、同哭、同欢笑的最好描述。你能感受到,时间在内心流淌,而有些东西,在逆流而上。

王安忆总是在不断地求新、求变,但始终离不开发现与追寻,似乎与人无奇,而发现生存的本质,追寻灵魂的秘密,她够特立独行。

(吴楚澜)

感悟路遥的"平凡"世界

路遥,原名王卫国,中国当代作家,生于陕北榆林清涧县,代表作有长篇小说《平凡的世界》《人生》等。路遥的代表作《平凡的世界》是一部全景式的表现中国当代城乡社会生活的长篇小说,全书共三部六卷,作者在近十年间广阔的背景下,通过复杂的矛盾纠葛,刻画了社会各阶层众多普通人的形象。人生的自尊、自强与自信,奋斗与拼搏,劳动与爱情,挫折与追求,痛苦与欢乐,日常生活与巨大社会冲突,纷繁地交织在一起,一幕幕激动人心的爱情故事催人泪下,一次次苦难中展现出的顽强坚韧使人精神升华,读起来令人荡气回肠,深刻地展示了普通人在大时代历史进程中所走过的艰难曲折道路。路遥也因此而荣获茅盾文学奖。

平凡,是生活的本色。这个世界是平凡的,悲与欢、生与死、穷与富、世事的变更,于历史的长河来说,都是平凡的。路遥用他的笔,为我们解说了平凡和苦难,阐释了生活的意义。没有华丽的辞藻,没有惊险离奇的情节,没有惊天动地的场面,有的只是平凡的人、平凡的生活、平凡的感情和平凡的故事。书中的一个个主要人物,那么真实,那么善良。这是作家心灵的折射:路遥一定也是那么一个人。

读《平凡的世界》给我最大的感触是它的精神,是所有正在面对或者是已经经历过人生困境的朋友们一生的精神食粮,能使一个人在人生拼搏中保持永不放松的品质,又能给在生活中茫然无所为的年轻人指明前进的方向。

其中给我印象最深的就是孙少平和孙少安。孙少平,他有着崇高的理想,顶着贫穷、多难、痛苦的命运,始终不屈。他的灵魂始终高昂,藐视一切。从一个揽工汉逐渐到一个煤矿工人的过渡中,他体尝了人生中无数道坎,种种炼狱般的生活锻造出了他坚忍的意志和刻苦的精神。他不但主动承受苦难,而且勇于反抗苦难和超越苦难,从而使他的人格和操守在苦难的铁砧上得到最坚实的考验。小说里刚出场的孙少平,是一个为每顿饭必须到食堂领两个黑馍而感到寒酸自卑的穷学生。他穿着不能保暖仅能遮羞的破烂衣服,每天啃着两个黑馍维持在学校的半劳动半学习的生活。"他那身衣服尽管式样裁剪得勉强还算是学生装,但分明是自家织出的那种老土粗布,而且黑颜料染得很不均匀,给人一种肮肮脏脏的感觉。脚上的一双旧黄胶鞋已经没有了鞋带,凑合着系两根白线绳;一只鞋帮上甚至还缀补着一块蓝布补丁。裤子显然是前两年缝的,人长布缩,现在已经短窄得吊在了半腿把上;幸亏袜腰高,否则就要露肉了。""他独个儿来到馍筐前,先怔了一下,然后便弯腰拾了两个高粱面馍。"无论是并不整齐的衣着,还是那两块被称为"非洲"的高粱面馍,都使他不得不"怔"这么一下,这样的境况的确使他自卑。但古老质朴的黄土铸造了他不屈不挠的坚强性格,贫困并没有成为他颓废的借口。孙少平虽生活困窘,但依然意志坚强。他抓紧所有能利用的时间和机会读书、看报、学习,以武装骨骼瘦长、身架单薄的自己,精神上的优势与满足使他支撑起脆弱的自尊而不至于倒下。不久,他便从饥饿、贫寒、自卑的煎熬中挺了过来。"少平认识到,只有一个人对世界了解得更广大,对人生看得更深刻,那么,他才有可能对自己所处的艰难和困苦有更高意义的理解;甚至也会心平气静地对待欢乐和幸福。"生活的磨炼使孙少平对生活的态度像是一个大度的智者,虽然生活逼迫得他无路可逃,但他永远都是微笑面对。他虽然饱经磨难,但依然充满热情。"人生是什么?人生就是永不止息的奋斗",这是路遥对人生定义性的回答。孙少平的思想与行动就如一台永动机里两个互相咬合的齿轮,相互促进,永不停息。无论生活多么艰辛,对生活永远抱有热情,永不言弃,这既是孙少平的生活态度,也是路遥的人生理想。这种热情使他们对生活孜孜不倦,促使他们极力完善自我,追求一种更为崇高的生活境界。孙少平是平凡世界里的精神斗士。"我活着,不是就为了活着。"

而另一个主要人物孙少安,则是一个负重前行的跋涉者。正如书中所描写的,"他应该像往常一样,精神抖擞地跳上这辆生活的马车,坐在驾辕的位置上,绷紧全身的肌肉和神经,吆喝着,呐喊着,继续走向前去"。书里对孙少安的第一次正面描写是他领着生产队的牲畜去看病,夜晚天寒地冻却无处可去。他来到了一家打铁的铺子里借宿,帮师傅抡锤打铁,跳动的火焰烤得少安脸颊发烫。生活的苦难就是那冰冷坚硬的铁,少安抡起手中的锤,为羞涩的生存开荒。没有什么冰冷坚硬能抵得住这样穿透的拷问,所以生活最终还是妥协了。路遥在小说中评价其"精明强悍,有可怕的吃苦精神"。如果说生活的苦难势不可当,那么他的"可怕"的平凡就是一把利剑,直击苦难的心脏。

还有田晓霞,高干之家的千金,一个活泼开朗、美丽潇洒的大学生,自信、热情、主动,遇事有主见,待人平等。她对孙少平——一个矿工,怀着真挚诚实的爱。她有着无惧世俗的自由灵魂。在爱情生活中乐于投入的田晓霞,对于社会事业也乐于投入。她的智慧、风度、忘我精神在短暂的抗洪一幕中得到升华:她用自己宝贵的生命换取了另一个更年幼的生命。

活着,是多么容易的事,但是对于平凡的人们来讲,要想有意义地活着,又是一件多么难的事情,而选择如何活着更是对心灵的考验。《平凡的世界》里的主人公们,无论是孙少安从饥饿中的挣扎到成为企业家,还是孙少平从高中生到成为挖煤工,或是田晓霞没有一点犹豫就跳入了滔滔的洪水之中,他们历经的苦痛和考验不仅仅是肉体上的,更多的是心灵上的抉择。正是这些平凡人看似与大局无关的无数选择,汇聚成整个社会的洪流,决定了中国前进的方向。

"只能永远把艰辛的劳动看作是生命的必要,即使没有收获的指望,也心平气静地继续耕种。"这是作者在后记中写的。是的,平凡的世界,生活是平凡的,人生是平凡的。平凡的人们在平凡的生活中,通过自己的努力做出了不平凡的事情,不断地向上、向上,造就一个不平凡的世界!生活不在于追求伟大,平凡中自然能窥见伟大,只有平凡的才是大众的,也才是最真切和伟大的。从平凡中来,到平凡中去,这才是真正的生活!当遇到不顺心的事时,我们应该明白:一个人无法决定自己的命运,但可以努力改变自己的际遇,使自己成为一个平凡但不平庸的人。

(吴方舟)

史铁生：一个精神的朝圣者对人本困境与精神信仰的思考

史铁生的《病隙碎笔》曾获得过这样的授奖辞："他的写作与他的生命完全同构在了一起，在自己的'写作之夜'，史铁生用残缺的身体，说出了最为健全而丰满的思想。他体验到的是生命的苦难，表达出的却是存在的明朗和欢乐，他睿智的言辞，照亮的反而是我们日益幽暗的内心……当多数作家在消费主义时代里放弃面对人的基本状况时，史铁生却居住在自己的内心，仍旧苦苦追索人之为人的价值和光辉，仍旧坚定地向存在的荒凉地带进发，坚定地与未明事物做斗争，这种勇气和执着，深深地唤起了我们对自身所处境遇的警醒和关怀。"

从这段授奖辞中，我们可以看到，史铁生，这位精神的朝圣者始终坚持自我，坚持追索人的生存价值。研读他的作品，我们也不难发现其中多是对生死选择、困苦境遇的探讨。史老花了大量的文字来向我们解释，可见他对其感悟颇深。在此我截取些片段，借以佐证，谈谈自己对人本困境与精神信仰的认识。

一、人本困境——生命的铁律

何为人本困境？关键点便在于"本"这个字。本，在现代汉语词典中，有事物的根本；本来；原来；主要的等含义。选用其中的任何一种注解来解释"人本困境"中的"本"，都不为不可。人降生的过程，本就是一种痛苦，只不过对于每一位母亲来说，她所要承受的分娩之痛在自己小孩的啼哭与欢笑面前都太微不足道了，但这并不代表其不存在。由此，人的诞生根源，便是始于一场不可能躲避和更改的困境。

这只是其中最简单的一种，以至于我们常常忽略。比之更甚的，便是史老在书中向我们多次提过的欲望困境和死亡困境。

正如《我与地坛》中所说，人真正的名字叫欲望。作者言："可我不怕死，有时候我真的不怕死。有时候——说对了。不怕死和想去死是两回事，有时候不怕死的人是有的，一生下来就不怕死的人是没有的。我有时候倒是怕活。可是怕活不等于不想活呀？可我为什么还想活呢？因为你还想得到点儿什么，你觉得你还是可以得到点什么的，比如说爱情，比如说价值感之类，人真正的名字叫欲望。"我们总要为自己的存在找点牢靠的理由。这理由，也就是我们想得而得不到，或还没得到的，我们称之为：欲望。然而，人实现欲望的能力永远赶不上他产生欲望的能力，这是一个永恒的距离，这意味着痛苦。到此，欲望困境便有了初级的含义。

那么更为深入的呢？接着上面所述，在我们发现欲望难以实现之时，我们便会陷入一种恐慌，类似于生存没了动力，未来没了希望的恐惧。可是消灭恐慌的办法就是消灭欲望，但是消灭人性的最有效的方法也是消灭欲望，因为欲望是人的本能。那么，是消灭欲望同时消灭恐慌，还是保留人性同时保留欲望呢？仅是一道二选一的选择题，却困扰了我们人类至今。这便是生存所给予我们的一大困境。无数人终生困于其中，却依然甘之如饴，竟不知是饮鸩止渴。

与生存相对的，便是死亡。死亡，恰好是生存给予我们的另一大不可逾越的困境。

"一个人出生了，就不再是一个可以辩论的问题，而是上帝交给我们的一个事实；上帝在交给我们这件事的时候，已经顺便保证了它的结果，所以死是一件不必急于求成的事，死是一个必然会降临的节日。"正如作者这番直白露骨的文字所言，人的出生，便是为了死亡。那个土堆，或那座坟墓，终将成为我们所有人的安身之所，只不过是时间早晚的问题。有的人幸运，挨过了无数苦难，有的人则稍显不走运，不堪一击，便一蹶不振。这是我们能决定的吗？当然不是。当你经历病痛折磨的时候，你会知道，这一切都取决于上帝的心情，早走晚走,你终是会走的。所以说,我们的结果都是一样的。唯一不一样的,就是我们走得体面与否。

无疑,史老是走得极为体面的。因为他将这一切都看得透彻了。当他再次回到地坛时,当他独自坐在祭坛边的路灯下看书,听到唢呐声在星光寥寥的夜空里低吟高唱,时而悲怆时而欢快,时而缠绵时而苍凉;当他清醒地听出它响在过去,响在现在,响在未来,回旋飘转亘古不散时,他便懂了:不管多漫长的时光也是稍纵即逝,每一步每一步,其实每一步都是走在回去的路上。从年老走向稚嫩,从死亡走向新生,从我走向另一个不知名的人。

二、精神信仰——生命的支柱

困境不可避免,正如史老说自己"职业是生病,业余在写作",既然人要与困境抗争,那便必须有个精神信仰。倘若没了这信仰,不仅过程会极其煎熬,更会深感未来之渺茫,从而怀疑自己,怀疑人生。而这种精神信仰,在某种意义上,则起了一个杠杆的作用,虽轻小,却要支撑起整个身躯。

《命若琴弦》中瞎子们带着三弦琴在莽莽苍苍的群山中互相扶持,奔波行走,艰难生存,对他们而言,这个信仰,便是对光明的向往。只要弹断一定数量的琴,便能换得重见光明的药方。这个信念始终支撑着他们。而当老瞎子发现药方只是一张白纸时,他并没有将这个真相告诉小瞎子,而是用善意的谎言继续给了小瞎子生存的动力。命运并不受贿,但希望永远与你同在,这才是信仰的真意,是信者的路。

对于史老,精神信仰即生命的"过程"。他在《好运设计》里写道:"一个只想使过程精彩的人是无法被剥夺的,因为死神也无法将一个精彩的过程变成不精彩的过程,因为坏运也无法阻挡你去创造一个精彩的过程,相反你可以把死亡也变成一个精彩的过程,相反坏运更利于你去创造精彩的过程。于是绝境溃败了,它必然溃败。你立于目的的绝境却现实着、欣赏着、饱尝着过程的精彩,你便把绝境送上了绝境。梦想使你迷醉,距离就成了欢乐;追求使你充实,失败和成功都是伴奏;当生命以美的形式证明其价值的时候,幸福是享受,痛苦也是享受。"目的皆是虚空,唯有过程是实实在在的。过程的精彩,便是人生命的精彩所在。史老,凭一把轮椅,挺过风雨三十余年,用一支笔,构筑了坚不可摧的心灵世界。他的"过程",在精神世界里富足,富足于我们绝大多数人。

参透了人本困境,寻得了精神信仰,个人的生存价值,便也不难得出了。

生命永恒,万物不止。于生存困境中寻找精神信仰,于精神信仰中自我救赎,实现自我价值,也是对生命永恒的欲望表达。自我承受的苦难,必定会迎来自我救赎的超然。

记得史老对自己的名字做过这样的解释:"心血倾注过的地方不容丢弃,我常常觉得这是我的姓名的昭示,让历史铁一样地生着,以便不断地去看它。不是不断地去看这些文字,而是借助这些蹒跚的脚印不断看那一向都在写作着的心魂,看这心魂的可能与去向。"

面对残疾,从沮丧放弃到坦然平静,史老带来的,是生命之光。

一花一世界,一叶一菩提。斯人已乘鹤,犹记地坛魂。

(王晓丹)

木铎之心谁知

——浅谈木心其人其文

一、远山钟声 无人能解

《童年随之而去》是我与木心的初次相遇。而戏剧性的是,它是作为《五三》上的一篇现代文阅读进入我的视野的。做阅读理解,再好的文章,也得咬牙切齿地读,不情不愿地佩服,黯然神伤地懂——因为你明知这篇文章不止如此,却也不得不令其委屈将就于形式化的答案中。由此,机缘巧合地,我开始读木心,真正地走进二十世纪的风中,看旧日的阳光洒在街上。那些读书的日子,无疑是一种"从前慢"。

读一位作家的作品,无非像是被师父领进门,起初低眉顺眼地佩服,诚心诚意地学些技法,看着那些自己写不出的句子喟叹。过些时日,短则一年半年,长也不过一辈子,渐得了些神通,看那些文字也不似当初般敬仰了,这时便好出师,再续前路了。而我恭敬拜于木心先生门下,他不仅传我以技,而且更愿引我走进诗性的哲思,令我日渐悟出些作为文人而活着的道理来。

木心说:"能做的事就只是长途跋涉地归真返璞。"在这条路上,我们还要走很久很久。

二、临别 上帝说 那里可是人间 要小心

"写书即写人。"每每读木心,我便觉夏目漱石此言,诚然不假。

写书的第一步,是做人。看木心的照片,很儒雅的一位老爷爷,拄着手杖,黑呢子大衣,欧洲绅士一般戴着帽子。年轻的时候是少爷,现在不是老爷——可是个和蔼地端着高贵架子的老爷爷。"端架子"这个词用在他身上,可全然没有贬低的意味,反而,架子是每个有骨气的文人所必需的。为文人的自尊,做文章的自信,这些都是"加持"在文人身后的洁白有力的羽翼。自尊自信的贵气,这一点在木心身上尤为明显。

一个人的气质能够自内而外地沁进文章里,木心的自尊自信反映到他的作品中,表现为一种独立自主的自我性。攀缘着前代巨人的肩膀,信手拈来古时初生的曙光,而依旧开自己的花,结自己的果实。典故与技法可以借用与学习,但信念与思想总是自己的。"自己耕耘,自己收获,自己培养自己,自己养兵千日用在一时。"自己为不变的中心,这一点是不能遗忘的。在一次访谈中,被问到受哪位文学大家的影响最大,木心答:"一个人,受另一个人的影响,影响到了可以称为'最大'——这是病态的……说回来,古今中外确实有一位大家,较长期地'影响'我——《新约》的作者(非述者),主要在文体上、语气上,他好。"文字对于他而言约等于自尊的代名词:不承认,或者说,不欣然承认自己的文字是受谁影响最大。每个做文章的人,其文风多多少少都受些先贤的影响,若要说谁的风格是完完全全毫无承袭地凭空创造,那也是凤毛麟角。被问到这个问题,常人尽管列出些名家,老实又不掉价,挺好。木心则不愿如此——他对于保持作品的个人性是极注重的。一个会轻易受他人影响的人,其自身原有的世界观和价值观无疑是浅薄的、形同虚设的。木心绝不是这样的人。

然而,不谦而狂的人,狂不到哪里去。木心的高傲中还必定带些和蔼与诚恳,很亲切地一把将耶稣搂过来。而别人傍着位大家,大家名气再大仍是肉体凡胎。而木心是聪明的,他与神为友,一派艺术家的风骨,而非信徒。文人的自尊,确是不凡。

自信,一种将"谦卑"置于一旁的自信,用得好,也是文学的贵气。木心谈

博尔赫斯："他的散文与我比较同调,诗呢,对不起,我比他好。"他的评价是不带先入为主的等级观念的,大家的文章,有名气、经典,教科书式的成功,并不代表其他人便是低一等的。一个能成为大家的人,必然是不能小家气。木心像是真正做到了读书就像是与作者对谈,像朋友般一饮一啄,亲亲热热地促膝。"不要讲文学是崇高伟大的,文学可爱。"要想提升,首先不要将自己放在很卑微的位置。

三、空白的本子 精美的钢笔 我的写作欲望

漫漫长路,先自立而为人,目指远方,此后才是沧海远天。

曾去木心美术馆参观,见玻璃柜中陈列着先生的手稿,空白页上一行行娟秀干净的小字。也有极小的本子,似乎可以随身携带——每日二十四个小时,他花两三个小时阅读,十一二个小时写作。"不写又做什么呢?"可见,文人写作必不可少的就是"诚",而勤奋便寓于其中。

在勤奋的基础上,写作的要素还有许多。"小说一定要有生活体验。""文学家应该生龙活虎。"被称作"文学鲁滨孙",木心在中西文学体系中漂泊出一种流亡的美学。他提出:"血统越远越好。"佛教在印度不行,到中国兴旺了;基督教源于西亚,在欧洲光大。在文学上的中体西用,木心能跳出传统的窠臼,而又不至于全盘西化,时常是用着西方的写作手法,散文中间或夹些古字,不失中华文化的底蕴。"欧罗巴文化是我的施洗约翰,美国是我的约旦河,而耶稣只在我心中。"近代伟大的中国作家,几乎都有留洋求学的经历。现代文化是整体性的,要做到在文学全球化的风中,不偏颇地起舞。

而木心所运用的又不是纯粹的生活体验,他是富于技巧的:"真正去过,不如资料用得好。"他谈一些异国的城市、民风,写发生在异乡的故事,侃侃而谈,有时却并没有真正去过。我认为,没有什么可写的人,不但没有生活经历,而且也没有阅读经历。而将这支笔握到纯熟的人,书架上的每一本书都可以是他出洋的船票。一味地苛求真实是没有必要的,太过真实,反而像是旅游手册上的刻板套话,落入俗套。而资料里找来的,书里读到的,隔着一层纱取来的风景,朦胧韵意,正是合了文学的心意。

相同的道理，文学需要"诚"，而又不能太老实。《即兴判断》代序中，他被问到正在阅读的是什么书。事后，他解说，遇到这种问题，不能真的说你在读什么书，要找可以借题发挥的书，哪怕你读都没读过。"袋子是假的，袋子里的东西是真的。当袋子是真的时，袋子里的东西就是假的了。"不仅小说是虚构，木心的散文也可以是虚构，为了文字画面的连贯，一些事实地点都是可以篡改的。说到底，这种做法还是在二律背反的罅隙之间游戏，是一种灵动。木心在其他方面同样有这样的灵动："引诗，我不喜欢引原诗。要改装过。接二连三拿出东西来。"这一点，联系上面提到的"自信"来看，是文人的功底。没有这个功底，你不知道哪里是需要改的，如何虚构才能达到效果。文字的功力不够，那也没有办法将想要表达的效果呈现出来。有了"灵动"意识的基础，文字与架构的功力也得紧随其后。

四、蓬莱枯死三千树 为君重满碧桃花

"儿时最喜欢放风筝，折纸船下水汆去。出版自己的文学著作，也就是这种心态。"

闲适而有小的喜悦，自然地顺水而下或者随风而起。拄着手杖，行着一路小道蜿蜒而来，走过大洋与金发碧眼的丛林，终究也没有忘记镜子里映出的黄皮肤面孔。相较今日的作家在黑暗逼仄的房间里面对闪亮的屏幕，木心真可谓是一笔一笔将自己救赎出来——从一个泥泞的时代脱出。伟大的作家，其作品全然是与时代无关的，时代不过是衣衫一袭罢了。他谈古人，与古人谈，穿越时空，也被时空穿越。

而我，在先生去世四年之后，才在时间长河中与之相逢。

如《童年随之而去》中所写的一般，我撑起一支长篙顺水而下，许多东西都碎了散了再也无法寻回。我与木心，是相遇也是擦肩错过。阴阳两分，我们在此间交换了一个眼神。

他的木铎之心，我想我大抵是读懂了的。

（陆思文）

沉静如海,木亦含心

——浅谈我心中的木心

犹记得是一个夏天的开始,七月份的洋紫荆正纷纷扬扬地开洒,茜红的花瓣洒了一路,浅黑的柏油路面刷着乳白的浆漆,飞鸟掠过时,阳台外飘来的花瓣,带着透明的清浅的幻影。

我第一次读《从前慢》——

> 从前的日色变得慢/车,马,邮件都慢/一生只够爱一个人
> 从前的锁也好看/钥匙精美有样子/你锁了,人家就懂了

那时极为惊艳,不知怎样之人才能写出如此细腻婉约的语句。于是反复地诵读、默读、凝视。我微微阖上双眼,感到心在一片温柔的海中,慢慢地往下,直到被长久的沉静柔软地包裹。

后来,我终于买了一本他的《木心全集》。闲暇时偶尔翻阅,总是那些沉静如海的语句攫住我的视线,像是渔夫的钓饵高高抛起,最终沉入一片碧澄的水域之中,带出明光四溅。

渐渐地了解木心之后,他给我的感觉化作了一个字——静。

木心出生于乌镇,这里也是他颠沛流离一生后,晚年定居的地方。斯人才华横溢,斯地钟灵毓秀,万千风华最终归于一亭晚晴小筑,仿佛夕阳终究沉入寥茫无际的深海。

从书,到画,到诗,我一点一滴地去了解他的生平,仿佛在轻轻开启一座小

小的城。木心一生藏书良多，诗画同样等身，那些画作被静静放置于他的故居之内，幅幅不过方寸大小，然而湿润淋漓，纳山水于一袖，笔触柔软而饱含情感。这也正如他行文的风格，像是初晴时分，微微泛青的屋檐下一点点地渗出未干的雨水，圆润且绵密。

这样的感觉，也是静。他字里行间摄人心魄的宁静之感，足以在人声鼎沸的街头或灯红酒绿的城市，为我开拓出一片田园牧歌式的心灵圣地。永远记得在初春的早晨，捧书站在清风四溢的阳台上，微辛的气味混着风的荡漾，诗集被吹得明晃的页面浮动，翻飞腾跃，艾绿悄然匍匐在未名的春意上扑面而来，内心一片清澈。

记得一人说过，有的人，能够守住自己的一方净土，有的人，能为他人捧出一片净土。木心应该是两者皆有的。

就像是他的"塔中之塔"。这是木心在"文革"期间，于狱中写下的数十张手稿。那些字迹密密麻麻，小如蚁蚁，布满纸张的正反两面。在那样一段日子里，天光阻隔，四围封闭，只有这些小小的、单薄脆弱的纸张，为他筑起一道高墙，自我保护的高墙。在这样一座"象牙塔"里，他的心灵依旧存有安详恒久的净土，因为简明而纯粹，因为纯粹而动人。如他散文的诗句，细腻而委婉，在久远的后来，依旧零零落落地拨动我的心弦。

我不由得想象那个时代，犹如我此时所处的场景。淡漠的微光明灭闪烁，深色的墙壁微微地低伏下来，那些过往的痕迹依然鲜明，且永不和历史残存的泥泞交融。卑微凝滞的过往在他的文字中和生命中都曾不可遏制地留下过痕迹，这些痕迹不可磨灭，但是他的净土依然完好，并且源源不断地滋长出灵性的瑰宝。

木心曾说："贝聿铭先生一生的各个阶段，都是对的；我一生的各个阶段，全是错的。"这不是反讽，而是实话，因为实话，尤甚于反讽——

五十年代末，他躲在家偷学意识流写作；六十年代"文革"前夕，他与人彻夜谈论叶慈、艾略特、斯宾格勒、普鲁斯特、阿赫玛托娃；七十年代，他被单独囚禁时，偷偷书写文学手稿；八十年代末，他年逾花甲，生存焦虑远甚于流落异国的壮年人。

他的文稿布满始终不渝的名与姓,而他如数家珍的文学圣家族,完全不知道怎样持久地影响了这个人。他几乎是随意地游走于中西文化之间,移步换景地营造出应接不暇的文化意象。正因如此,他的文字才保持着横亘持久的力量,温柔稀疏如同天光下雪化后初生的新芽,长久地存在,长久地,在历史大地般深厚的内腔中悸动不已。

　　在墨色浓稠的黑夜里,我在《从前慢》泛黄的纸页上,静静地写着。用自己尚显稚拙的笔锋,慢慢地描摹我对他的感情。

　　　　斯人已随长河逝,晚晴空余春风逐。
　　　　他朝人杰庆有续,风华蘧引叹不如。
　　　　函夏满糟红尘冷,中州尽愚清骨独。
　　　　薄命几许人间戏,功名过眼将相疏。

——丁酉年贰月肆日书

(孙　漾)

探究极致环境下的人性

——严歌苓小说的永恒主题

近几年,由于《金陵十三钗》《归来》等影视作品的出现,严歌苓重回国人视野。她自己说:"我觉得我到哪里都是边缘人,在中国是个边缘人,在国外也是个边缘人,边缘人最大的好处就是对什么他都不信以为真,不认为本来就应该那样,什么东西他都会保留一个质疑的、侧目而视的姿态。"她以刚柔并济、极度凝练的语言和高度精密、不乏诙谐幽默的风格为内在依托,展现犀利多变的写作视角和叙事的艺术性。其作品无论是对于东、西方文化魅力的独特阐释,还是对社会底层人物、边缘人物的关怀以及对历史的重新评价,都折射出复杂的人性、哲思和批判意识。

一、极致环境中的人性扭曲

如何定义人性?词典中的解释是:"在一定社会制度和历史条件下人的个性。"马克思这样定义人性:"人的本质不是单个人所固有的抽象物,在其现实性上,它是社会关系的总和。"他将人性分为自然性和社会性。自然性包括食欲、性欲、求生欲等人本生固有近乎动物的天性,而社会性则是在一定社会关系下区别于动物性的本质属性。"人性是具体的,因人而异的,随着时代和环境变化而变化的。"这种变化造就了人性的"丰富性、微妙性、多样性和多面性"。

严歌苓说:"我的写作,想得更多的是在什么样的环境下,人性能走到极致。在非极致的环境中人性的某些东西可能会永远隐藏。"因而她给她笔下的人物设置了一个又一个近乎残忍的"极致"环境。

（一）战争——人性魔化

战争自古便是人性恶魔展现的最好舞台。《金陵十三钗》以南京大屠杀为背景，《寄居者》发生在"八一三"事件后的上海。刺刀尖上滴着的血是入侵者心头最美的罂粟，麻木着他们，残忍凶狠的眼中泛着空洞。于是便有了英格曼神父所见："日军吉普车在一米多高的中国人尸体上翻越。"就有豆蔻被轮奸，"下体被撕烂，肋骨被捅断"，而"我"被搜身，被抽耳光都不值一提……这一幕幕都冲击着我们视觉与神经的底线！

硝烟弥漫的战乱绝境下，侵略者惨绝人寰的行径让我们不禁对人性产生了怀疑，是"性本恶"还是"性本善"？鲜血是蒙蔽了双眼，还是激发了内心深处恶的因子？

（二）"文革"——人性变异

战争过去了，当这九百六十万平方公里的焦土还在喘气时，一场轰轰烈烈的政治运动又开始了，人们扛着"革命"的大旗，喊着"打倒"的口号，对领袖的盲目崇拜模糊了人民群众的理智，人们卸下伦理道德的约束，将人性中阴暗野蛮的一面肆意释放，将人性中的善与自然性硬生生逼成了变异的人性，诡怪又荒诞。

严歌苓是"文革"的亲历者，她的父亲萧马以及安徽作协大院中的其他知识分子在她眼前被打成"反动"文人。这场灾难多么荒谬可笑！刘少奇的女儿刘涛自己写下批判父亲的大字报——《造刘少奇的反，跟着毛主席干一辈子的革命——我的初步检查》。在这样一个没有硝烟的乱世里，盲目的政治狂潮颠覆了人们的理性判断，在生存面前，为了不被集体排挤，无论是清醒着的还是麻木着的，人性被逼到了角落。

严歌苓作为一位海外作家，她能够做到的是以冷静、理智而又不失温情的眼光去评判这场闹剧。于是便有了《一个女人的史诗》中，伍善贞与自小宠爱自己的父亲划清界限,形容父亲为"潜伏在大家身边的狠毒阴险的敌人",亲自抄了母亲的家,伍妈妈在抄家最后用平淡的口气说:"生下来我怎么没把她掐死啊!"然而伍善贞虽表面上意气风发,可只有小菲知道她血淋淋的内心。这是在生存困难的条件下,人的求生欲即为人的自然性所逼迫的无奈。

(三)移民——人性挣扎

移民在清朝末期便有,人们出去谋新的生路。这是老一批移民,《扶桑》中华人劳工被老板当作畜生一样的对待,超负荷的工作仅仅换来维持生存的报酬;妓女们出卖肉体只能换来一碗糙饭。当最基本的生存成为人们迫切的需要,一切其他包括尊严为之让道。

新一代的移民生存环境改善,可《栗色头发》中"我"同样为了生存什么都做:保姆,模特,订书工……

从老一代移民到新一代移民,生存的窘境并未改变。就如《扶桑》中说的:"生存的概念从你到我的这一百年中,是最深体味的。你生存下来,我们要生存下去。"为了生存,丧失人格的"物化生活"是移民们不得不接受的方式。

二、历史苦难中的人性光辉

人类的历史"是一部苦难史,而且这个历史还将继续苦难下去"。伴随苦难延续的是生命的复杂性、真实的人性,也必将是爱与伤、善与恶的共同体。文字的使命便是展现。

严歌苓笔下有这样一群女性:"有一点迟钝,有一点缺心眼,是边缘的、弱势的。"《一个女人的史诗》中,小菲对"文革"的认识是以公公的到来为起点的,然而那时"文革"已开始了半年有余。她只在乎自己的爱情,一切历史运动只是陪衬,小菲甚至希望再来一个"文革",这样欧阳萸只能是她自己的,只有她会陪欧阳萸推粪车,只有她会帮欧阳萸抓癞蛤蟆,她可以拥有一份完整的爱情。

《金陵十三钗》中,国难当头,而以赵玉墨为首的妓女们唱歌、跳舞、打麻将一样也不耽误,让作者在文中感叹:"人生来是有贵贱的,女人尤其如此。如果,一个国家的灾难都不能使这些女人庄重起来,她们也只能是比粪土还贱的生命了。"然而,"谁都弄不清自己的人格中容纳了多少的未知素质——秘密的素质,不到特定环境它不会苏醒,一跃而现于人行为表层……人在非常环境中会有层出不穷的意外行为,而所有行为都折射出人格最深处不可看透的秘密"。赵玉墨们扮好了学生,将生与清白的机会让渡给了书娟们。她们走向那群嗜血狂魔的时候,人性光辉的大山拔地而起!卑贱低微的妓女们完成了对他人与对自我的救赎,用生命诠释着自己的尊严!这巨大的反差使读者震撼,因而人性的光辉在这一刻通过文字,传递给了每一个人。

而《陆犯焉识》中作者更让人性的光辉默默地、坚韧地对抗历史的沉重。在残酷的政治大背景下,陆焉识用他四次半的离去与归来诠释了人性中对自由的向往。而冯婉瑜对陆焉识的苦守,一个弱女子用自己的身体与尊严换来丈夫的死缓,让人可悲可敬。我印象最深的,是陆焉识冒险越狱去见婉瑜,偷偷看着婉瑜和小女儿,而婉瑜在门背后困苦挣扎着是否要给丈夫开门。与电影《归来》将视角放在"让爱情来弥合历史的伤痕"上不同的是,小说将更多的笔墨放在陆焉识对虚无自由的追求上,在那样的历史环境下,这无疑是别于爱情的另一种人性在挣扎中自我救赎的途径,闪耀着别样的光辉。

严歌苓作为新移民作家的代表,人性是她不变的主题。而她善于在大的历史背景下,用小人物的悲喜命运来捕捉人性,使之细腻又深刻。

不可否认,严歌苓在创作时忽略了环境对人的影响,使人物有些失真。但瑕不掩瑜,她对人性的深刻思考与诠释让人震动,不仅引起了读者对人性的拷问,也让读者对人性充满善意的期待。

(李云舒)

创作，在行走中

何为行者？何成作家？这是余秋雨终其一生在探索的问题。

"'读万卷书,行万里路,两者关系如何？'这是我碰到最多的提问。我回答：'没有两者。路,就是书。'"这是余秋雨经过思考后给出的答案,当然,是行走过后的思考。

如果要空口对文化进行一番高谈阔论,每一个拥有一定文学素养的人都可以如同军师布阵一般侃侃而谈。但提到余秋雨的文字,抛开一切外部因素,他的独特之处就在于他对自己的文章所提及之处都有实地考察与探访的经历。换句话说,余秋雨是将历次的徒步行程之中的所见、所感书之于文字。这就是为什么他的思想更加深邃,对于文化现象的剖析更能深入本质的原因。以上所述便决定了余秋雨是一位行走中的思考者,而不是一个单纯地靠文笔取胜的作家。

余秋雨曾在他的作品中提及：在当代许多作家放下笔,开始使用打字机与网络创作形式的潮流之下,他仍坚持着提笔写作。在每次结束对一个地方的实地考察后,他当天就会将一天的所见、所闻、所感书之于册,无论风雨。这种作品,蕴含于游记的形式当中,却又超脱于游记的内容之外。有山与水的博大胸怀和气魄,更有自然之上,关乎文化的继承与传播。

首先,成为一名行者,需要抛弃一切繁华,包括功名、财富、权力在内的所有身外之物。在"当时中国内地最年轻的高校校长""上海市中文专业教授评审组组长兼艺术专业教授评审组组长"的职位加身之时,余秋雨毅然辞去一切行政职务和高位任命,投身于中国的名山大川与国际的远古遗迹,探寻文化的生命起源与曲折发展。这是常人无法想象的抉择,也是余秋雨经过思考后不足称为抉择的抉择。

其次,一名行者必定是一位忍者。在东欧考察的那段时间里,纷飞的战火早已成为寻常的旋律。风雨、饥寒接踵而来,还有什么比最基本的生存来得更艰辛?没有西欧的咖啡馆,没有北美的商业街,那是一个还处在生存边缘的地域。没有人会在深思熟虑过后还义无反顾地离开故土,踏上如此之未卜的旅程,或是说历险。但余秋雨去了,一支笔,一本随记,仅此而已。

另外,一名真正的行者需要学会将世间的沧桑变化收之眼底。之于都江堰,那是"切切实实的水,可掬可捧的水……股股叠叠都踊跃着喧嚣的生命";之于莫高窟,"一代代的佛像都在石窟里深刻而又通俗地端庄着,微笑着,快乐着,行动着,苦涩着,牺牲着……";之于……所有余秋雨涉足之地均无一例外地留下了他或多或少、或深或浅的足迹与笔墨。现在看来,这种行为早已不能以"行走"二字简单地盖棺定论,"创作"二字恰如其分。

所以,一名行者,不只在行走,还每时每刻都在思考中创作。

以都江堰为例,"都江堰则不同,有了它,旱涝无常的四川平原成了天府之国,每当中华民族有了重大灾难,天府之国总是沉着地提供庇护和濡养。有了它,才有历代贤臣良将的安顿和向往,才有唐宋诗人出川入川的千古华章。说得近一点,有了它,抗日战争时的中国才有一个比较稳定的后方"。所以,都江堰不只存在于世俗眼里的一套经济价值体系之中,它更突显了中国文化的包容性内涵,这一点,余秋雨在他的行走之中看见了。

值得一提的是,余秋雨在临江的同时,也登高访了一次道。"看上去,是人在治水;实际上,却是人领悟了水,顺应了水,听从了水。只有这样,才能天人合一,无我无私,长生不老。""因此,都江堰和青城山相邻而居,互相映衬,彼此佐证,成了研修中国哲学的最浓缩课堂。"水,代表的不仅是一种奔腾勃发的生命,更是一种人与自然协调关系的具体表现,是中国处世哲学的标志性存在。而都江堰在余秋雨行走的笔锋之下又多了一重深刻的含义——中国道家哲学思想的汇聚之地。"拜水都江堰,问道青城山。"从《都江堰》一文中,我们不难发现:余秋雨作为一个作家,亲身体验并感受到了水的蓬勃不息之生命。作为一个行者,他在山水之间留下了蜿蜒曲折的思考足迹。作为一个文化学者,他将其与中国古代先秦时期的道家思想联系起来,阐释了"水之道、天之道、生之道"。

再将视野放到国际的空间维度上。二十世纪末,余秋雨冒着生命危险贴地穿越数万公里考察人类最重要的文明故地,对当代世界文明做出了一系列全新思考和紧迫提醒。作为全世界唯一亲身完成这种穿越的人文教授,他及时判断了新一轮恐怖主义的发生地,准确预言了欧洲不同国家的经济危局。这所有论断的提出不是如同世界末日预言一般空口无凭,也绝不是巧合与偶然,而是源于实地探访与考察。画地为牢之人自然不可能有如此前瞻性的目光。这也是余秋雨与其他作家之间最大的区别。

此刻,我们再回到文章开头所提及的问题:何为行者?何成作家?两个看似毫无关联的存在在余秋雨的身上毫无瑕疵地汇聚融合,只因行者与作家,他们都曾经历过沧桑,都曾目睹过现世的风云变幻,都曾在某个不同的瞬间于缓缓的溪流中留下自己思考时闪现的火花。

所以,行者与作家同时亦是思考者。他们意识到人类的逻辑先在性,意识到主体的客观存在性。于是,他们在人生哲学的范畴内思考人的生存价值、历史地位和现世意义,处于一个"自在"的世界却又极力构造一个文化的世界图景,以达到黑格尔所说的"自在自为"的境界,进而推及至行路与创作,透过一系列文化历史现象,思考生命的本质。

(徐宇松)

三毛：追随自由，如风的来去

三毛说：我笑，便面如春花，定能感动人的，任他是谁。

重读《撒哈拉的故事》，我看到了她的笑。站在漫无边际的黄沙上，不顾烈日的曝晒，笑得恣意而灵动。这一刻的感动，无以复加。

唯有沙漠才配得上她——三毛，这个传奇般的女人，那样洒脱而倔强，苍凉而诗意，他们都有着同样不愿被束缚的灵魂，他们追逐自由，到生命的尽头，甚至超越生命。

一、流浪自由——内在的外化

她是个貌不惊人的女子，就连笔名"三毛"也略显潦草——也不知是她明了自身天性取了这名字，还是这个流浪的名字注定了她一生颠沛流离。

从大陆到台湾，从西班牙到撒哈拉，匆匆而过，三毛像个"居无定所"的旅人。她曾说："我的半生，漂流过很多国家。高度文明的社会，我住过，看透，也尝够了。我的感动不是没有，我的生活方式，多多少少也受到它们的影响。但是我始终没有在一个固定的地方，将我的心留下来给我居住的城市。"很多人将之看作"看破红尘，自我放逐"，但又何尝不可当作她对流浪的诠释，对自由的渴望。

三毛是一个喜欢把意识深处的渴望用一种外化的形式加以诠释的女人。她将这种对个人自由的追求用外化的方式表现了出来。她用流浪来诠释着她的自由。

她终其一生都不曾忤逆过自己的灵魂，想走便走了，放得下虚名，孑然一身。

二、爱情自由——人格的独立

三毛是幸运的，在经历过一次又一次失败的爱情后，有个叫荷西的男人愿意苦恋她六年，愿意为了她荒诞的"前世羁绊"，抛下优越的西方世界，去贫瘠的撒哈拉当个磷矿工人。

但对于三毛自身，她追求自我，不愿意放弃自我独立的人格，不愿自己的人格受到他人的牵制。她尊重荷西的独特性格，同时她却不承认自己是荷西的另一半。她说："我心灵的全部从不对任何人开放，荷西可以进我心房里看看、坐坐，甚至占据一席，但是我有我自己的角落。"她坚信拥有独立的人格才能更好地思考人生，她不愿当任何人的附属品，哪怕是作为她丈夫的荷西。

她始终坚持女人作为一个独立的个体，应有自己的主见，不应时时附和男人，更不应该为男人所左右。因此在《娃娃新娘》中，她表现出对世俗极大的愤慨，但又对这种野蛮的风俗无能为力。

除爱情外，荷西给予她的还有"知己"二字。世间无数怨偶佳偶，无非是两人间爱的存亡。但相爱是一回事，相知又是一回事，找到知己总比找到爱情更难。

荷西和三毛决计是不需什么红颜与蓝颜，因为自己的爱人便是知己。结婚礼物是骆驼头骨，大概只有荷西做得出来，也大概只有三毛会欢喜接受。看两人之间的小打小闹更是可爱。三毛让荷西拿邻家的漂亮女孩当海市蜃楼；三毛丢下丈夫回到台湾时，荷西又在信件中捏造出一个卡洛叫三毛吃醋赶回。有一些小聪明，也曾共患难——还有比这更完整的爱吗？

也正是这份相知相守，让爱情和婚姻不再成为三毛追逐自由的牵绊，而是她最大的保护。在这条看不到尽头的路上，会有一个人扣紧她的手，和她一起走。

三、生命自由——生死的考量

  三毛对于生命有着独特的悲悯。《哭泣的骆驼》中,她同情沙伊达,同情为救沙伊达而死去的鲁阿,而她更同情的是这个不自由的民族。《哑奴》中,她尽自己所能在生活上帮衬哑奴,同情他无法拥有身体的自由,但哑奴的一句话却让她醒悟:"我的身体虽是不自由的,但是我的心是自由的。"若心中不曾失去对自由的向往,那么即使身处囚笼,生命也是自由的。

  可以说,三毛这一生都在与命运抗争,从幼时自己给自己改名,到挨老师打后逃课去坟墓堆旁读书,从四处漂泊,因为一张照片就一声不响地去了撒哈拉,到最后猝然离世,她仿佛刻意地走上与命运相悖的路,渴望挣脱命运的束缚。是天性如此,或是对自由的追逐已深深浸入她的血脉里,让她觉得连命运都是对自己的约束?

  她一生坎坷,好似满腹愁绪,总对死亡有独特的思考,她曾说:"我不害怕死亡,死亡是一个新阶段的开始,可能是美丽的。"她会因悲伤而想死,因为死可以让她得到解脱;也会因喜悦而想死,因为死可以让喜悦变成永恒。她是那么迫切地想将死亡掌握在自己手中,但是同时她又排斥着死亡。人都是很矛盾的,明明知道最后都要死,可是还是要拼命地活。她在《不死鸟》中说:"虽然预知死期是我喜欢的一种生命结束的方式,可是我仍然拒绝死亡。"因为她知道"守身即孝亲",于是她肩负起了"不死鸟"的重担。她对于荷西的思念在多少个午夜梦回的黑暗中啃噬着她的身体,让她在那空洞洞的深远中孤独寂寞。她不愿父母亲尝到她已尝过的苦酒,所以她愿意暂时做一只不死鸟。

  这样的亲情与责任抑制了内心的渴望,但也只是暂时的,她最终还是走了,也许化作了一阵风,以一个完全自由的生命回到撒哈拉——她魂牵梦萦的地方。

  《撒哈拉的故事》带有三毛初期作品的恣意与活力,也可从中一窥她对自由的渴望,但有人说:"众人喜爱《撒哈拉的故事》,是因为它流露善良、豁达、悲天悯人的性情。然而，众人也许不知道，写喜剧的人，往往深尝悲剧。"这片土地带有太多无奈与伤痛，它的壮美下是蒙昧、野蛮，饶是三毛，也会有想退缩的瞬间，但她仍选择去爱它，因为沙漠给予她的是心灵的洗礼，是灵魂的自由。

　　白落梅说过："三毛的故事，无须杜撰，不必虚构，她的人生就是一部不可复制的传奇。她是一个聪慧的女子，在尝尽烟火幸福之后，满足地死去。她选择亲手结束自己的生命，是为了给将来的日子，留下一段如梦如幻的空白。而活着的人，在寻觅中叹息，在感动中泪垂，猜测着一个永远也不能知晓的谜底。"

　　她走在撒哈拉的黄昏里，流浪在人间的步履中，被风扬起的长发在天涯漂泊，被雨淋湿的双脚在山水间逡巡，她在红尘中低吟浅唱，是世人听不懂的歌谣。

　　她追随自由，从生到死，像一朵花的开落，像一阵风的来去。

（贡徐滢）

浅析张晓风的才与情

对于我最喜欢的作家——张晓风,我总是愿意这样称呼她:张晓风先生。先生,才、情皆备者也。

一、一个才华横溢的女子

一杯芳茗,一本小书,静静地品味。她是隔了尘世的女子,躲在氤氲缭绕的水乡,耳际泉水叮咚,如沐春风。这样的时候适合想:或季节的感思,或以前的故事,或佳人的传奇。渐渐,思绪流淌,一程又一程。拿来一笔,把这些清丽的心情涂抹,就是一篇纯美的散文。有人说,这是小女人的散文,没有半点气势。她却不以为意,小女人的文字怎么了?如果把它写得隽永秀丽,也是一抹亮丽的风景。散文,有各式各样的好,巴金的散文是哲思的,余秋雨的文化散文是知识的,小女人的散文就是用一份独到的心情品出来的。

余光中说:"张晓风不愧是第三代散文家里腕挟风雷的淋漓健笔,这支笔,能写景也能叙事,能咏物也能传人,扬之有豪气,抑之有秀气,而即使在柔婉的时候,也带有一点刚劲。"从六十年代中期起步,有着四十多年散文创作经历的张晓风,是当代台湾散文界的代表性女作家,被列为"台湾地区十大散文家之一",也是中国当代文坛的一棵"常青树"。她笃信基督教,醉心国学,精神上以一颗女性的唯美和仁爱之心观照宇宙人生,艺术上以现代思维重新架构传统,写出了大量清新秀美的散文。张晓风的散文艺术品位很高,但又雅俗共赏,《地毯的那一端》《步下红毯之后》《愁乡石》《我在》《从你美丽的流域》《你还没有爱过》《你的侧影好美》《这杯咖啡的温度刚好》《星星都已经到齐了》等都是在海峡两岸有较大影响的散文集。张晓风以稳健、执着的文学创作姿态和丰硕的创作成果，为中国当代文学的发展做出了贡献。

二、一个充满情怀的女子

她赋予世俗生活以温情和悲悯。她遭受过病魔的折磨，差点失去生命，但幸运地活了下来，所以她异常珍惜活着的每一天，以一种平凡人的姿态快乐地生活，世俗生活的一切都让她无比眷恋。她眷恋世俗人生，而凡俗人生必有不尽如人意之处，所以大彻大悟的张晓风选择了以理解和宽容的态度处之。她善于捕捉平凡人的片言只语和举手投足，以身边的小小器物、自然的花草虫鱼及季节更替的细微变化来激发自己的想象，赋予它们生命的情态，以一种变换了视角的哲理，来对真切的生活进行挖掘，为我们开启了另一扇窗，使人洞见一个既熟悉又陌生的世界，给我们带来一种冲击心灵的新奇感，让人深感在日常生活中情感的麻木和心灵的钝化。由学生证上一个让人熟视无睹的戳记，她联想到个体生命的印记，进而发出对生命的感悟，对生命创造主的崇敬，"我的主，我抬头望着蓝宝石般的晴空，心里默默地祷告，但愿在你那本美丽无比的生命册上，我的名字下也盖满了许多整齐而又清晰的戳记，表示你对我完成之事的嘉许，当我走完一生路程的时候，当你为我盖下最后的戳记的时候，求你让我知道，我曾完成一段圆满的人生"（《最后的戳记》）。当看到湖边那些不知名的树漫天漫地地借风播送种子时，她说："我不能不被生命豪华的、奢侈的、不计成本的投资所感动。也许在不分昼夜的飘散之余，只有一颗种子足以成荫，但造物主乐于做这样惊心动魄的壮举。"她以一颗虔诚敬畏的慧心在这里敞亮了其他生命的存在，以平等之心思考每一个生命个体的价值和意义，从中支取生命的能量。

她感受无尽乡愁中的落寞与飞扬。张晓风的童年是在大陆度过的，八岁时即随父母赴台。她对故乡的记忆是朦胧的，但只要打开张晓风的散文集，就会发现纸上承载着浓浓的乡愁，任谁都会为她笔下浓郁的中华文化气息和灵肉交融的故园情结而震惊,而感叹!就像她的丈夫林治平教授对她的了解,她身上流淌的是中国的血液,爱国热情与情操早已化在她热烈的生命里了。《愁乡石》《矛盾篇之二》《血沥骨》等作品,表现出她对故乡的怀念,对海峡两岸隔绝的忧虑和对美好未来的希望。在《愁乡石》一文中,先生写到在日本冲绳岛的北海滩"鹅库玛"度假,站在中国海的沙滩上遥望中国,这份乡愁之情,让每一个读者都感知到了那撕心裂肺的痛。她说:"他们叫这一片海为中国海,世上再没有另一个海有这样沉郁而美丽的名字了。小时候曾经多么神往于爱琴海,多么迷醉于想象中的那么灿烂的晚霞,而现在,在这个无奈的多风的下午,我只剩下一个爱情,爱我自己国家的名字,爱这个蓝得近乎哀愁的中国海。""望着那一带山峦,望着那曾使东方人骄傲了几千年的故土,心灵便脆薄得不堪一声海涛。那时候忍不住想到自己为什么不是一只候鸟,犹记得在每个江南草长的春天回到旧日的梁前,又恨自己不是鱼,可以绕着故国的沙滩岩岸而流泪。"张晓风是那批四十年代末赴台的"外省人"中的一分子,她的根不在台湾,而在大陆。她生于中国近代史上的战争年代,经历过逃难、别离和迁徙的痛苦,但时代的苦难和生活的磨难并没有使她的心灵变得迟钝,相反变得格外敏感。

　　这就是张晓风先生,时而站在历史的时间轴上,平静而深沉,注视着一切的不幸;时而躺在现实的臂弯中,半眯着眼,将这世界的一切美好尽收眼底。

　　这是一个女子的世界,精细、秀气、典雅间夹杂着一股淡淡的、对生命短暂的遗憾和看透尘世又不失去信心与热情的执着。

(薛李娇)

皮囊下的灵魂

《皮囊》是一部有着小说阅读质感的散文集,作者蔡崇达本着对故乡亲人的情感,讲述了一系列刻在骨肉间的故事。一个福建渔业小镇上的风土人情和时代变迁,在这些温情而又残酷的故事中一一体现。用《皮囊》这个具有指向本质意味的书名,来表达作者对父母、家乡的缅怀,同时也回答那些我们始终要回答的问题。

皮囊,在佛教中比喻人体躯壳。脱去了皮囊,我们只剩下灵魂。沉重的皮囊,或许可以简单地理解为虚伪的面具,它的冷酷法则:从不许诺什么,也不相信奇迹,不相信心,只承载着挣扎、愤怒、斗争、意志、欲望和梦想。轻盈的灵魂,在这本书中有两个体现:作者敞开自甘冷漠的皮囊,感性分成血肉人生;哲人苏格拉底曾说:"认识你自己。"过了而立之年的蔡崇达,围绕自己的亲情和友情展开,尝试着重新审视周围的一切。

一、诗性的语言　隐含尖锐刀锋

形象是文学语言最鲜明的特点。用语言反映现实生活人物的形象,是文学作品的特征。诗不仅是文学的最高样式,还是文学所有样式的典范,这典范就是它具有最尖利的刀锋。在崇达诗性的语言里,隐含着尖锐的刀锋。阿太是个神婆,极具封建迷信色彩。当杀鸡一连几次都未成功时,阿太一把抓住那只鸡,狠狠地往地下一摔:"别再让这肉体折磨它的灵魂。"当她为外婆出殡时,竟能露出微笑:"因为我很舍得。"令人百思不得其解的是,她屡次把年幼的舅公扔进海里,让他学游泳。舅公差点溺死。她冷冷地说:"肉体是拿来用的,又不是拿来伺候的。"她引导着黑狗达顿悟世情:"我们的生命本来多轻盈,都是被这肉体和各种欲望的污浊给拖住。肉体是拿来用的,不是拿来伺候的。"这体现了阿太的世界观:人就应该苦其心志,饿其体肤。放下物质形体束缚,不受外在干扰的绝对逍遥的精神境界,放怀万物,以心灵去感知宇宙人生的幸福的、追求精神自由的最高境界。

在崇达诗性的语言,在那柔软的语言丝绸下,那一丝酸酸的疼痛便是阿太命运里被坚实皮囊所遮蔽的巨大忧伤。

二、深邃的情感 直面人物内心

文学是不同情感共同作用的结果,是情感、感受等心理活动相互联系、相互渗透的形式。作为一本新生的非虚构作品,《皮囊》的眼光依然不能免俗地瞄准故乡,然而却写出了故乡不复存在的吊诡质感。蔡崇达曾说,借着此书,他得以告别父亲,重回心灵的故乡。梦想原来是卑微的执着。最离奇的理想所需要的建筑素材就是一个个庸常而枯燥的努力。他是典型的北漂一族,从小镇出来,读着并不是很好的大学,靠着对梦想良好的经营和刚好的勇气前往他们所谓的天堂——北京。然后又靠着卑微的执着和精准努力的执行,从北漂的泥潭里开出自己的花。读者在电子书上看着一句句发自肺腑的话,仿佛看到了自己的影子,这种文章是最能引起青年人共鸣的。

《母亲的房子》一文中,得知耗费家中无数心力、财力的房子即将被拆迁,孱弱的母亲内心的波澜即为本文奠定了悲苦的感情基调。前半部分着力刻画出母亲的倔强固执,甚至有些迂腐糊涂,建房的代价为牺牲姐姐的嫁妆和"我"在北京买房的费用,母亲为什么偏要建房子?

"你父亲生病前就想要建房子。所以我要建房子。"她的理由。

"但父亲还需要医药费。"

"我要建房子。"

她像商场里常看到心爱的玩具就不肯挪动身体的小女孩,倔强地重复她的渴望。更深层的原因是:"好几次一些亲戚远远见到我们就从另一个小巷拐走,和母亲去祠堂祭祀时,总有些人都当作我们不存在。"闽南有首名闻大江南北的歌,叫《爱拼才会赢》。为什么要拼?为了赢。赢什么?固然赢得物质利益，但更重要的是赢得尊严。闽南人爱面子，母亲这爱面子简直到了不理性的地步。但这不理性里有更深的情，在母亲这里，就是对整个家的尊严的维护。有了家庭后的作者，逐渐感受到"子欲养而亲不待"的悔恨，感受到上代人对爱情的忠贞守候，多了对世俗偏见理性的思考与无奈。"我知道这房子是母亲的宣言。以建筑的形式，骄傲地立在那。"

三、沧桑的阅历　卷入命运洪流

"生活，从来就不是个太好的观看者，它像一个苛刻的导演，用一个个现实对我们指手画脚，甚至加进很多戏码，似乎想帮助我们找到各自对的状态。"作者的聚焦点始终在闽南小镇上的那些人。书的前半程，关于黑狗达的阿太、母亲、父亲，那种刻进心里的画面，强韧地坚挺地，以不倒的姿势立在我的眼睛里，悲凉却又壮丽。书的后半程，笔墨集中渲染勤恳实干，具有美丽灵魂且不断追求美，最后却被世俗与舆论绑架自杀的张美丽；梦想的代言人，也是向世界的宣战者，却惨败在现实中的厚朴。黑狗达的朋友们，以不尽相同的失败的悲凉姿态教会他思考，也教会我们成长。他们都用着各自的努力试图过上自己想要的生活，那些被称之为梦想的追求，凄凉、可悲却又处处彰显伟大。梦想于实现者而言是美妙的成就感和幸福的结果；于那些失意者而言，是保证他们在这一整个过程中血脉贲张的原动力，是失败后的一曲悲壮的挽歌，但他们也曾因梦想灿烂过、激动过。

我们生来就是一尊泥塑，包裹着我们的灵魂。人们与岁月就仿佛是刻出的层层叠叠的皱纹，剥开厚实坚硬的泥壳，我们会发现原本我们的生命是那么的轻盈，灵魂是一团说不清的星云，能在人间与天堂自由地穿梭。望着那一团倒在地上的污泥，掺和着无数的忧虑、烦恼和疲惫，轻盈的灵魂就是被这肉体和各种欲望的污浊给拖住。这种感觉，也许只能在生死边缘才能感受到。浑身的痛苦，满心的悔恨，说不尽的遗憾，只能在解脱后才能释然。这本书适合在夜深人静时品读，在片刻间抚摸灵魂，让轻盈的灵魂随风飘曳。

（王亦孜）

小词大雅
——浅析叶嘉莹诗词理论

叶嘉莹先生将传统诗词鉴赏和西方文学批评理论融会，以独特的视角、细腻的文笔和浮世坎坷的忧患经历感悟诗词，本文就其讲演集《人间词话七讲》《唐宋词十七讲》，从她对词之结构、词之内容中"兴发感动"的特征、词之隐含的"弱德之美"三个角度的分析，浅析叶先生诗词理论的特点。

一、中西合璧的批评理论

叶嘉莹先生将当代西方文学概念融会，应用于中国古典诗词的探讨和诠释。在《人间词话七讲》中，唐五代词部分着重被应用于对词之结构的分析。而在词之结构中，她又提出写作角度上的"男性视角""双重性别"和文字语言方面的"显微结构"。

男性视角(male gaze)：指以男性的视角来观看、审视女性。波伏娃的《第二性》中指出"女性是男性眼中的'他者'"，这一写作视角在花间词中较多体现。如薛昭蕴的"越女淘金春水上,步摇云鬓配鸣珰"，欧阳炯的"二八花钿,胸前如雪脸如莲"都是从男性视角来写女性，在这种视角之下，女性由"人"变为了"物"，为男性所观看，也因此被赋予一种理想化的色彩，被美丽地物化了。以上两句极力描写女性的配饰之美、身体之美，带有艳情色彩，展现出的即是男性对女性"美"与"爱"特征的渴望。

双重性别(double gender)：词人常常以男性的身份来写女性对容颜的珍

惜、对爱情的渴望,这是中国小词中的微妙特色。从屈原的"芳草美人"喻,到温庭筠的"懒起画蛾眉,弄妆梳洗迟",再到欧阳修的"照影摘花花似面",这其中都写女子醒悟到自己的美好,但这美好却不能有所投注,美好的价值不能实现。表面上说的是女子,但是实质上隐藏着很深、很丰富的男子不得志的感情。男性词人在写作此类词时,实际上是兼具双性思维特质的,既具有古时男子的出仕之志,又具有女子的幽深情思。尤其是仕途坎坷的诗人、词人,在写作这类词时,往往借女子之口吻,抒发怀才不遇的幽怨情思。

显微结构(micro structure):叶嘉莹举了南唐中主李璟的《摊破浣溪沙》为例分析。"菡萏香销翠叶残",王国维从中读出了"众芳芜秽,美人迟暮"之感。之所以会有这样的解读,是因为显微结构中每一个字词,每一个符号都使词引起人们丰富的联想。这也是作诗作词时"炼字"的目的。"菡萏香销翠叶残",本来的意思很简单,可如果直接说"荷花凋零荷叶残"就缺少了词的美感。"菡萏"出自《尔雅》,是荷花的美称,"能给人一种遥远的、高贵的、距离的美感"。"香销"是双声词,"'x'的声音让人觉得香气的消散是一个缓慢的过程"。"翠"包含着绿的颜色,但是更有一种珍贵的、美好的意思。把众多美好、珍贵的词集合在一起,却落得"销""残"的结果,这就是"众芳芜秽,美人迟暮"。

二、"兴发感动"说

叶嘉莹先生一直认为"对于诗歌之创作与批评,在中国传统诗论中所最为重视的,乃是诗歌中一种兴发感动的质素"。她在《不可以貌求的感发生命》一文中正式提出了她的"兴发感动"说,并以之作为叶氏诗词理论的核心。

"兴发感动"源于我国古典诗学的基本概念,孔子曰"诗可以兴"(《论语·阳货》),朱熹注释"兴"字曰"感发志意"。可见所谓"兴发感动"即是词之内容对读者个人联想、个人情感的感发触动。形成"兴发感动"的基础是读者的个人体验与词之内容之间的呼应,读者独特的生命体验将会引起不同程度的"感动"。当词中意象与所经历的场景重合时,"兴发感动"体现为场景的再现;当词中意象真切可闻,情意亦真挚动人时,体现为情感的触动;当词中意境与个人经历高度契合时,体现为意境的重生,意象与情感的融合,可以引起心灵或哲思方面深层的触动。

叶先生对温、韦、冯、李四位词人作品的分析充分体现了她的这一学说。

温庭筠之词偏重描绘精美的意象,"盖多属于客观之描摹",可以称之为"美感之感知";韦庄词所写多为具体的情事人物,带有一种直接的感动,"盖多属于主观之情感",可以称之为"情意之感动";冯延巳则和他们都有不同,"给人直接的感动,却又让你不能确指他的人物和情事",传递的是一种情感的本质;而李璟词"富于感发之意趣",往往使读者产生"一种极为自然但却极具感发之力的心灵的触动"。

三者的差别在于:"感知是属于官能的触引,感动是属于情感的触动,而感发则是要在官能的感知及情意的感动以外,更别具一种属于心灵上的触引感发的力量。这种感发虽然也可以由于对某些景物情事而引起,但却可以超出于其所叙写之景物情事之外,而使读者产生一种难以具言的更为深广的触发与联想。"

由此可见,"兴发感动"分为不同层次,层次的深浅在一定程度上反映了文本包容性的大小。"兴发感动"是词"要眇宜修"特色的表现,同样也是词作价值的体现,给人以美感的感知、情感的触动或是更深层次的哲学启迪。

三、弱德之美

在词的深层意蕴中,叶先生提出"弱德之美"一说。

"弱"是指词本身存在于苦难之中,词人也在承受苦难,正如"诗人不幸诗家幸"所言,中国古代士子的文学成就和仕途经历往往呈现一种二律悖反,身处苦难,采取隐曲收敛的态度对待,这就是所谓的"弱"。"弱"不是指懦弱无为,完全被动,也非玉石俱焚的抗拒,而是类似"以柔克刚"的态度。"德"指虽然身处苦难中,词人还是要坚持自己的操守和秉持实现自我的意志,一如淤泥之上的莲花。兼具隐曲收敛的态度和德行的坚守,这就是所谓的"弱德"。

譬如叶先生评冯延巳"日日花前常病酒,不辞镜里朱颜瘦"一句,她说,"镜子意味着一种自省"，词人明明知道"常病酒"令自己憔悴，可是依然"不辞"，这便可见冯作为"开济老臣"，面对"周师南侵，国事岌岌"而"不能有所匡救"的抑郁苦闷和身处危境而依然坚守的"弱德之美"。

又如评《人间词话》第三十二则"永叔、少游虽作艳语，终有品格。方之美成，便有淑女与倡伎之别"。叶先生举欧阳修《蝶恋花》和欧阳炯《南乡子》为例进行比较，同写江南女子，欧阳修词中写"照影摘花花似面，芳心只共丝争乱"，欧阳炯词中写"二八花钿，胸前如雪脸如莲"。前者写女子在水面倒影中看到了自己的容颜，这是一种自省，对自己的美好生命有了一个觉醒，却发现自己美好的感情没有一个可以交托的对象而心绪缭乱。而后者仅仅停留在香艳的辞藻上，充满欲求和诱惑。两相对比，都是写美女，《蝶恋花》词中却不带有情色的诱惑，更多的是女子对自己的珍重。

"弱德之美"是诗词中深层的价值，没有停留在美感、情感的层次，而是影响到了人的品格、德行，具有"兴发感动"中第三层次的心灵和哲学意味的启迪。

四、结　语

叶嘉莹先生的诗词理论从词之结构，词之"兴发感动"再到词之"弱德之美"，是一种由表及里的分析，词之价值便层层递进。而这三者之间又存在不可分割的联系，词作的视角选择与遣词造句精致而独特，方能使读者产生联想和感动，继而挖掘出其中"足乎己无待于外"的强大持守力量。

（张焱阳）

来自新世界

《来自新世界》是由日本作家贵志祐介所著的科幻类小说。作品虚构出"一千年后的日本,孩子们不断地消失,只存在想象中的恐怖动物与人类展开殊死战争。反乌托邦式的未来超级社会'新世界',是口吐真言凭借'咒力'就能移动物体的人类,与有着等同于普通人智力的生物'妖鼠'共存的世界。乍看之下一切和平……在这其中,渡边早季、朝比奈觉、秋月真理亚、伊东守、青沼瞬五位少年和少女们,为了守护日益衰弱的世界和同伴,投身到了各种各样的冒险的旅程中……"

故事中小町里的每个人都热爱着这块沃土,即便是一千年后的那个地方,科技甚至仍停留在近代。人们出行靠驾船、骑自行车,生活方面犹如古代自给自足的自然经济时期。小町里有学校,孩子们在这里学习使用咒力的方法。小町里也有图书馆,小町所有的书籍都存放在这里,分类收藏。鲜少有人能接触到这些书籍,因为大部分都是所谓的"禁书",其中描写的是千年前的人类社会,人类繁衍生息了数千年,小町中的人却因"太过血腥暴力"而无缘了解。即便这个小町从诞生伊始就开始逐步扭曲,人们照样在谎言中"安居乐业"。这本书的出彩之处在于它包含了一些值得深思的问题。乌托邦是否真的能在人类世界存在?信任与背叛、善与恶是否都是绝对正义或邪恶的?

一、关于乌托邦

《来自新世界》是一部反乌托邦的佳作。乌托邦是人类思想意识中最美好的社会,如同西方早期提出的"空想社会主义"社会:美好、人人平等、没有压迫,就像世外桃源。

"反乌托邦是文学,尤其是科幻文学中的一种文学体裁和流派。反乌托邦主义反映的是反面的理想社会,是对反乌托邦思想的探究。在这种社会中,物质文明泛滥并高于精神文明,精神依赖于物质,精神受控于物质,人类的精神在高度发达的技术社会并没有真正的自由。"

这本书的主旨内容让我联想到了乔治·奥威尔的《1984》,其中所描绘的那种行尸走肉的世界其实和这本书中的小町社会是有一些相似之处的。所有的人都如蝼蚁一般,他们满腔热血地建设他们心目中那个美好社会,可是在这个"人人平等"的美好社会中却不容许人们思想自由,他们无权了解世界的真相,他们了解并信奉的是那些几经删改的内容。那是谎言,是欺骗!当权者为了自己所谓乌托邦的利益,将这些蝼蚁蒙在鼓里,奴役他们,压迫他们。时时刻刻都有人从这个世界无声消失,没有人会记得他们,好像他们真的从未出现过,人们便这样被当权者玩弄于股掌之间。

我认为,乌托邦即中国的"桃花源式"生活是建立在人性善良的基础之上的,但这是有前提条件的。首先,人数不宜太多,人数过多便会变得杂乱而无章法,如村上春树在《1Q84》中描绘的那样;其次,教育是非常重要的,孩子们必须从小便在心中埋下"善"和"平等"的种子,对世间的一切都充满感恩之心。可在如今的人类世界,营造乌托邦式的生活是非常困难的。有些人习惯了给予,有些人习惯了索取,恃强凌弱,每一分每一秒都在世界的每一个角落上演。久而久之,人们身上的侵略性和奴性越来越顽强,越来越根深蒂固,很难想象当他们"被迫""平起平坐相亲相爱"时会是怎样的一副光景。

二、关于善恶

这本书中,并不缺少动人的爱情、友情和亲情。抛却隐瞒这一点不讲,小町里的人都是善良的。但这种"善良"却是建立在不断灌输给人们"愧死结构"的基础上,顾名思义,若是人类通过任何方法蓄意谋杀了同类,便会心脏感到羞愧停止跳动而死。所以，并没有绝对的"善"与"恶"，一切都是相对的。

　　大概一切的善与恶皆出于恐惧，人因恐惧上天的惩罚而积德行善，又因恐惧自己的利益得失而主动加害他人。但若让人抛下这份杞人忧天式的恐惧，世间仍是有善亦仍是有恶，而引起善恶的原因便有些不同。黑暗人性的一部分即不只为了生存而杀戮。人类生而迷恋将同类分为三六九等以获取优越感，这才是人性的"恶"之所在。人类习惯了统治与被统治，因而当他们不得不生活在乌托邦式的环境中时，便需要被迫行使"善"的义务。

三、关于启示

　　这本书跌宕起伏的情节也蕴含着许多人生智慧。诸如："人类这种生物，不管有过多少不得不伴着泪水吞咽的教训，只要过了咽喉，所有教训便又会被彻底遗忘。""'干先生停下脚步，'不过渡边，你觉得人类何时的洞察力最低？'我想想之后回答，'一帆风顺的时候？卸下心防，解除戒备的时候？''确实有些人一放松就无所谓，不过小心谨慎的人在轻松的时候反而会提高警觉。''那你认为是什么时候？''根据我的经验，反而是最惊险困顿的时候。我很少看到人面临绝望时，还会考虑实际情况可能更糟。每个人都紧抓着渺茫的希望，忽略危险的征兆。'"

　　在人们的日常生活中，我们常常会因为一时的安逸而忘记了"注意风暴"，当风暴真正来临时便会措手不及。在确认自己处于安全无虞状态下之后，才可以静下心来舒缓紧张疲惫的神经。最愚蠢的莫过于将犯过的错重复犯第二遍。

　　对于人类奴隶化鼠来说，反抗与不反抗，又有完全不同的两种后果。两派的首领奇狼丸和野狐丸都认为，被人类统治是不安定、没有尊严、不利于种群延续的，当下的所谓友好只是表象，实际上是连奴隶都不如的存在，随时处于被灭族边缘，能否延续种族全看人类心情。他们都认为最完美的解决方案就是推翻人类统治，把主权掌握在自己手中。然而这两派又可分为激进派和保守派，激进派最终得到全族歼灭的下场，保守派首领却以一人的死保全了全族,使其得以继续繁衍生息。究竟孰优孰劣,时间都会给你答案。

在长久的统治之下,形成的奴性群体也选择了反击而不是忍气吞声,选择了阳奉阴违而不是唯命是从。其实这样的想法和做法亦有所欠缺。若因为害怕被奴役和被人玩弄于股掌就选择推翻统治,那么当统治与被统治的对象对调后,谁能确保如今被统治的一方不会同样揭竿而起呢?盛衰无常,历史的长河中总是饱含着氤氲的血气,不同种族之间的杀戮从未停止,你能说这样的生活是乌托邦吗?

激进派总是英勇而果敢,却有莽夫之嫌;保守派总是深谋远虑,却往往错失良机。到底哪种更值得敬畏呢?前者就像夏日里的暴雨,来势汹汹,往往能对现况造成不小的影响,其结果尽管是杀敌一千,却自损八百,壮士们牺牲得轰轰烈烈。后者又犹如盛夏中的伏旱天,表面上一如平常,但只差一根完美的导火线,唯有在确保万无一失的情况下才主动出击。在日常生活中,我们大概都想成为保守派,安安稳稳,但往往会导致人们安于现状、不求上进、固执己见,这对于自身是很不利的,因而还需增加一些匹夫之勇。有万夫莫开的勇气,又有高瞻远瞩的安逸心态,大概谁都会成功吧!

怀揣一颗理性的心,你看到的是这个世界上由利益驱使的人间百态;怀揣一颗感性的心,你看到的是人与人之间最纯粹的爱与正义,恨与邪恶。该书最后一句写道:"想象力,可以改变世界。"你怎样对待这个世界,世界并不一定以相同的方式回报你。有滴水之恩涌泉相报,亦有恩将仇报。这便是世界诸多悖论中的一部分,即便如此,即便看清了人性的黑暗,也还是要努力地生活下去。

(陈沐洲)

人性的挣扎

——谈《白夜行》中的人性

从爱伦·坡到东野圭吾,一代又一代的杰出侦探小说家为读者带来一部部精彩小说。随着侦探小说本身的发展和读者认知的不断提高,侦探小说不再以单纯的破案为主线,而是带有更多的关于社会、关于人性本身的思考。而侦探小说家东野圭吾的作品便是在这种文学背景下萌蘖的。他在自己的作品《白夜行》中就以独特的视角关注到了日本的社会问题与人性问题。

《白夜行》作为一部侦探推理小说,最大悬念在全书的开端其实已经明了,两起看似毫无关联的案件——一桩离奇杀人案和一出看似平常的自杀案,实际上却是密切相关。两个小孩犯下了相似的罪行:男孩桐原亮司看到自己的父亲对自己的好友实施侵害的不堪一幕,出于震惊也出于对于女孩唐泽雪穗的保护,用剪刀杀了自己的父亲;而女孩唐泽雪穗为了保护可能会因为自己母亲而被抓的桐原亮司,也为了摆脱自己低贱的命运而杀了自己的母亲。从此,两个孩子因为共同的经历在内心和灵魂深处有了永远不可切断的联系,并且背负着共同的"罪恶"开始了阴霾的人生。两人怕罪行暴露,约定在案件追溯期满前暂不见面,形同陌路,直到案件的追查期满后再相会。但过后发现这起案件还在被追查。为了掩盖这个秘密,他们铤而走险,继续走上犯罪道路。最后,亮司为保护雪穗而自杀身亡,当警察询问"这人是谁"时,雪穗只冷冷地说:"我不知道。"这恐怕就是人世间"最悲恸的守望"吧。

很多时候人们看到《白夜行》首先想到的是爱情故事。爱情在两个人之间肯定是存在的,但是仅有爱情是不够的,两个逐渐成长起来的孩子拥有的还有一种更内在的人性纠结,一种灵魂的羁绊。一开始两个人也应该只是为了逃避"原罪",等待曾经罪行时效的到来,然而就像人们最初只是想说一个谎言,但结果却为了圆谎而说了更多的谎言一样。只是单纯为了逃避的两个人,却为了遮掩曾经的罪行犯下了新的罪行,一开始还只是为了去遮盖过去而犯罪,而到后来似乎全部脱了节,不再是单纯的躲避,更多的是有意为之的犯罪。

　　唐泽雪穗从一开始表现出来的就是一种世故,也许是因为她是娈童案被害者的缘故,她比任何人都先看透了社会的黑暗和自身的无助,所以当她改变自己的环境之后,就在不断地索取,不断地打造自身的条件:美丽的外貌,优雅的举止,这一切都为自己的不断上升提供了阶梯,但是这些还不够让她得到一切,于是她不断利用了阴暗的力量,利用桐原亮司来欺诈、监听,甚至是杀人。幼年的遭遇让她的灵魂极度空虚,除了不断得到、不断满足,似乎什么也无法填充她的需求。而能帮助她不断得到的桐原亮司便成为她心灵的支柱,这也正是为什么她明明爱着桐原亮司,却让他不停走上犯罪道路的原因:她需要明确知道作为她心灵支柱的桐原亮司在支持着她。

　　桐原亮司看上去是个没有任何野心的人,他除了想在"白天走路"以外,没有什么真正的欲望。他几乎没有为自己做什么,而只是一味为了唐泽雪穗在忙碌,甚至不惜为她犯罪。看上去桐原亮司是生活在白天的,而他实际是生活在黑暗中的。为什么他会这么执着于成为唐泽雪穗的帮手?爱情的成分肯定是有的,但是应该也有一些更隐秘的内容,比如赎罪。对于他来说,只要是为了"赎罪"这个目的,任何人都是可以伤害的,任何罪行都是可以做的。所以唐泽雪穗的要求就是他的要求,唐泽雪穗的灵魂就是他的灵魂,除了爱情之外,他也在不停确认自己的灵魂在唐泽雪穗那里。

　　或许有人会鄙视雪穗的泯灭人性,而为亮司开脱,毕竟,雪穗做这一切都是为了自己,而亮司甚至只是单纯地想保护雪穗。但是在词典中,人的定义是"自然(多维度生物圈)的本我存在;是超越万物的灵长;人能在生物圈获得两个层次的和谐幸福,即初级追求真、善、美所获得的和谐幸福;高级追求价值、意义、超越所获得的和谐幸福"。如此,他们和野兽又有何分别呢?他们就像生活在城市中的两头野兽,别人的生命对于他们来说毫无意义。他们关心的只有彼此。就如书中所说,他们是"共生"关系。在这个世界上,彼此是唯一的同类。也许,他们真的已经脱离了人的范畴,与其说人性,不如说是兽性。

我们从这些悲剧人物身上看到了人性与欲望的较量。正是由于人性的嬗变,才造成犯罪。同时卷入罪案之中的人,又延续着这种嬗变。它也折射出当代人的生存困境与灵魂挣扎,激发读者对自身生存状况和行为方式的反思。一味追求高速发展以至到了丧失理智的程度,一定会有悲剧发生。而人为何会生欲望?人于困顿之时,君子固穷,而小人穷斯滥矣,过度地放纵渴望激发了本源的欲望。所以人性与欲望的较量,也是人在困境之时,是否坚守与秉持理性的问题。对于人类社会来说,这与"物我"命题一样,是个永恒的命题。

人是感情动物,往往因为物质的诱惑沉迷于七情六欲,在欲望面前迷失了所有的信念。物质的东西越多,人就越容易迷惑。比如悲剧的雪穗和亮司,他们最终飞蛾扑火、自取灭亡,落得粉身碎骨的悲惨下场。每个人体内的人性和魔性都是常常在斗争的,就看最终哪个占了上风,什么成了主导,而人性战胜魔性还是魔性吞噬人性往往在于内心的决断。人性应该在世间的七情六欲中不断完善和平静。

东野圭吾的侦探小说仿佛已经不是传统意义上的推理小说,甚至让人看完后起鸡皮疙瘩,谁是犯人变得不再重要,重要的是犯罪背后的人性和社会因素。两个孩子最初的犯罪有着迫不得已的社会因素,而之后的一系列罪行则是在人性纠结中不断造成。东野圭吾书写犯罪的过程,更是在书写灵魂的挣扎。《白夜行》是一部爱的小说,也是一部关于人性和孤寂灵魂的小说,当爱没了,灵魂消失了,故事也就完结了。人性问题一直是文学作品中值得关注的中心问题,离开了对具体人性的反思,作品就会失去了生命。《白夜行》是一部悲剧,而所有的悲剧归根结底是人性的问题。人都有劣根性,当人控制不住自己的恶念,做出了伤人或者伤己的行为时,就会导致人性的悲剧。贪婪、自私、虚荣、好色、嫉妒、软弱等等,哪一种发展到极致都是人性的悲剧。

通过这部小说,东野圭吾对人性进行了深刻的探讨,挖掘出人性悲剧的深层内涵:缺乏对道德的呼唤,缺乏做人的底线与尊严,缺乏对生命最起码的尊重和敬畏,缺乏对人的怜悯之心,便会走向人性的缺失和沦丧。

(杜佳雯)

拥有一个人的好天气

——读青山七惠《一个人的好天气》

日本女作家青山七惠的小说《一个人的好天气》描述了一个打零工的女孩如何与年长亲人相处,同时追寻自我、独立成长的故事。作品折射出当前日本的一个社会问题,即许多年轻人不愿投入全职工作而四处打工,宁愿做自由职业者,他们不想长大,不愿担负责任,无法独立,害怕走出去看看这个世界,但是又不知道这种恐惧从何而来。作者青山七惠在接受记者采访时说:"我想告诉他们,只要你肯迈出第一步,自然会有出路。"她希望自己的作品能帮助他们"迈出第一步"。

主人公知寿,是一个普通女孩,她不愿上大学,却愿意自食其力,来到东京打工。知寿在与人相处的时候常常有烦躁的情绪。面对吟子,这个与她一起生活的老奶奶,知寿的内心活动是:"她脸色苍白,加上一道道的皱纹,使我不由自主地后退了几步。"面对母亲,这个养育她多年的人,她觉得母亲"啰里啰唆的。担心我吗?真寒碜人。我都二十岁了,妈妈还把我当成独自一个人就会害怕伤心的不懂事的孩子呢"。与男朋友阳平的相处,也平淡得像白开水:"跟阳平交朋友有两年半了,可我们从不出去约会,去年连生日礼物都没有互送……说得好听一点,彼此的存在犹如空气。但实际上,我们互相都感觉对方是可有可无的,这跟空气有本质的区别。"甚至,她对季节的感受也很烦躁:"走在通向车站的樱花行道树下,白色的花瓣飘落身上,我不禁烦躁起来。我不需要春天这样不上不下的季节。"除此之外,她还有很多不好的习惯。她喜欢偷东西;她敌视吟子的爱情;她的情绪不稳定,感情转变得很快:"我老是这样,刚刚还沉浸在怀念中,转瞬间就会觉得不安。""我怀着真情实感,把心里想的话说出了声。一旦说出声来,反倒感觉虚假了。其实怎么都无所谓。"总体来说就是觉得人生虚无,无所谓。在文中出现了这些词汇描述知寿的状态:烦躁、颓废、空虚、不安、虚无、麻木、惰性、焦躁、倦怠、无知、软弱、茫然。知寿的状态大致如此。这其实也是现在青年人普遍的心理感受。阅读的过程之中,我能发现许多我和知寿的相似之处。

值得注意的是,这不是知寿状态的全部。一个青年人的精神状态会有混沌迷茫的一面,也有勇敢坚韧的一面。坚强与软弱是并存的,不可分割。知寿其实是有受苦的准备的,"我自认为自己是有受苦的精神准备的。我想做一个像样的人,度过一个像样的人生;想尽量锻炼自己的肌肤,成为一个能够经受任何磨难的人。对于将来的梦想,以及刻骨铭心的恋爱等等,即便描绘不出来,我也朦朦胧胧怀有这样的期待的"。她同时也不喜欢被人觉得可怜,"她觉得我不知天高地厚也好,什么都不懂也好,都没关系,就是不愿意让她觉得我可怜"。这种心理活动为她后来的转变埋下了伏笔。

她唯一可称得上是目标、有所期待的是打工赚钱,赚满一百万日元。知寿的精神状态混沌迷茫,逃避真实的自我,不愿独立。这样一个青年人,我不禁在想,到底是什么原因让她成长为现在的知寿呢?她自身的性格,她的家庭环境,青年人普遍的敏感的心理当然是不可忽视的因素。应当注意的是,作品当中有一个隐性的环境,就是当时的社会。这一点其实也是作者的创作动机——希望她的作品能鼓励这样的一批青年人,告诉对进入社会怀有恐惧心理的青年,其实进入社会并不那么可怕。

在遇到新的男友藤田之后,她变得可爱了一些,可她本质上还是那个烦躁迷茫的年轻人。最后这个男友不明不白地与她分手了,这是引发知寿变化的直接原因。她更焦躁不安,惰性更重,觉得痛苦,感到自己可怜。她感到倦怠疲惫,她对生活失望至极,不相信自己能过上正常的生活,想要和人切断一切的联系。

"吟子,外面的世界很残酷吧。我这样的人会很快堕落的吧?"

"世界不分内外的呀。这世界只有一个。"

多次与吟子交谈倾诉困惑，在工作中找寻自己，知寿情绪不稳定的毛病改善了些，她对生活也有了更深刻的理解。她说她会自己一个人想办法活下去，会一点点地来习惯这种状态。

故事的最后依旧平淡，知寿没有发生重大的改变，她努力地去接受真实的、平淡的生活。

"就这样，我不断地更换认识的人，也不断地使自己进入不认识的人们之中去。我既不悲观也不乐观，只是每天早上睁开眼睛迎接新的一天，一个人努力过下去。"

我想这篇小说最可贵的地方是它展现了现代社会青年人迷茫、畏缩的心理状态。作者用她平淡近乎碎碎念的语言描绘了知寿从迷茫到努力生活的生活态度的转变，给当下的青年人提供了一个方法论，提出成长可供选择的路径。

"知寿"这个名字是靠自己的知识得到长寿的意思。她从外地独自来到大城市东京工作，寄居在远房亲戚家，对于纷繁的人世有点害怕，但也努力鼓起勇气，踏上自立之路。从这篇小说中我们可以学到的是，我们要努力学习知识，去理解这个世界，理解自己，要为了得到自己想要的生活，努力过下去。

愿你最终能拥有一个人的好天气。

（陈凌婕）

论芥川龙之介《罗生门》中的矛盾

罗生门是日本传说中的一道门,通往生死,坚固无比,门上有许多象征死亡的图像。在芥川龙之介的原著小说里,罗生门作为一个标志性建筑,代表"人间地狱"。原来的京都里面有这么一道真正的门,据说是魔鬼消失之门,毁于战乱。这也给小说奠定了一种荒凉可怖的气息。《罗生门》中的文章篇幅虽然短小,但精致考究,能给读者一种强烈的震撼,这不仅是因为病态文学的渲染力,而且其中体现出的矛盾纠葛也使作品格外吸引人。关于《罗生门》中的矛盾,在我看来体现在以下几点。

一、作者自身充满期待而软弱妥协的心理矛盾

芥川自小身体虚弱,终生为胃溃疡、失眠、神经衰弱、痔疮等多种疾病所困扰。

"大正二年夏天,胃开始出现问题。"

到了大正七年,他说道:身体越来越弱,并开始出现神经疲劳症状。

"想写的东西终因生病而没有写成,苦恼的事也因生病多了起来。"

另外,大正三年初恋的失败,大正五年恩师夏目漱石的去世,足尾铜山矿毒事件、大逆事件、乃木殉死等事件层出不穷。

这个苦闷时代,使得芥川精神受到重创,形成了胆怯、懦弱的性格。他的好友佐藤春夫在谈到他时说过这样一句话:"在他常穿的窄小的西装背心下隐藏着一颗敏感而脆弱的心。"芥川也曾对自己说,"贫民之子,不可懦弱",他在

告诫自己的同时,也暴露了自己内心不够强大。芥川晚年得出的"三者决定命运论"即"遗传、境遇、偶然——掌管我们命运的就是这三者"。

遗传、环境(如境遇、偶然)这两个个体发展不可缺少的因素,确实给芥川的性格及人生观、世界观的形成带来了不可磨灭的影响。

这在他的作品中多有体现,比如《河童》,它的大意是这样的:"狂人"登山时在晓雾中迷失方向,误入河童国。在那里他耳闻目睹了这个国家的一切,感到无法忍受而逃回了人类社会,可立即又对人类社会感到嫌恶和绝望。他又转念想逃回河童国却被抓了回来,并被认为是"狂人"而送进了精神病医院。

其中有一段写道:"狂人"在河童国看到一张为了消灭遗传,而号召健全的雌雄河童去和不健全的雌雄河童结婚的广告。还有一段写到,在河童国,小河童在出生前向他父亲表示:我不想出生,因为,首先仅爸爸的遗传性精神病我就受不了,其次我不愿做一个河童。

再比如《点鬼簿》,开篇第一句他就告白说,"我母亲是个疯子"。确实,生母的精神失常给芥川留下了一生的阴影,遗传的恐惧跟随了他一生。他的软弱无力从这里有很好的体现。然而他也的确知道以主观努力是可以改变部分现状的,也确实抱有期待,比如《罗生门》。《罗生门》讲述了这样一个故事:平安时代的一天傍晚,一名仆人来到荒废的罗生门下避雨。四五天前,他被服侍多年的主人解雇,眼下已无路可走。他爬上罗生门楼梯想上楼暂住一宿,突然他发现一个老太婆正在拔一具女尸的头发,与老太婆反复周旋之后,仆人剥下老太婆的衣服,飞快地逃离了罗生门。

"在大正四年十一月份的初稿中,作品最后一行写道:仆人早已是冒着雨速速赶往京都干起了他的强盗勾当。"然而,大正七年七月,芥川在定稿中重新写道:"仆人的行踪,谁也不知道。"时隔三年,芥川为何对《罗生门》结尾做此修改,大概是给予希望与期望,但也并没有给出好的结局。然而,晚年所得出的"宿命论"说明,芥川龙之介最终还是放弃了主观上的努力,坚守自己编织的宿命理论,因而在现实面前他终究只能处于被动又消极的境地。

二、社会流行的传统道德与自私主义的精神矛盾

如果把人类社会放在生物界的大范围之中来分析，达尔文的"物竞天择，适者生存"理论告诉我们，强者为了生存下来以保持物种的延续，需要始终不断地适应环境，甚至以弱肉强食的方式来维持自己的生存。人类社会也是如此，人为了生存有时也会不择手段。然而随着人类文明化进程的加快，人变得成熟和完善起来，组成了社会组织。

人在面临重大困难时需要集体的力量和组织的配合，人际关系不断加强，人不再是孤立的自我。组织教会了人除了关注自我外还要关注生活在自己周围的他人，于是"利他"心理逐渐形成，表现为道德感的形成和强化，并最终成为约束和规范社会成员的心理机制。

然而，社会并不能满足所有个体的需要，利己主义也不会从根本上消失，它有时虽不表现出来，却隐藏在人的内心，潜藏在人性之中，并随着种族的繁衍而延续下来。套用荣格的理论，就是利己主义成了一种沉淀下来的"集体无意识"。芥川的作品中对利己主义的不同类型做出了划分和不同的揭示：那种为生存而选择利己主义的是比较原始的，是人类进化过程中的选择，带有着更多的外部压力，可称之为"原始的利己主义"；时代发展到今天，更多、更广泛的是那种人性深处的利己主义，会在人自觉和不自觉之中逾越道德的束缚而流露在人的日常行为之中，它是人类进步后的"高明"的利己主义，可称之为"进化后的利己主义"。这种利己主义较第一种更为可怕和难以抵御。

芥川不排斥利己主义，他曾说，"道德常常穿着旧衣，支配我们的道德是流毒于资本主义社会的封建时代的道德，我们除了遭受损害之外，几乎没有蒙受任何恩惠"。显然芥川对于道德的逆反心理是极为强烈的，但心理并没有影响他的行动，他恋情的中断，是他妥协于传统道德的结果。

一方面反对道德的束缚，想逃避道德所谓的"恶"；另一方面又不愿意完全脱离传统的道德律，不以牺牲个人自由、欲望的满足为前提。这让芥川的许多

文章都在道德控制下有反道德的倾向。

在《罗生门》中,芥川将这种利己主义表现为一种道德感逐渐减少的过程。仆人在走上盗贼道路之前经历了一个微妙的心理变化过程,即一种道德意识的逐层递减。在仆人、老太婆和被老太婆拔头发的死去的女人三者之间形成了一种台阶似的层递。仆人因流离失所、贫困无援而在一刹那萌生了当盗贼的想法,当看到老太婆拔死人头发时,本能地对老太婆产生了极大的厌恶。这时,仆人在对他人的道德要求和界定中恢复了自己一贯的道德标准。正如小说中关于这段心理的描写:"……渐渐地增加起对这个老太婆的一种强烈的憎恶情绪……倒不如说,在不断地增长起对一切恶的反感。这时候,如果有什么人对这个仆人重新提出方才在罗生门下他自己想过的那个问题:'是饿死呢,还是当盗贼呢?'恐怕仆人会毫不留恋地选择饿死这条道路。"接下来,情节又有了发展,听老太婆讲述死去女人生前的行为:为生计,以蛇肉干冒充鱼干卖给别人。老太婆和死去女人之间有一个引发机制,老太婆受到死去女人的启示从而做出拔死人头发以谋生计的勾当。同时,这些事例又为仆人上了生动的一课,从而引出传统道德和自私主义之间的矛盾。

三、结　论

"最聪明的处世法,乃是既看轻世俗又活得与之不相矛盾。"这表现了文人的敏感性和通透性。矛盾促生思考,思考转化为创作,创作诞生出作品,作品生发美,极端的夹缝里,他用矛盾创造了美。

芥川龙之介的朋友荻原朔太郎曾说:"芥川是一个很体贴、有情义、值得爱戴、令人爱慕的人,同时也是一个让人感到冷酷、刁难的人;他是一个非常冷静、理智的人,同时又是一个内心充满热情、近乎癫狂的人。"芥川身上有太多两相矛盾之处,他本身就是一个矛盾的存在体。在《罗生门》中,仆人命运归途的大转变便被打上了这一矛盾的印记:一方面,芥川企图利用中庸思想对其结局进行调和;另一方面,芥川又苦于无能为力,虽然他有赋予仆人美好前途的愿望。

1927年7月24日凌晨,芥川在遗书中留下一句"恍惚的不安"后服安眠药自杀身亡。有研究者指出,其不安主要来自文学创作、社会和健康三个方面。事实上,我认为这种不安可以追溯到处女作《罗生门》改稿时芥川的矛盾复杂心境。《罗生门》发表后的十六年中,这种精神状态不断蚕食着芥川的灵魂,一次胜过一次。身体的每况愈下、创作上的困境、郁闷的心情,三者恶性循环,愈演愈烈,最终到了无法控制的地步。

(戴依婷)

论芥川龙之介《竹林中》的利己主义

芥川龙之介是二十世纪初日本文坛最高成就的作家代表。他擅长创作短篇小说，以构思奇特、语言精练、情节出奇制胜，被誉为"鬼才"作家。在他短暂的十一年创作生涯中，正如"人生不过是一行波德莱尔"，芥川的作品无不反映出他的厌世主义和怀疑主义以及对于潜藏于人性深处的利己主义的深刻剖析。其中，创作于1921年的《竹林中》便是其代表作之一。

《竹林中》以其独特的叙事手法以及给人扑朔迷离的印象而著称于世。小说描写的是一起发生在竹林中的命案——一位名叫金泽武弘的武士被匕首刺中胸口而死。小说由樵夫、云游僧、捕役、武士的岳母、强盗、武士的妻子以及借女巫之口的亡灵武士等七人的证词所组成。

芥川龙之介的这篇小说看似是一篇侦探小说，因为不断试图探寻案件真相的读者大有人在，可又从来没有谁能令人完全信服地指出竹林中的这起命案究竟是他杀还是自杀以及凶手又是谁。我们始终不能圆满地解决这遗留近一个世纪的诡奇谜案，抑或是芥川抛给万千读者的一个人性拷问。这种真相难寻的扑朔迷离，甚至可说是这个真相的不存在性，赋予了这篇小说穿越历史时空的永恒文学价值与魅力。

《竹林中》的前半部分是作者略写的四人证词。尽管四人的证词讲述各不相同——因为当事人的身份、人生履历和心境的不同，每个人都不由自主地倾向于自己认为最合理、最恰当、最正确的事情发展轨迹，以及最有利于自身处境的逻辑理路来向他人讲述自己所认知的整个案件经过，但从证词的不同中我们又可发现相同之处——每个人在遣词造句中都有意无意地暗示着自己的无辜和清白。为了维护自己的社会地位与形象,四个人都一致从客观、公正的旁观者,甚至是可怜的受害者家属的角度来叙述,同时更是在极力计算着自己从中收获到的道德收益。此时,已隐现出作者所深思的利己主义问题的身影了。

接着是作者详述的案件核心人物——强盗、武士妻子和武士三人的供词。值得玩味的是,这三人的证词虽然不一致,但他们也存在着共同之处——三人都毫不犹豫地承认自己就是凶手。强盗多襄丸把自己描述成有娶真砂为妻的决心之人,为此还堂堂正正地与武弘决斗,为自己奸污真砂找到了借口,也为自己杀人找到了硬汉般的正义与尊严;武士妻子真砂则把自己描述成受奸污后被丈夫轻蔑的妻子,因不堪忍受这份屈辱而选择先杀丈夫再自杀,从而将自己塑造成令人同情的贞洁烈女形象;武士武弘则把自己描述成被妻背叛最后选择武士道自杀的丈夫,从而把自己塑造成清高不屈的武士形象。

三人无一例外地将人性中趋利避害的本能和利己主义的意识暴露无遗。人性中趋利避害的本能让他们的叙述各自为己,并驱使他们个个不择手段地极力粉饰自己,甚至不惜用种种谎言来掩盖那些不利于自己的真相,用使自己利益最大化的解释来解构他人的叙述,以此来虚构自己最正面的形象,从而寻求一种身份的认同。

纵观芥川龙之介那些揭露人性丑恶的作品,无论是历史题材,还是现实题材,其中都有他对利己主义的披露——利己主义是现实丑感的发源,也是人性丑恶的体现。在"丑恶"的广泛含义中,芥川龙之介尤其着力揭示现实社会中的利己主义。所谓利己主义,是与利他主义相对应的。利他主义提倡尊重社会和他人的利益,而利己主义者面对任何抉择都从自身角度出发,以自我为中心,视个人利益高于他人利益和社会利益;把自己的幸福看作一切行动的目的,使事情的发展和结果都对自己有利。利己主义者以自我为出发点,必然会造成对他人利益的侵犯和践踏,他人的利益便成了利己者的垫脚石。如果对利己主义心理加以诠释,它可以在外部表现为自私、冷酷、嫉妒、仇恨、损人利己、幸灾乐祸、弱肉强食等等阴暗的心理和情绪。可以说,利己主义心理是对人性中丑恶的劣根性的一种概括。芥川龙之介在捕捉现实的基础上,用理智诠释现实，并在虚构中创造现实，以揭示人与人之间在现实中的恶劣关系——利己主义成为人的生存工具和面对现实人和事做出反应的出发点，并从中寻求自我内在的精神觉醒和对现实的新认识。

那么芥川龙之介为什么几乎穷极一生来探寻人性中的利己主义呢？

首先，我认为是芥川先生对当时严酷社会现实的批判和讽刺。二十世纪二十年代初，蓬勃兴起的社会主义思潮在十月革命胜利的推动下冲击着资本主义的日本，一战后大受创伤的资本主义世界所引发的危机也波及了日本，使得日本国内的各种社会矛盾进一步激化。迷茫、无助等消极思潮笼罩着当时的社会，弥漫在每个人的心头，由此潜伏在人们心底的种种阴暗便蠢蠢欲动——要生存就不能讲道理，要生存就只能为了自己。这就是当时的社会环境所造成的人性异化。"当人类赖以生存的自然环境被破坏时，人性的善往往屈服于恶。社会和平时期的良民瞬间可以在社会动荡时期变成暴民，这也是人性在非此即彼的生存境遇中遭遇的困境。"面临生存的压迫时，来自内心良知的呼唤终究敌不过要活下去的欲望和本能，而当良知泯灭后，人们就不再有耻辱感、羞耻感，人性的恶的一面便凸显出来了。这大概是芥川龙之介从当时残酷的社会现实所得出的生活逻辑吧。

其次，我认为是芥川先生的人生遭遇促使了他对于人性中的利己主义的挖掘。其中最主要的便是他初恋的失败。芥川龙之介由于在出生八个月后母亲的突然发狂而使得他被舅舅收养。作为养子的芥川在向养父家敞开心扉，表示想娶初恋吉田弥生时，却遭到了意想不到的强烈反对，特别是对他一向最疼爱的伯母一整晚都在哭泣，芥川也是一直在哭泣。第二天芥川便向伯母保证与弥生断绝关系。由于养父母家反对夭折的初恋，让本就敏感忧郁的芥川痛切感受到身为养子的不自由，而且对亲情中含有的利己主义深感失望。在给好友恒藤恭的信中，芥川写道："有脱离利己主义的爱情吗？……周围是丑陋的，我自己也是丑陋的。眼看着这一切而生活，是痛苦的。……对于离开了利己主义的爱的存在，我表示怀疑。"从此，芥川龙之介便开始深入思索人们心底潜藏着的利己主义。

总之，无论是从《竹林中》还是芥川龙之介的其他作品中，都可以看出，与其说芥川是小说家,不如说他是人性的解剖者。芥川对于人性的剖析鞭辟入里,尤其发掘了人的劣根性——利己主义。芥川既反对自然主义对现实的真实琐碎的单调描写,又不满足白桦派(日本现代文学中的重要流派之一,主张新理想主义)把个性完善看作改造社会的手段的人道主义和理想主义,也不甘心于西方唯美主义的颓废,而是力求把真善美结合起来,主张理智地分析现实和剖析人性与社会的阴暗面。芥川本想寻觅现实生活中的"真善美",可是残酷的现实却使他一次又一次地失望,直至麻木,以至于他无法直视鲜活明亮的人生。

愿在天堂的芥川先生最终能得到人性真正光辉的抚慰。

(陆　映)

论黑塞笔下主人公的自我选择与
理想人格的自我完善

赫尔曼·黑塞的小说注重对自我的审视和观照,激励了一代又一代青年人。我就以《在轮下》《德米安:彷徨少年时》两本小说为例,发现这些小说在人物选取和塑造上有共通之处:一个理想人格、一个自我的探求者、"一群俗人"。在此模式下,主人公完成了自我选择,而理想人格也在打磨中趋于完善。

一、《在轮下》——否定式的表达、爆发式的呐喊

《在轮下》讲述了这样一个故事——主人公汉斯自幼聪颖过人,勤奋好学,被大家视为神童。但因受大家庭和社会的影响,他在神学院求学期间功名心切,拼命学习,身心健康受到损害。在结识同学海尔纳后,海尔纳的生性倔强、蔑视功名,引发了汉斯对自身的怀疑。随着海尔纳的出走和退学,汉斯无依无靠,最终因用功过度,身体衰弱,成绩倒退,得了神经衰弱症,他无法继续学业,只得返回家乡以当钳工为生。社会的歧视和生活的失意使他觉得仿佛跌在无情而庞大的车轮下。

在小说中,神学院中固然有更多鲜明的人物形象,如张狂的鲁休斯、弱小的兴丁格等,但只有海尔纳被寄予了理想人格,他那对于自我的存在本身追问式的思考,在冷峻的众生图中显得格外扎眼。黑塞笔下,海尔纳是这样的——"汉斯所忧虑和期待的,对海尔纳毫无意义。他有自己独特的思想和语汇,他的生活更有激情,更自由,苦恼也与众不同。他似乎鄙视周围的一切,欣赏古

老的廊柱和城墙,把玩独特神秘的技艺,用诗行反映自己的心灵,用幻想创造了一种独有的虚幻世界。他性情忧郁,像欣赏陌生的美妙事物一样玩味自己特有的忧伤。"他对于生活的见解声如炸雷,在否定神学院教育模式的基础上表达出对理想人格的要求与呐喊。

其实在此,海尔纳并无黑塞著名作品中的伟大特质,而更似一个绝对反叛者的形象。在人人庸庸碌碌追逐学位之时,这位少年反而将注意力转向自己敏感的内核,勇敢地用诗歌阐释自己的真知灼见和任何细腻的情感。校长的眼中钉,同学中避之不及的人物,此时用强烈的否定口吻将读者引向一个全新的领域——对人性本质的探究,对自我的追问。这不由让我想起杰克·凯鲁亚克《在路上》中的描写——"在我心中,真正的人都是疯疯癫癫的。他们热爱生活,爱聊天,不露锋芒,希望拥有一切;他们从不疲倦,从不讲些平凡的东西,而是像奇妙的黄色罗马烟花筒那样不停地喷发火球、火花,在星空下像蜘蛛那样拖着八条腿,中心点蓝光砰的一声爆裂,人们都发出'啊!'的惊叹声。"

"两人看着对方的脸,他们生平也许第一次如此认真地注视对方,想象着在那年轻光洁的脸庞背后,隐藏着一个独特的生命,一颗不同寻常的灵魂。"身为求索者的汉斯,就这样被海尔纳给感染了。书中他对海尔纳的态度由好奇到亲密,又从疏离到坚定,正昭示着人对自我探究的必经之途。但,这并不是一条通衢大道——闭塞的环境、庸俗的人群、刻板的价值导向,一切都将汉斯不可逆转地向大众回归。可即使是在逐渐接受自己的工匠身份,"看到自己小小的生命融入伟大的节奏,也会感动和陶醉"时,汉斯仍摆脱不了海尔纳的影子,无论是对年少时光的追忆、对爱情的向往,还是酒意寒意之中逃亡,足见理想人格对于主人公自我选择所具有的重要意义。

有人说,《在轮下》抨击了小民主义对青年的毒害,也有人说,《在轮下》是一出悲剧。我只觉得,全书胜似一声呜咽,汉斯的自我之旅顺着小河流向了死亡,可更有力、更成熟的思想正在黑塞心中蛰伏,在脑中酝酿。

二、《德米安:彷徨少年时》——孑然前路中的一盏灯

如果说《在轮下》只是简单粗暴地用一棍子打死一群人,再捧起一个人的

方式确立了一个理想人格,《德米安》一书则否定了绝对的是非。主人公辛克莱是在德米安等人的指导下经过与生活反复地掣肘,才在艰涩之中品得自我的力量。这部作品更充分地展示了黑塞所提倡的"争取个性化,争取成为人的斗争"的过程和人生选择的艰难性。

对十岁的辛克莱而言,严格的宗教伦理导致认识两极化。他身处正派的光明世界,但黑暗世界的喧嚣和残酷却具有更大的吸引力——这让他不知所措。在这种自我认知与被给予的教育相悖的路途上,辛克莱仿佛感受到这世上有永远的孤独和永远的彷徨。前路茫茫,孑然一身。此时,作者所赋予的理想人格出现了——他就是德米安。德米安是这样的——"我唯独能接受德米安述说这些想法的方式,举重若轻,漂漂亮亮,仿佛那是理所当然的事实""目光中依然透着那些深沉、镇静、近乎偏激但又冰冷逼人的专注""我不知道他究竟是什么,但他是不同的,以一种难以想象的方式与我们截然不同"——他总是对自己很笃定。这样的冷静像是给辛克莱的焦虑打了一耳光,也为他展示了生活迷雾中的一盏明灯——唯一的答案是通向自我的道路。

与《在轮下》不同的是,德米安这一理想人格不再只出现在求索者生命中的一段时间,也不只是空中高垂的北极星,而是以各种形式陪伴辛克莱的成长——他是恶霸克罗默,是天使般的德米安,是迷人的贝雅特里斯,是压抑的皮斯托里乌斯,是慈爱的艾娃夫人。这形形色色的人物隐喻着人的自我意识的表现形式。黑塞试图告诉我们,自我意识并不是昙花一现,也不是仅出现在少年时代的英雄梦想,更不是绝对的快乐或是痛苦。自我意识就像我们的一部分一样,要常伴我们一生,要与我们一起摸爬滚打,不断成熟。另外,"一群俗人"的形象也不再排着队单独发声,而是笼而统之地表现为一种社会倾向,与理想人格形成对照——"我们是清醒者,或正在清醒的人,我们永远在追求更清醒的状态,而其他人的追求和幸福却在于让自己的见解、理想和义务、生命和幸福向集体靠拢。那也是追求,也有力量和价值。然而我们认为,其他人生活在故步自封的意志中,而我们这些有印记的人却要将自然意志表达为全新的、个人的、未来的意志。我们和其他人一样热爱人性,在他们看来,人性是完善之物,应该得到传承和保护。而对我们而言,人性是遥远的未来,我们还在路上跋涉，人性的面目是未知的，它的法则无处可寻。"黑塞将个人的自我选择推广到社会的觉醒之上，不能不说是体现了一种更开阔的眼界。剔除强硬的态度，加入更多平衡因素，全书的叙述娓娓道来。相较于《在轮下》非黑即白的判断标准，本书能更加使人信服，更好地引导我们审视自己，审视世界。

由此，这时的理想人格载体德米安似乎已是一个十分纯熟的结果，不仅将年轻一代心中犹疑的部分尽然道出，更是如明灯般为迷茫的青年人指明了方向。可文中的不少描述都使德米安"神化"了，让人丧气的是这般天使怕是只存在于文学作品中。这不仅仅是情节背景安排的结果，更是作者相对单薄的人生阅历使然。在黑塞后期的作品中，在包括战乱的更加复杂的社会背景中，黑塞心中的理想人格还要走更长的路，在这种不断完善的过程中，理想人格的影子也必将拖曳得更伟岸。这在黑塞后来的作品中也得到了印证，也为他获得诺贝尔文学奖奠定了坚实的基础。但就《在轮下》《德米安》两部早期小说来看，这是黑塞个人风格形成的重要时期，对我们理解他的写作意图有着重要意义。

"只有我们付诸生活的思想才有价值。"重读黑塞，写下文字，收获感动之外更有笃定：哪怕风高浪斜，哪怕疑虑丛生，也要循着自我和内心走下去。

（戴汀屿）

流淌着的安静的烈火

——论赫尔曼·黑塞的文学世界

赫尔曼·黑塞,我自认为是读不懂他的。每次阅读他的文字,不知道自己正在与何人对话,沉默压抑,孤独冷静,抑或是愤世嫉俗,心潮澎湃。对他而言,他也不认可任何一位读者去读懂他。他在《雾中》说过:"人生十分孤独,没有一个人能读懂另一个人。"无论是源于厌恶世俗,还是基于自我清高,这种孤独无疑是安静而热烈的。

一、安静的理念之源

批判与创造,科学与艺术,理性与感性,它们斗了很久,当然也会继续争下去。它们都有自己的立场,避免与另一方发生交集。然而,黑塞偏偏处在了狭小的混合体中。这种狭义上的空间使他独立于任何一方的屏障。他把这种矛盾视作自己生命的一部分。自身对于自己所处的环境的理解,滋生了他的孤独。他把这种孤独寓于文字中,既有愤怒与埋怨,也有悲伤与宽容。没有所谓的永恒的绝对。在他的作品中,平静与热烈是没有预测范围的,在各种层次上,它们都处在运动中。

论其孤独,论其文学世界,论其对于广大读者的指导意义,都是一种权衡于自我意识与世间的产物。他没有在自己与现实之间放着不可侵入的栅栏。

黑塞喜欢,或者说是仰慕李白和老庄,更把他们的诗与思想呈现在作品中。借酒消愁之际,做一场蝴蝶梦,也许他真正想理解的,只是一个"道"字而已。黑塞的世界观、文学观，以及他的境界，皆源于安静的内心对现实的想法。这种安静远过于不喧嚣的程度，那是一种化庞然为涓埃的灵魂的力量。浅尝现实的冷暖，自知内心的甘苦。他在文学作品中所体现的正是这种挣扎过的，循环过的安静的孤独。他是如此喜欢安静的理念，他却极力抑制住这种喜悦，但也不至于到麻木，终致静到深沉与孤独。

《月下独酌》中的"举杯邀明月，对影成三人"，《将进酒》中的"天生我材必有用，千金散尽还复来"，不都是李白的一种孤独与愤世么？黑塞亦如此。跨越几世的二人，在时代的阴影下，书写着同一种孤傲，除了满腔的热血外，却又是高深而放荡的智者，眼眸深邃。

二、文学中流淌一生

阅读黑塞的作品，小说简单，诗简单，但多次呈现在我眼前的却是宇宙的浩瀚无垠，时间的川流不息。在他写的书中，每个人所传达出来的不同理念被一个个认可，又被一个个打破，就像文学中的"共振"击碎自己原有的理念一样。可表面上看，是平静；深层次看，依旧是平静。

那么这种文字的热烈燃烧的力量来自于哪儿？

对我而言，它可能来自于读者与黑塞对于这个时代的相同的观点。

沉默与反抗，是对待生活绝境的两种形式。黑塞就是不停地在这两者之间抉择。少年时，在父亲的要求下，他被送进了神学院，开始了枯燥甚至腐蚀人心的学习。在那样一个对待宗教胜过自己的年代，黑塞无法理解为什么要这样度日。在他之后写下的《在轮下》中，他也反复提到过神学院，神学教育对少年思想的摧残。但他没有像主人公汉斯一样继续沉沦直至自我灭亡。他说："处于绝望的我不得不逃离，将我自己丢弃在通往欢愉的路上，或者，如果不行的话，就遗弃在通往痛苦的路上。"也许有的时候，逃离不一定是失败，那得看为什么逃离。他做过杂活，为生活所累，但并没有停止学习。在其父亲与爷爷留下的藏书中，他给自己的世界留下了安静的灵动。

可能像黑塞这样的人，总是要为生活所困。患精神病的妻子，重病的孩子,一切像个玩笑,却又是个不得不接受的玩笑。他开始走进自己的世界,孤独、愤懑、抓狂、自我封闭。但也就是在这一时期,他学会了释放自己的情感,控制自己乱飞的思想。对于生命的意义一再出现在脑海中,否定,肯定,时而淡然处之,时而走向极端。他自己也说过:"韶光不再,徒留空杯,我这是在后悔吗?不,我没有为过去后悔,我是后悔如今的时光。"

"狼潮"席卷全球时,这位孤独的巨人依旧孤独。他的眼神如箭,指着当时这个世界。就像一段书中评论那样:"荒原狼的这种眼神是在针砭整个时代,所有过度亢奋的行为,整个社会的动荡冲突,一切空虚浮华,一切肤浅的表面游戏,一切固执武断的看法。"

彷徨,孤独,梦幻,以及浪漫,文字的力量源于此,也止于此。

1946年,"由于他的富于灵感的作品具有遒劲的气势和洞察力,也为崇高的人道主义理想和高尚风格提供一个范例",黑塞获诺贝尔文学奖。

繁华过后,独留空杯。一人,一生,对于黑塞来说,像是流淌而过,有过痕迹的地方,并不在他自己的内心世界中。

三、思想燃烧的炽热

写作就是通过燃烧自身的思想,温暖一片可供他人驻足片刻的空间。

赫尔曼·黑塞,这位具有灵动感的孤独的行者,在时代中燃烧出自己的温度。他选择了火焰的外焰。颜色平淡,燃烧得少有声响,却有着高出火心的温度。

外焰才是火焰烈的体现,平静而热烈。

在他的文字中,既有如静水般的明澈,也有直击人心的炽热。那是一种炽热的感情和知觉的野性的渴望在沸腾。他的作品在挖掘心理的深度中,有着囊括一切的包容性。这也许就是他作为"一个范例"的原因。在《悉达多》中,他写了一位印度少年的游历之路,全篇的情节既没有轰轰烈烈,也没有惊人的反转,但其所阐述的变化之理,却能够使我们看清一时,看淡一时。每当悉达多讲述自己透过世间之物看到他所认为的真理时,我总会加以肯定或反驳,思考之余再思考:我是否感受到了一股能使我的思想于一刻停滞的力量?

在哲学维度的时间下,黑塞的文字带领着我穿过了一个本该由一生去领悟的思想演变。惊叹之余,一切又回归自然。"世界将是美好的,只要你就这么看着它,不作探究地看着它,单纯地天真地看着它。"正思考得火热时,打消你虚幻的念头。信仰,痛苦,迷失,喜悦,一个个在内心燃烧到极致,最后又磨灭到空,才能有所领悟;追寻得过多,结果便是无从寻见。

这是烈火绝唱后的星星点点,似在回味曾经的温度,曾经的"噼啪"作响,也是曾经的安静的热烈。

四、于世界,于时代

在黑塞与时代的群体意志做着博弈时,他的作品是那么平静,那么尖锐,每一笔都直指众人心头,直指每个时代、每个社会的矛盾体。历史与现实促成了他这种不可为而为之,不愿为而为之的性格。他认同了本不该认同之物,认为一切是共同派生的,没有所谓的对立面。

一个人的文字,寄托了他的感知、思考和情绪。开朗者赞同开朗,孤独者避免孤独。人在劳作之后总是想孜孜不倦地探求自己的位置,于世界之中,于时间之中,于宇宙之中。多种文字使这种位置趋于稳定或永动。而黑塞的文字,总有一种使某一位置所处环境改变的力量。一切都在遵循自己的感知而安然处在某一范围。静与动是何物,黑塞的文字赋予万物自主之权,然而其又有主宰的力量。

归其本质即为创造。黑塞用安静的烈火创造出一个新世界,一个包含了少数人的意志与多数人渴求的世界。这个安静和谐,流水般上善的世界,寓于新生命的热烈之中。正如他评价他的主人公:"他要走的不是多数人的道路,而是要固执地走自己的路,他不想随波逐流,不想随人俯仰,而是要在自己的灵魂中反映自然和世界,在崭新的图景里体验它们。"

当然,虚幻的世界的框架还是现实。其实黑塞对这个世界本就是爱恨交织的,这使他自己产生了一种不同于孤立的孤独。这也是我们常人无法理解的。黑塞的文字，传达了如此多的哲理，释放了如此强的力量，他却偏偏没有打破自己的枷锁，注定了其一生的独行道路。

世间一切朴素之物都值得被爱怜，世间一切邪恶之物都值得被唾弃。这并不是他对待世界的态度，而是他对待人生所批评的态度。上帝给了他一双慧眼，让其发现，让其观察。但他却发现了上帝的"伪善"，观察到了上帝所隐藏的美好与黑暗。

这是个怎样的时代？这个问题有多重解答。但我认为黑塞在书中阐述得最趋于完美。他不仅批判了那个时代的弊病，还准确地洞见了这个时代的病根所在。

黑塞的一生，超过了长度、厚度的界限。他的存在给予了世界一扇通往万物本心的门。他曾说："这个世间没有不完美，或是即将趋于圆满。不，世界在每一刻都是圆满的，所有的罪人都已含藏恩典，所有的孩子内心都有个老人，所有的婴儿都面临死亡，所有的死亡都有永生。"

这又是怎样的冲破内心的力量，才能使最初的运转规律蕴含在自己的思想一隅。文字这般，心也这般。平静下有惊雷滚滚，震颤世人。

仿佛流淌着的安静的烈火。

德国浪漫派的最后一位骑士，一骑当千，横扫了几个时代，几个世界。

(薛煜辉)

个体的孤独，群体的孤独

——探寻马尔克斯笔下的孤独

1982年，一部作品横空出世，摘下了诺贝尔文学奖的桂冠，它就是《百年孤独》。作者加西亚·马尔克斯凭借该部作品，以及《族长的秋天》《霍乱时期的爱情》等作品，奠定了在拉美文学中的地位，也将魔幻现实主义推向了高潮。

马尔克斯的作品中，有一个绕不开的话题，那就是孤独。无论男人或是女人，无论是位高权重者或是平民百姓，无论是关乎爱情或是关乎亲情，孤独贯穿其间。孤独，同样是人类历史中永恒的母题，当它体现在马尔克斯的作品中时，不仅有了形而下的意义，即每个个体无法逃避的孤独，也有哲学上所说的全人类的孤独。

一、沉浸孤独的个体

一般意义上，孤独的主体是人，可能是我们中任何一个人，马尔克斯将孤独赋予了笔下的每一个人物。"过去都是假的，回忆是一条没有尽头的路，一切以往的春天都不复存在，就连那最坚韧而又狂乱的爱情归根结底也不过是一种转瞬即逝的现实。唯有孤独永恒。"马尔克斯在《百年孤独》中这样写道。我们必须承认，孤独是他作品的中心，也是其框架，其他的所有都凭依在孤独之上。只有这样，我们才能理解为什么他所写下的每一个字都缠绕着无法消散的孤独。

《百年孤独》可以说是孤独的集中体现，它所描述的是一个家族的兴衰史，也是这个家族的孤独史。在我看来,作品中最为孤独的人,是乌尔苏拉。

乌尔苏拉的孤独并不来自于自身,而是环境所造成的。在一个偌大的家庭里,丈夫沉迷炼金与科技,孩子一个个长大,却又像她自己所说的那样:"一个个小时候都好好的,连只苍蝇都舍不得打,可一长大就学坏了。"她想要支撑家庭,可孩子只知道花钱;她想要培养教皇,可他同样陷入了她那仿佛是魔咒的话中。随着她的老去,她的孤独愈加深刻。她的孤独究竟是什么,我想是关于存在意义的孤独。她在这个家中既是不可缺少的,可同样也是被人们所忽视的,从来没有人对她表现出在意或是关心。所以到了晚年,她再也没有那种旺盛精力的时候,她可悲地成了孩子们的玩具,仿佛是一个布娃娃。这时候她的存在已经失去了意义,正是存在意义的失去,带给她如此的孤独。

其他人同样如此,老布恩迪亚在与表妹结婚后因为怕生下带猪尾巴的孩子,独自面对孤独,还受到邻居嘲讽,哪怕在搬家后还会遭到鬼魂的干扰。到了晚年,精神失常的他被困在树上,最后孤独地死去。在生命的尽头,他才明白,从前的存在是没有价值的。阿玛兰妲同样否定了自己存在的价值,早早开始缝制裹尸布;纯洁无瑕的雷梅黛丝早就知道自己的存在并不在这个世界上,所以梦幻般地飘走了。

人或许能忍受诸如饥饿或压迫等多种痛苦,但却很难忍受所有痛苦中最痛苦的一种,那就是全然的孤独。个体的孤独是一种痛苦的感受,内心的孤独和感受到的世界的冷漠时刻折磨着孤独的人。这种感觉是个体的自我封闭,自我囚禁。每个人的生命中,都会有感受到孤独的一天。

二、无法摆脱孤独的人类

身为人类,我们在享受种种特权的同时,不得不接受它的副产品,孤独便是其一。

马尔克斯在作品中表现的是一种拉丁美洲式的孤独,即群体性的,甚至是覆盖全人类的孤独。纵观拉丁美洲的历史,从开始起便是一个个孤立分裂的国家,贫困落后,专制独裁,殖民侵略,种种灾难折磨着人们,也在加剧所有人的孤独。马尔克斯所做的,就是用个体的孤独来表现群体的、国家的孤独,他看到了也写出了拉丁美洲人民生存的苦难和被孤独所困而无法逃离的困境。是的,马尔克斯深爱那片土地,这使得他对这里的历史和现状理解得更深,也更在意这里的一切。

人类的孤独究竟来自于何处?马尔克斯自己说:"即使以为自己的感情已经干涸得无法给予,也总会有一个时刻一样东西能拨动心灵深处的弦;我们毕竟不是生来就享受孤独的。"

人不是生来孤独的,我们所熟悉的孤独来源于生活,而孤独的本源却来源于人类。人类的孤独,是一整个族群生活在地球上,哪怕我们在不断地探索,却依旧未能找到其他的族群,像我们一样同样为孤独所困的族群,我们仍被囚禁在地球上。更加强烈的孤独是人类的不团结,哪怕在这样巨大的孤独的环境下,我们仍未能团结起来,抵御这份孤独。战乱,斗争,阴谋,恶性,我们在自己分裂自己,我们在创造孤独。孤独的反义是团结。马尔克斯是这么说的,强权或是个人的坚强从来都不能克服孤独,唯有爱才能冲破人与人之间的高墙,实现人类的共同追求。可是要实现全人类的团结与爱,是一个多么渺远的理想。人类真的无法摆脱孤独吗?

三、人类孤独的未来

沉浸在孤独中,我们能逃离吗?我想答案是肯定的,这并不是我的臆测,从马尔克斯的言论中是能看出他也是这么想的。

马尔克斯如何认为呢?他曾说过这样两句话。

"买下一张永久车票,登上一列永无终点的火车。"

"这将是一个崭新的、灿烂如锦的、生意盎然的乌托邦,在那里任何人都不会被他人决定死亡的方式,爱情真诚无欺,幸福得以实现,而命中注定一百年处于孤独的世家最终会获得并永远享有出现在世上的第二次机会。"

什么意思呢？人类总是要与孤独相伴前行的，无论是个体还是群体。个人难于克服孤独，总是在孤独的泥沼中挣扎，而只有群体的团结和爱才能战胜孤独，在一个理想的团结状态下用孤独来推动自身的进步。随着历史的演进，人类将会趋同而不是分裂，总有一天我们能实现世界和平的伟大理想，我们终会团结起来，克服人类的孤独。

这才是人类应有的未来。拥抱孤独，战胜孤独。

（丁文杰）

孤独的"名字"

——浅析加西亚·马尔克斯的《百年孤独》

加西亚·马尔克斯作为一名极负盛名的魔幻现实主义作家,通过将现实和虚幻相结合的方式创作出了《百年孤独》。这本书忠诚地记录了那片土地上发生的一切:科技的发展,党派的斗争,殖民者的入侵,原住民的反抗以至于最后的安于命运。正如诺贝尔颁奖词中所说:"他以小说作品创建了一个自己的世界,一个浓缩的宇宙,其中喧哗纷乱却又生动可信的现实,映射了一片大陆及其人民的富足与贫穷。"既有着孤独的基调,又不失真实。

而书中最具魔幻色彩的,就是那个注定孤独百年的家族。整个布恩迪亚家族,都是一群不会表达情感的孤独的人:有的人沉默寡言,终日沉浸在自己的世界中;有的人执着于一个目标,疯狂地表达,从不考虑别人的感受;有的人历经浮沉,挣扎一生,最终还是在孤独中死去。家族中第一个人被捆在树上,最后一个人被蚂蚁吞噬。这些荒诞言语的背后,却是最深刻的人性的孤独和伤悲。

这孤独中,有两个纠缠不清的名字——奥雷里亚诺和阿尔卡蒂奥,如同落寞的灵魂,在全书中穿行。

一、奥雷里亚诺

每个奥雷里亚诺都性格孤僻,头脑敏锐,富于洞察力;而所有叫阿尔卡蒂奥的都生而冲动、富于事业心,却命中注定地具有悲剧色彩。

作为何塞·阿卡蒂奥·布恩迪亚的第二个孩子，奥雷里亚诺·布恩迪亚的孤独气质仿佛是与生俱来的，从他出生之日起，他便不断显露出异于常人的智慧和先知先觉的天赋。奥雷里亚诺上校是《百年孤独》中最具传奇色彩的人物：少时父亲的研究实验令他痴迷，冷静早熟的大脑又让他具有与自身年龄不相符的冷漠，直到遇见了九岁的蕾梅苔丝，才唤起了他心中的激情，而这份不正常的感情，随着蕾梅苔丝在这个充满怨恨情绪的家族中夭折而终结。幼时哥哥疯狂的感情使他好奇，可成人后恋情的早夭又将他带进了坟墓。所以他又无法避免地回到了最初那种消极、孤独的生活状态中，而对情感的绝望是他孤独的根源，他无力去爱。后来他成了冷酷无情的奥雷里亚诺上校：三十二次起义，三十二次失败，使他成为站在国家和政府对立面的代表人物，也被无数因战争而妻离子散的人民所痛恨。"我们打了那么多年的仗，一切只不过是为了别把我们的房子涂成蓝色。"他把自己奉献给了战争，却始终不知道自己为何而战，而他死后数十年，已无人知道孤独的上校。奥雷里亚诺上校的所有信仰都在自我否定中变得迷惘，他奋起挑战孤独，最终还是被孤独吞噬。晚年的他回到父亲的炼金室，每日炼出一只只小金鱼，直到在迷茫中死去。奥雷里亚诺上校代表了所有勇于挑战孤独的人们。

而第三代的奥雷里亚诺因热恋姑妈阿玛兰塔不成，于是参加军队，一生放纵寻求慰藉，最终死于乱军之中。爱的缺席，使他堕入深渊。

至于第四代的奥雷里亚诺第二，幼时热衷于与自己的孪生兄弟阿季卡蒂奥第二互换身份，却忘记了自己真正的身份。在混乱中，一个由于组织罢工，遭受迫害，无人相信，至死不敢出门。另一个则一生放荡不羁，纵情声色，一场大雨带走了他全部的繁华。

第六代是梅送回的私生子奥雷里亚诺·布恩迪亚，他在孤独中长大，他唯一的嗜好是躲在吉卜赛人梅尔加德斯的房间里研究古老的书籍与手稿，甚至能与死去多年的老吉卜赛人对话，他对周围的世界既不关心也不过问，却了如指掌。他曾是孤僻的野人，无人过问的私生子，而自姨妈阿玛兰塔·乌苏娜回乡后，他在不知不觉中对她产生了难以抑制的恋情，两人之间发生了乱伦关系，尽管饱受孤独与爱情的折磨，但他们却是百年以来唯一在爱情方面享受到幸福的人。最后妻子因产后出血而死,重回孤独的他破译出了那羊皮卷,与百年孤独的家族消失在大陆上。他曾无人问津,他也曾勇敢去爱。

二、阿尔卡蒂奥

何塞·阿尔卡蒂奥·布恩迪亚是百年家族的第一人,他的孤独源于智慧,可以说他是因为无法与他人分享智慧所带来的快乐而变得孤独。他的智慧使他异于常人,使他高高在上,使他步入了人类尚未涉足的领域。他用自己的全部资产换取磁铁,只为证明磁铁能找到金子;他超越所有人的认知——根据图像和仪器说出了"地球是圆的";他尝试为自己的家族开拓出能通往繁荣富裕的道路,却没能取得任何人的理解与支持。一次一次的碰壁,使他不得不选择远离人群独自生活,却因疯癫而被人绑在树上经受痛苦,以致孤独地死去。他的智慧将他拉上神坛,洞悉世间一切,又将他堕入孤独的深渊。所以,书中将他的孤独称为"神灵的孤独"。

而作为何塞·阿尔卡蒂奥·布恩迪亚的大儿子,阿尔卡蒂奥却没有继承父亲的才智。他把父亲的黄金视为狗屎,把爱情比作地震,在跟随吉卜赛人游历多年回到家中后,他已经成为一个一次能吃掉十六个生鸡蛋或半只猪崽,放屁能使鲜花枯萎,浑身纹满了刺青的巨人。但他仍旧很孤独,成熟的身体使他纵情声色,可年少不堪的经历又使他空虚,所以他很少与他人进行交往,而是选择了白天睡觉,晚上放纵的方式度过自己的人生。与蕾蓓卡结婚后,他逐渐由一个懒惰的色鬼变成只知道干活的勤恳的"牲口",将曾经表露出的种种情感重新埋葬在自己的孤独中,直到死去,只留下一个愚昧的身影和一个死亡的未解之谜。

后来的阿尔卡蒂奥们也没有逃脱自己的命运。有人狂热地爱上生母,险些酿成大错;有人成为马孔多的长官,贪赃枉法,暴虐不堪,被保守派枪毙;有人放纵一生,酒池肉林,敌不过岁月如梭;有人背负着成为主教的期望,却为了假想中的遗产,欺骗背叛。他们或愚蠢或聪慧,纵情活过一生,留下貌似轰轰烈烈的印记,但最终依旧在孤独中死去。

孤独的可悲，是无力去爱。马尔克斯笔下的人物，不管是性格开朗还是封闭自守，不管是坚毅向上还是堕落腐化，抑或生活是积极向上还是纸醉金迷，都给人一种深深的孤独感和无奈感，他们都不可避免地走向死亡。这些人，从出生开始就是孤独的，逐渐地，有的人在孤独中失去自我，有的人在对抗孤独中失去自我，有的人清醒地知道自己的孤独，却无能为力，还有的人在生命的最后幡然悔悟，可惜为时已晚。

诚如小说中写道："布恩迪亚家族每个人脸上都带着一种一望可知的特有的孤独神情。长大后，他们都试图以各自的方式突破孤独的怪圈，但激烈的行动总是归于挫败的沮丧。他们又以不同的方式，一个个陷入更深沉的孤独之中。对他们来说，孤独仿佛一种神秘的命运，难以抗拒。"终点最终回到起点，让人感觉到巨大的苍凉与悲哀。

奥雷里亚诺们承认孤独，接受孤独，然后回到那个炼金室，终其所有去破译羊皮卷，或静静等待死亡。

阿尔卡蒂奥们拒绝心中的不适，选择了一条不断追求的路，追逐权力，追逐金钱。他们用一生的忙碌掩盖身处孤独的事实，最终还是因体力不支，被孤独所埋葬。

马尔克斯正是通过两个孤独的名字——奥雷里亚诺和阿尔卡蒂奥，描绘了一个家族不平凡的历程，让我们感知永恒的孤独。

(汪琪明)

阿兰·德波顿的随笔艺术

——谈《旅行的艺术》

阿兰·德波顿毕业于英国剑桥大学，身为才子型作家，被誉为"英国文坛奇葩"。其著作《旅行的艺术》分为出发、动机、风景、艺术和回归五个章节，以旅程为线索，通过记叙不同地点的旅行，重点描述作者的心理感受，同时回顾历史，通过对福楼拜、波德莱尔等人的人生旅程以及代表作品的分析，寻找旅行地点中的人文情怀。

本书的独特之处，在于其关注的不是单纯的行程，而是审美的体验；不是行程安排的完满，而是思想片段的闪光。这不是一本普通的旅行游记，也不是一本普通的旅行攻略与指南，而是对旅行文化的一种深入探讨，展现了"一种有关生命和环境厮磨的精神层面"。在旅行过程中，阿兰·德波顿形成的对文学和艺术、对现实生活和生命世界的全新感悟和认知，阐释了旅行作为生活慰藉的意义和价值，体现了其温和的处世哲学。

一、感性的描写与遐想

本书的语言细腻、亲切，情感体验以大化小，深入幽微之处。这样的文字，不追求经过锤炼的华词丽句，而是在情绪的飘忽和绵续中，不避现实生活的芜杂，充满着感性的召唤力。因为德波顿的真实意图并不在于为读者设计一个完整的旅程，而是在于营造一种情感，任其跳跃或流动，铺展开来形成一种整体感。

这样的写作风格，源于他敏锐的观察和独特的视角，捕捉着每一个目之所及的细节带来的瞬间灵感。正如飞机的起飞过程一般很难在旅人心里留下什么，但在德波顿的笔下，"飞机的起飞为我们的心灵带来愉悦，因为飞机迅疾的上升是实现人生转机的极佳象征。飞机展呈的力量能激励我们联想到人生中类似的、决定性的转机；它让我们想象自己终有一天能奋力攀升，摆脱现实中赫然迫近的人生困厄"。以这种思绪开头引领的旅程，注定是一场纯净的心灵朝圣。

德波顿的敏感，不仅体现在对细节的把握上，而且表现在对文学艺术作品与旅行地之间奇妙关联的感悟上。

"云朵带来的是一种宁静。在我们的脚下，是我们恐惧和悲伤之所，那里有我们的敌人和同仁，而现在，他们都在地面上，微不足道，也无足轻重……我们乘坐的飞机是听从波德莱尔的召唤的信徒：列车，让我和你同行！轮船，带我离开这里！带我走，到远方。此地，土俱是泪！"旅程始于出发，这让阿兰·德波顿自然而然联想到波德莱尔对于远方的无限向往。又如描述凡·高的画作与普罗旺斯的千丝万缕，福楼拜的创作与东方情调的种种情愫，都能看出他渊博的学识、飞扬的思绪和运笔的匠心。

文人与旅行的缘分，是"读万卷书，行万里路"。游历对作家的写作，诚然如刘勰所谓"江山之助"。作家同时是旅行家的说法，在西方广为认同。就像毛姆和 D. H. 劳伦斯，足印所及之处，必有传世之作的诞生。

文字间的联想搭建起德波顿与旧日旅人的沟通桥梁，境遇中的对话撷取了高贵灵魂的思想的吉光片羽，带领在书中的读者、带领在路上的旅人用心感受巨人的心跳与气息，仰望文学与艺术领域的伟大光辉。

二、理性的哲思与分析

德波顿是一个知识渊博且擅长逻辑思辨的作者。从苏格拉底、洪堡，到爱默生、尼采，他都有过系统的阅读，积淀了深厚的哲学素养，并因此做过大学哲学讲师。加上对西方文学艺术作品广泛的涉猎，在论及"旅行"这一近乎陈词滥调的题材时，他时时表现出了理性的悟觉，多方位地剖析了一种哲性的思绪之旅。他写道："旅行能催人思索。很少地方比在行进中的汽车、轮船和火车上更容易让人倾听到内心的声音。我们眼前的景观同我们脑子里可能产生的想法之间几乎存在着某种奇妙的关联：宏阔的思考常常需要有壮阔的景观，而新的观点往往也产生于陌生的所在。"

同时他认为，如果我们在机场和火车车厢流连忘返，如果我们在加油站、汽车旅馆等地方发现了生活的诗意，其原因也许是我们明确地感受到，这些偏僻孤立的地方尽管在灯光、色彩、陈设上有着种种不完美之处，但它们给我们提供了一种真实可感的生活场景，使我们能暂时摆脱因循僵滞的日常生活中种种自私的安逸、种种固执的陋习。

这位才子对于旅行的驾驭能力令人叹服。他所去的地方也许并不是太出乎人的意料。但当华兹华斯成为英格兰湖区之旅的向导，当洪堡成了马德里的引路人，当梅伊斯特引领我们回到自己的卧室时，我们突然发现旅行所呈现的一种新意义，就在于通过旅行你能找回被自己忽略的东西，而且这些东西比起日常生活更有一种永恒。这种意义中包含了我们对已知环境的热忱，对未知的向往，还包括从自己和环境的斡旋中体验乐趣。这就是本书的一个基本观点：对旅行的研究可以加深人们对幸福的体验，是古希腊哲学家所说的"由理性支配的积极生活所带来的幸福"。

旅行是万众的权利，每个人都有属于自己的方式。但不同的文化程度和人生基调，会使同样的旅途迈出不一样的脚步。对比中国当下疯狂的海外游购物热潮，德波顿那从容的语气和优雅的叙述，"划分出了旅行的等级"。

"在《布拉格之恋》结尾处的梦境上扎上一针，渗出的淡蓝色便可以为德波顿的行程着色；任何行路的真实色彩都被这心路的蓝色幻化了，成了一种无法拒绝的诱引；空间丧失了地理的方位，时间懒散地化为一缕幽香；串起行程和文字的只有华兹华斯、波德莱尔、凡·高们和德波顿这位才子在深处共鸣的心灵悸动了；与德波顿同行，前路是去达远方的行程或是夕阳中向家园的回归……"博学杂收，好学深思而又以平常心收束；感受如普鲁斯特之纤毫毕现，文笔堪比蒙田之揖让雍容，趣味又如王尔德之风流蕴藉，这一场杂糅英国经典散文三大题材——浓郁的异国风光、沉稳的雄辩智慧与风趣的名人轶事的饕餮盛宴，尽在阿兰·德波顿《旅行的艺术》。

（梅淑昕）

卡夫卡：现代主义文学的探索者

二十世纪初，隶属于现代主义文学的表现主义文学在德国兴起，这是一场颠覆传统的文学变革运动。它强调内心体验的真实而舍弃了外在的真实与细节的描写，故事情节破碎且荒诞不经。生活在当时的奥匈帝国的卡夫卡深受尼采等思想家的影响，代表着表现主义，成为一个西方现代主义文学的探索者。

探索者，即是先驱，是能在某个领域为后来者做出可仿效的榜样的人。卡夫卡何以谓之"探索者"？因为他生前在德语文坛上鲜为人知，孑然一人开辟了现代文学之路，他的作品表现出的艺术特点使得表现主义在欧洲迅速发展，为后世的现代文学创作所借鉴并且奉为经典。

荒诞作为一种全新的审美范畴，在卡夫卡的作品中得到了很好的体现。无论是名篇《变形记》中人变成甲虫的怪诞不经的故事背景，还是《乡村医生》中破碎离奇的故事情节，都是卡夫卡将现实荒诞化的成果。在《变形记》的开头，作者没交代任何原因，开门见山地说："一天早晨，格里高尔·萨姆沙从不安的睡梦中醒来，发现自己躺在床上变成了一只巨大的甲虫。"显然，故事是在一个荒诞的情境中展开的。读者都知道这是一派胡言，从来没有人变甲虫这种事。然而作者只是构造荒诞的情节或背景，在细节处力求真实：丑陋的甲虫，肚子硕大，许多条细脚乱舞，腿上有许多白色小斑点。这样精确又简洁的口吻甚至带给读者庄重和严肃的感觉。在庄重而严肃中叙述荒诞，就能给读者带来强烈的惊异感、陌生感，这样的艺术效果使读者进入卡夫卡构造的独特而神秘的小说世界中，再以此反观现实世界。

象征性是卡夫卡小说的另一个重要特点。卡夫卡式的象征不同于现实主义文学的联系紧密的象征手法。它给了我们明确的轮廓,却又包含了多种意蕴。一座永远无法接近的城堡(《城堡》),一扇毕生不得进入的法的大门(《在法的门前》),一台设计精巧的死刑机器(《在流刑营》)……在我看来,这些都是事物的象征——分别象征着专制政府、法律、国家机器,而一只人变的甲虫遭到家人的厌恶与抛弃(《变形记》)、一个表演挨饿的人被人们遗忘(《饥饿艺术家》),都是故事情节的象征——象征着作者在家庭与社会中受到的孤独与异化及痛苦。而这种象征的意义更在于它的多义性,正如加缪所说:"卡夫卡的全部艺术在于使读者不得不一读再读。它的结局,甚或没有结局,都容许有种种解释,这些解释都是含而不露的……如果想把卡夫卡的作品解说得详详细细,一丝不差,那就错了。"

卡夫卡的文字还让人感到无可比拟的精确——不是对于客观世界的描摹精确,而是对于主观感受的表述精确。他把一段场景一帧帧地切割开来,并截取人物瞬间的精确感受,以大量的文字频繁地表达出来。他描写所有人放声大笑,又在后面加了一句"有的人像是受了感动,有的人则捉摸不透"(《司炉》),以此阐释笑的意蕴;在写某位不速之客时,他写"来人并不回答K的问话,仿佛用不着解释他的出现"(《诉讼》),这也是从主观角度来感受。尽管卡夫卡在小说中很少描写人物外貌,但他创造的人物形象能让人感受到,而不只是简单地看到;并且强调人物内在,这也是表现主义的主旨之一。

其实卡夫卡不止停留在表现主义所倡导的层面,他的作品中留下了他独特的生命印记。卡夫卡在日记里写道:我内心有个庞大的世界,不通过文学途径把它引发出来,我就要撕裂了!他有这样不同寻常甚至极端的创作欲望,"归功"于他的生活环境。在他的商人家庭里,卡夫卡生活在父亲强大专横的阴影下,却只能懦弱地顺从,他写了三万多字的长信《致父亲》,却从未寄出。他只能在《判决》《变形记》等小说中释放出来自父亲、来自家庭的压力。除此之外,纠缠他一生的肺病、社会带给他的异己感、婚姻几度破碎的绝望感、文学理想被扼杀、职业错位的痛苦等等,都使他内心的抑郁凝结成复杂的情感,构建出他自己的内心世界。在生活的压力下,他经常熬夜甚至通宵写作,他的创作过程实际上是宣泄内心世界的忘我的过程,"是一种刻骨铭心的生存体验,一种从深心中发出的生命呼叫"!卡夫卡把自己的主观情感融入作品里——许多小说主人公有作者的影子,这才有了近乎晦涩难懂的精确真实。这就是卡夫卡对表现主义的超越。

　　探索现代文学的过程,是卡夫卡利用几乎所有的业余时间、占用大部分睡眠时间,摧残身体健康、放弃婚姻与家庭、最终被剥夺几十年生命而保证的过程。他为什么有如此强烈甚至极端的写作欲望?他写作的意义究竟是什么?许多卡夫卡的研究者都在探求答案。然而原因与结果都不重要——如卡夫卡所说——重要的是写作的过程。他把写作当成生存的方式,当成生命燃烧的过程,用生命的火焰照亮现代主义文学之路,为现代艺术带来了光明。

(平运开)

卑贱的孤独

——浅析《美丽新世界》中柏纳·马克思人格中的孤独

> 他好像是个被追赶着的人,而他不愿看见追赶着他的敌人,免得发现那些人比他所想象的更不怀好意,而他也就更觉得有罪疚之感且孤独无助。

以上片段,取自于英国作家阿道司·赫胥黎的代表作《美丽新世界》。作者在书中虚构了一个与现世截然不同的未来世界——"世界邦"。本文要探讨的,即是在这样一个乌托邦里出生成长的柏纳·马克思。

柏纳身为一个正阿尔法,社会五阶级的顶层,却据传闻在被倾注时误被当作低阶层,多滴加了几滴酒精,以至于他的身高只和伽马差不多,比标准的阿尔法身高矮上整整八厘米。这先天体貌的缺陷,导致柏纳被身边的人所排斥。他的职业也使他获知了某些常人无法理解的真相:他的同事拍拍他的肩膀:"毕竟每个人属于每个人。"四年内每周三个夜晚,每个夜晚重复一百遍。柏纳·马克思想着,他是个催眠教学专家,六万两千四百遍的重复就造出一个真理来。白痴!此类认识推动他发展出了许多"划一"的世界邦中堪称"异端"的观点,这又反过来促进柏纳去排斥社会。这些"异端"的观点落实到他的生活中,便表现为拒绝服用"索麻"(精神紧张时服用的一种温和的镇静药)、厌恶滥交而崇尚"爱情"、远离或无法融入集体活动等,而这些"异端"的行为,更是使得柏纳被身边的人冷眼相待。这样的恶性循环,最终无可回头地造就了柏纳·马克思的孤独。

可正是这样的孤独,使他感到自己是独立于社会的个体,推动他在这个绝对集体主义的乌托邦里,萌发出"个人"意志。对于被太过刺激的世界邦的设定吓得难受的读者,看到这儿简直觉得他是一股清流,太有代入感了,完全能认同柏纳的孤独,从中悟出自我意志的高尚。

然而,随着一座冰岛、一个野人把他撞出了原本的生活,他孤独的本质,也一点一点露出了原形。我们可以从两个切口来看他人格中的孤独:对待苦难的态度与对待成功的态度。

柏纳对待生活中的苦难,基本有四种态度:第一,盛气凌人。柏纳用尖锐自大得无礼的声调发号施令。……跟低阶层人接触时,总会使他痛苦地想起自己体格上的不全。第二,诉苦自怜。"你都不知道我近来在受什么样的折磨",他声泪俱下——自怜泉涌而出。第三,兴奋吹嘘。柏纳想象着自己勇敢地抵抗着秩序、坚韧地接受着苦难而一语不发……他期盼地看着汉姆荷兹,等待同情、鼓舞和赞美。第四,软弱卑微。冰岛线的开头:现在这威胁好像真的付诸实行了,柏纳魂飞魄散。以那份画饼充饥的坚韧,那份纸上谈兵的勇气,根本无路可逃。冰岛线的结尾:"不要送我到冰岛去,啊,求求你,元首阁下,求求你……"一阵卑怯之情发作,他跪倒在元首面前。元首想使他站起身来,他硬是匍匐着,滔滔不绝地说着。野人线中,野人拒绝再出现在宴会上时,他用乞求和惶乱的目光仰望着这位大贵人……他跌坐到椅子里,用手遮住自己的脸,开始哭泣起来。不过几分钟后,他想想还是别管它了,便服下了四粒索麻。另外,先前在不被蕾宁娜理解(总之,他难受是因为她举止正如一个健康而善良的英格兰女孩一样,而不是反常的、特殊的),发现真有可能被调去冰岛时,他也服用了索麻。可见只要遇到足够恐怖的苦难,他的软弱也使他并不能拒绝索麻。

极度的自卑与实为自卑的自傲、极度的软弱和实为软弱的坚强,这四种看似完全矛盾的态度,展现出一个被挤压得扭曲了的人格。而在此基础上发展出来的孤独,也必然带有扭曲的色彩。

至于对待成功的态度,柏纳一生可称得上成功的时期,也仅有在野人初到世界邦时:成功冲昏了柏纳的头,使他跟这个世界完全重归于好,正如任何一个自我陶醉的人一样；而这个世界，是不久前还使他十分不满的。他开始积极参加集体活动。多方机构争相邀请野人约翰参观，柏纳一路相伴，积极安排行程，乃至以展示野人的名义，专门筹办了一次搬来西欧上流人士圈子的晚宴——"象征着他人生中登峰造极的时刻"。他开始对女孩来者不拒。"上星期我有六个女孩子，周一一个，周二两个，周五又是两个，周六一个……"蕾宁娜和"爱情"都淡出了他的视野。

他不仅立马臣服于先前他所鄙视、远离的人事，甚至引以为傲，用以吹嘘。可知先前的那份孤独，不过是一份贱价的孤独；只要这世界愿意出价，便立马可以售出。

那么，这种扭曲而贱价的孤独，根源究竟在何处？

乍一看，似乎只是世界邦的审美标准、评价人品行的标准这个外因而已。但从内因出发，他的孤独的根源，他最无可救药之处，是他认同了别人对他的不认同。他看似有着反叛的想法和不合群的举措，然而在潜意识里，他仍然认同世界邦的社会标准，认同自己是丑陋的，人生是失败的。

一方面，柏纳到底还是一个土生土长，催眠教育过来的邦民，他的意志本依附于此。当他发觉自己是平视而非俯视着德塔们的面孔时，他就感到羞辱。他深信催眠教学灌输给他的：高个子是象征高阶层的，是高贵的。既然如此，他必然也受到其他世界邦观念的影响。尽管他身为一个催眠教育专家，自己都很清楚那一套，还经常心里讽刺恪守格言的邦民们，比如："记住，他们至少接受了二十五万次抗拒孤寂的警告。"一副旁观者清的样子的他，有没有意识到自己也是"他们"的一分子？即便意识到了，他难道能从自己的意识里剥除这一点吗？他究竟为什么那么抗拒去冰岛？除了象征着贬职和物质享受的削减，难道不是因为他惧怕彻底丧失融入社会的可能，惧怕更加孤寂吗？

另一方面，则还是回归到作为一个社会人的根本动机——保全自尊地活下去，并且争取优越感以活得更快乐。对于文明社会而言，物资（财富）、声名、社会地位、异性的青睐等等，都是获取自尊与优越感，从而获取生存动力的传统指标——所谓的"成功"。同时，他也实在喜欢做一个成功者，有着所有他想要的女孩子。他所有的吹嘘、高傲和势利，如：他不耐烦的音调暗示着他一周七天都惯于跟元首谈话……他施恩似的说道也根源于此。

事物的秩序既然承认他的重要性，那便是好的了，可是他却仍拒绝放弃批评秩序的权利，因为那能使他更加伟大……在那些为了看野人而向他谄媚的人面前，柏纳会夸示出一种吹毛求疵的离经叛道之举。人们有礼貌地听着他，可是在他背后摇着头。那些让读者最开始深感认同的乖张反叛的行为言语，其实潜意识里是为了保护自尊，把社会放在自己的对立面进行批判、进行讽刺，从而获得优越感的结果。因此他的个人意志对世界邦体系有所超越，与其说是清醒的表现，不如说是生存需要的必然。况且越是自卑，自尊越脆弱，越需要得到保证：柏纳用尖锐自大得无礼的声调发号施令，这是一个人在觉得自己的优越性没有保障的时候所发出的……这个人会不会以他这阶级该得到的尊敬来对他？

而当别人做出一副认同他的样子，他便获得了自我认同，于是不计前嫌地享受这种认同了；当社会对他喜笑颜开，他不必再从孤独及其衍生物中获得生存动力时，那自然也可将之弃如敝屣了。也就是说，持有孤独是个不得已的暂时之计，逃避孤独才是他的长久之计。所以，他妥协了。

对比起世界邦和现世来，世界邦的制度几乎完全消灭了孤独：采用取消国界与家庭制，官方"生产"、抚养、教育一条龙的方法，达成思想观念高度统一；每个人因制约，生来就会长于、乐于他所被注定的职业生活，一生都有经济保障。反而是现实世界，社会独立单位——国家、地区、家庭，层次之多，造成的隔阂之深，导致人与人之间差异极其巨大；竞争生存制更加深了矛盾。因此，一个个体更加不容易被接纳、被广泛认可——可以说，现世更有一种使人孤立的属性。所以每一个人身上，都或多或少带有这样的"卑贱的孤独"——毕竟我们永远活在偏见里，无论是别人的，还是自己的。

"我是我，恨不得我不是我！"他的自我意志尖锐而悲苦。通过柏纳这个形象可见，卑贱的孤独者，光是情感就已经非常痛苦了，更遑论思想上的迷茫。那么，出路在哪里呢？

针对两个根源来说，一方面是催眠教育——映射到现世就是主流价值观，以及隐藏其后的宣传术。从小浸润在其中的我们，其实受禁锢程度也未必比世界邦邦民好多少。我们觉得滥交很恐怖，世界邦的人还觉得一夫一妻制很反动、爱情很搞笑呢——毕竟人认为一个道理是正确的，往往不是因为它本身是正确的，只是因为环境这么教导他而已。

因此对于那些仿佛不证自明、根植人心的审美观、价值观与道德规范，应加以重新审视，问问它是怎么形成的，或被人制定出来的出发点是什么。也许你会发现，那仍然只是为了维护统治阶级的利益、为了维持社会稳定的手段罢了——周朝的礼乐制度就是个非常典型的例子。因此就目的而言，所有文明社会和世界邦本质都一样；就方法而言，老实说，我认为作者设计的世界邦的手法高妙得惊人。想通了这其中许多关节，也许你就能做到如柏纳所呼喊的："如果我能自由，而不做自身制约的奴隶！"

另一方面是社会人秉性。对自尊和优越感的需求是无法被解决的，所以唯一的办法就是更改"成功"指标。只要你锻炼到能不从他人认同中获得自我认同，而从自身获得，问题就解决了。

尽管对现实世界的人们来说，很难以这种方式去思考乃至落实行动，甚至可能像柏纳那样有的是一个不健全的人格。但是，就像康德定义的那样："启蒙就是人类脱离自我招致的不成熟状态。"通过不断地自省、自我追问，去挣脱社会与自己加之于身的锁链，穷尽一生，总能从卑贱的孤独的囚笼中，逃出生天。

那，追问什么好呢？比如，你有时会忍不住隐秘地炫耀吗？你会以你在读什么书或跟什么人交朋友而觉得自己胜他人一筹吗？你会近乎刻意地排斥某些潮流，保持自身的独特吗？你愤世嫉俗、喜欢批判社会吗？你从小被教导着去相信什么，并且你现在仍不假思索地相信着吗？你喜欢深思高举，但不大喜欢自令放为吗？

再比如——你的背上，趴着一个柏纳·马克思吗？

"是的,我们明天早晨离开。"柏纳说,野人注意到他脸上有一种痛下决心了的新表情。

让我们祝福柏纳的旅途一路顺风,当他们到达目的地时,他们会遇到世界上最有趣的一群男女——一切不满正统而无法融入团体的,一切有自己独立观念的——换句话说,每个人都是个人物。

最终回头看,本文开头片段追着柏纳的人,正是柏纳自己——他自己的自卑,自己的偏见,自己的渴望。而使他成功的野人,暴露了他卑贱的孤独;使他苦难的冰岛,承诺了他的新生。

(汪茜茜)

独特的身份追寻者
——浅析胡塞尼的双重身份

一、现实生活中胡塞尼独特的双重身份

胡塞尼出生在阿富汗喀布尔市，家境显赫，是当地有名的望族。阿富汗是胡塞尼及其祖辈的血缘纽带，这里给予了胡塞尼一生的民族身份。在阿富汗经历动乱之后，他的一家得到美国救助并取得绿卡定居美国。胡塞尼接受西方教育，在其成长和生活过程中体会到了美国社会的安定与团结。

也许在多数人眼中，胡塞尼有良好的家庭背景，能够在美国定居是幸运的；但仔细剖析，他其实有着和其他流亡者一样相似的痛楚。

连年战争给阿富汗带来了满目疮痍和流离失所。人们失去祖国，流亡国外。对于流亡者而言，美国崇尚的西方文化和阿富汗的传统东方文化会让流亡者感到困惑和彷徨。虽然身在美国，却不能融入真正的美国文化，不能被真正接受，被边缘化；虽然是阿富汗人，但是与阿富汗相隔千里，故土不能归，缺乏国家归属感。摇摆于两种文化的人们始终感觉被边缘化，移民身份出现危机。正如赛义德所说的："流亡是无休止的，东奔西走，一直未能安定下来，而且使他人不能安定，无法回到更早、更稳定的安适自在的状态，而且更可悲的是，永远也无法安全抵达，无法与新的家园或境遇融为一体。"

胡塞尼徘徊于两种不同的文化间，但他从未停止寻找身份认同感的脚步。

二、文学作品中胡塞尼对于身份认同感的展现

以《追风筝的人》为例,这部小说讲述了发生在阿富汗富家少年阿米尔和其仆人哈桑身上的故事。整部小说围绕阿富汗人放风筝的习俗展开,贯穿出阿富汗社会三十年的人世变迁。

精神分析学家埃里克森在其最具影响力的《童年与社会》一书中提出了著名的人格心理发展的八个阶段:婴儿期、幼年、童年早期、童年中期、青春期、成人早期、成人中期、成人晚期。其中,认同感是这八个阶段中一个重要的概念。埃里克森认为,认同是贯穿人一生的自我的心理社会的统一能力,它是在社会现实中不断地发展为有组织的自我的感觉和确信中培养起来的。正是他人的认同决定了他的生存感:"在人类生存的社会丛林中,没有同一感也就没有生存感。"因此,寻求认同以获得自身的存在证明,就成为生命个体在其一生中的每个时期都不可缺少的重要内容。小说从主人公阿米尔的童年时光一直写到他长大成人、结婚、抚养孤儿的过程,向读者展现了一个孩子从肉体的幼稚到成熟,从被私心左右到学会担负起责任的过程,让读者在从不同阶段对身份的认同中,看到阿米尔的成长和蜕变,认识和把握人性。

(一)威严父亲亲情下的认同感

阿米尔的母亲死于难产,从小就缺少母爱的他时常感到无助和缺乏安全感。他的父亲是个家业辉煌的商人,是喀布尔人民眼中的英雄人物。在书的开头就有这样的叙述:阿米尔的父亲赤手空拳与一只黑熊搏斗;身材高大、魁梧,人称"飓风先生";出席宴会时是众人关注的对象;自行设计和建造孤儿院……阿米尔的性格与父亲恰好形成了鲜明的对比,他只爱看书写作,对于父亲的爱好足球却无动于衷。这让父亲失望,使他的童年笼罩在阴影之下。相比之下,他的同龄仆人哈桑就要勇敢得多。父亲对哈桑的赞许与慈爱都被阿米尔铭记在心,让他的嫉妒感油然而生,同时也加剧了他的自卑之情。正是如此的自卑感,让阿米尔更渴望找到自己的过人之处,从而得到父亲的认同。

然而真实的情况却是这样的：阿米尔十一岁代表全班出战诗歌比赛旗开得胜，急迫地回家向父亲炫耀时，父亲知道后，只是点点头，平淡地说了一句"不错"。父亲认为，真正的男子汉应该像他儿时那样去踢足球，所以替阿米尔报名参加了足球队。但阿米尔不感兴趣，在赛场上表现平平，父亲只好黯然放弃。一次，父亲带阿米尔去看比武竞赛。当看到血腥场面时，阿米尔放声大哭，并且一路上哭着回家。父亲开车时，沉默不语，厌恶之情溢于言表。还有，当阿米尔兴奋地拿着自己创作的第一篇短篇小说给父亲看时，父亲却没有表现出多大的兴趣，也没有伸手接过去看。父亲对阿米尔一次次的冷落和失望，使阿米尔想要得到父亲认同的希望一次次地被浇灭。但1975年喀布尔举行二十五年以来规模最大的风筝巡回赛的时候，事情有了转机。父亲对阿米尔说："我觉得今年你也许能赢得巡回赛，你觉得呢？"长期以来的自卑感和父亲的失望使阿米尔暗自发誓一定要获胜，以赢得父亲的认可。正是在这样的亲情环境下，阿米尔的内心开始渐渐扭曲，他开始憎恶哈桑，学会了嫁接灾祸。儿时的阿米尔，一直在隐约的亲情中寻找模糊的认同感。

（二）同龄仆人友谊下的认同感

阿米尔的身份为少爷，哈桑是仆人，这让阿米尔对哈桑有了特殊的多重情感：同情、嫉妒、渴望认同……他们都幼时丧母，共享乳母，他们是主仆、玩伴，也是密友。很明显，父亲一直很疼爱仆人哈桑：打水漂时，伸手拍表现不错的哈桑的后背，搂住他的肩膀；每年都亲自为哈桑挑选生日礼物；买风筝时也从不忘记哈桑；并且在哈桑十岁的时候，从印度新德里请来了著名的整容外科医生库玛大夫为其做了兔唇的整形手术。父亲对阿米尔的无视与对哈桑的特别关爱形成反差，在阿米尔的内心留下了伤疤。他甚至希望自己也长着哈桑那样的兔唇，那样也可以让父亲多疼爱自己一些。虽然阿米尔对哈桑十分嫉妒，但在写作方面却强烈渴望他的认同。有教育家认为，鼓励是孩子成长最好的导师。也许正是哈桑一定意义上的恭维，让阿米尔对自己有了不同于之前的评价和认同。阿米尔给目不识丁的哈桑念故事，为了捉弄他却讲了同书上完全不同的情节。"你很久没有念过这么精彩的故事了！太棒了！"哈桑的回答是这样的。无意的恭维让阿米尔瞬间找回了自信,并在当晚创作了人生第一部短篇小说,并激动地在深夜把哈桑摇醒读给他听。"太棒了!安拉保佑,你肯定能成为伟大的作家!全世界的人都会读你的故事。你会很伟大,很出名!"阿米尔受到赞许,深受鼓舞。但哈桑接下来指出了阿米尔故事中的一个情节破绽,又使他十分懊恼。由此可见,人是群体性的,人们在内心中希望被同辈人认同,哪怕是地位不对等的同辈人,而且更希望被同辈接纳、肯定、喜欢及尊重。

(三)交好长辈关爱下的认同感

尽管父亲总不看好阿米尔的写作爱好,但父亲的朋友拉辛汗却给了他不少安慰和鼓励。他对阿米尔的第一部短篇小说表现出了很大的兴趣,还主动要求阅读:"可以让我看看吗,亲爱的阿米尔?我会很高兴能读到你写的故事。"拉辛汗看后,当晚就给了阿米尔一个字条:"我非常喜欢你的故事。我的天,真主赋予你独特的天分。如今你的责任是磨炼这份天才,因为将真主给予的天分白白浪费的人是蠢驴。你写的故事语法正确,风格引人入胜。但最令人难忘的是,你的故事饱含讽刺的意味。你也许还不懂得讽刺是什么,但你以后会懂。有些作家奋斗终生,对它梦寐以求,然而徒唤奈何。你的第一篇故事已经达到了。我的大门永远为你开着,亲爱的阿米尔。我愿意倾听你诉说的任何故事。太棒了!"拉辛汗的这张字条无疑给了这个屡遭挫折的热爱文学的少年满腔的自信和强大的前进动力。同龄的仆人哈桑痴迷于他的创作并给予他赞赏,父亲的好友拉辛汗又给予了阿米尔写作才能的肯定与支持。从我个人而言,起码在理想方面,他俩的鼓励远远超过了父亲对孩子的影响,使阿米尔极大地增强了对自我身份的认同感,发现了自我价值,也成为他从此走向创作道路的基石。阿米尔有梦想、有追求,他一直在试探着寻找他的伯乐。当然,在长辈拉辛汗那儿,他得到了梦寐以求的认同感。

胡塞尼的移民身份赋予其创作中的双重文化身份。在离开养育自己的祖国,移民于美国的日子里,他在无论是文化背景还是生活习惯的异同中寻找着人生的平衡点。他的生活可算是安稳幸福,但他的人生历程里永远无法抹去战乱时期那段特殊的阴影。实质上双重文化身份让他看不清自己真实的身份,从而始终在苦苦追寻着身份的认同感,他希望在异域风情里找到自己的归宿,在异国人民的眼里寻得自己的落脚点。他的小说情节里,人物身份关系复杂,道德伦理不断纠缠,充分体现了他对身份的思考与探索。当然,从小说的文化背景来看,阿富汗人的身份决定其对阿富汗描写的真实性与鲜活性,并在字里行间展现了无尽的感情,这是没有相关经历的作家无法企及的高度;同时他移民到美国,在那里定居生活,骨子里深受西方文化的影响,在其作品中体现出西方自由民主的意识形态和批判精神,也为他的作品更添一份独特新鲜的色彩。

(吴迎夏)

是夜佳人情已得

一

　　每个人的心中都有一个斯嘉丽,这大概就是《飘》能经久不衰的原因,那抹猩红的悸动真令人着迷。它不仅仅是一本书了,在我心中它已被赋予了某种生命,它是一部永不落幕的大剧,而我想要探究的是缠绕于全书的生生不息的爱。

二

　　斯嘉丽和玫兰妮的对比是鲜明的。斯嘉丽是一抹桀骜不驯的猩红,她的爱与恨都那么强烈、大胆,像风,像火,像所有其他原始的东西一样纯粹。
　　玫兰妮是一抹近乎纯净的白,甚至是胆小而害羞的。她不掺任何杂质地爱着所有她认为值得被爱的人,她宁静如湖水,清澈如山溪,如圣母玛丽亚一般以慈善温柔的目光打量世界。
　　水与火的相融,在小博出生的那一夜达到极致。这是玫兰妮对斯嘉丽的爱到达顶峰的瞬间。玫荔一声声嘶哑的呻吟中,斯嘉丽曾无数次挣扎着想逃离这间闷热阴暗的房间,"拼命压制住了内心那将要冲破理智的癫狂发作",她的心里充斥了对北方佬侵略攻城的恐惧,对无人指望帮忙接生孩子的焦急,对炮弹流徙或许刹那万劫不复的惊慌。但当玫荔轻声央求她带着韦德自行先离开时她却坚定地回答:"别说傻话了,我不怕。你知道我不会扔下你不管的。"

这是斯嘉丽的一次蜕变。以前她是那样的养尊处优,总是有人帮她做事,照应她、保护她、关心她、宠爱她,但当她陷入如今这样的绝境,孤立无援的她第一次强大起来、振作起来,自觉地迸发出爱尔兰血统中那份坚毅,以多数人所不及的才智有条不紊地安排事宜,她充当着中流砥柱,愈发闪耀出迷人的猩红色彩。

第二次水火之心的和谐,出现在一个北方佬骑兵妄图抢劫塔拉,却被斯嘉丽用手枪杀死的清晨。玫兰妮目睹了军人被杀的现场,她素来温柔和顺的脸上呈现出一种异乎寻常的骄傲,她的笑容里流露出赞誉和狂热,与斯嘉丽心中那团火热的混乱情绪不谋而合。

这时的两个女人分享同样无情冷酷的喜悦,因而从中获得了解恨的快感。她们彼此赞同和欣赏,红与白的淬炼造就了柔弱身躯内隐藏着的钢刃般坚强不屈的意志,沸腾的血液中腾起一支支军旗猎猎、号角响亮的雄师般的勇气。

玫兰妮总是在斯嘉丽需要的时候陪伴在她身边,在这依旧破败的塔拉废墟上,悄然筑起一道风雨不摧的高墙。

三

他是南方的绅士,他儒雅、爱国而喜爱文学;她是任性、虚荣而固执的千金小姐奥哈拉,她贯会搔首弄姿,眼波顾盼,厌恶战争,疏远艺术,他们互相爱慕吗?

"唯唯,否否,不然。"

"我爱你,爱你的勇气,爱你的坚忍,爱你热烈的情欲,也爱你那永不言软的残酷阴冷……"就算他死了,肯定也不会弃玫兰妮而去,就算他死了,他也依然狂热地爱着斯嘉丽。但他会和斯嘉丽互不干涉,无论如何,那层隔膜也不会被捅破,与斯嘉丽不同,卫希礼更看重誓言、友谊、忠实和名誉。

还记得斯嘉丽莽撞而幼稚地对卫希礼的第一次表白吗?那日的少女热切地望着他沉静而怯懦的双眸,在遭到拒绝后果断地责骂他,甚至给了心爱的男人一个耳光。

她真爱他吗？可能并不是，她十六岁的爱情受到挫败和侮辱，由此产生了对整个世界的怨恨和恼怒。事实上，真正的柔情在她对他的爱中只占很小的一部分，其余的大部分是虚荣心和对自己魅力过于自信的混合体。细究之下，她恼羞成怒的那一巴掌中有一种恐惧，一种恐自己沦为公众笑料的恐惧。

诚然，这是二人之间的爱情，只是这看似双向的爱情永无产生交集的那一刻。他一辈子浪漫地生活在云端之上，哪怕是沦落至最为困窘的时刻。而她一生都坚定地立在塔拉肥沃潮湿的红色土壤上，自信而虚荣地勇敢追求所有她想要的生活，包括食物、金钱、爱情。

四

一个陌生人站在大厅里盯着她看，神情冷漠而傲慢，"他看起来不是太年轻，至少三十五岁了，他身材高大，体魄健壮，几乎不像个体面人"，当他们的目光接触时他笑了，洁白光新的牙齿在修剪得整整齐齐的短髭下闪着光，他像个海盗似的晒得黑黑的，眼睛也又黑又亮，似乎面对着将要不见天日的沉船，也像看着将要被抢走的处女，嘴角露出玩世不恭。

实话说，他实在有悖于传统白马王子的形象。但越读我越着迷于他，而全书中不难看出，斯嘉丽也越来越着迷于他。

瑞德为什么爱斯嘉丽？他们太相像了，他毫不掩饰自己不是个体面人的形象，而她也实在算不上一位淑女。他实在太了解她，像古罗马雅典戏剧的丑角那样揭穿她的秘密使她难堪，对战争针砭时弊一针见血地指出南方的自大不足使她懊丧；他又实在爱她爱尔兰人冲动急躁的脾气，为她直率纯真的天性所倾倒，以宠溺孩子的方式使她在困窘的战争环境中不至于乏味，带她游新奥尔良恣意享受这世界上一切她不曾见过的美好。也是他，在她哭着从挨饿的噩梦中醒来的破晓时分将她搂在怀中，他用情至深，他将心托付给了她，而她却将自己的心奉献给了卫希礼。他咄咄逼人、刻薄又嫉妒，嫉妒那颗可爱、残忍、寡廉鲜耻而又执拗的心随风而去。

一个哭着要月亮的孩子，哭着闹着要上天揽月，可就算月亮到了手，孩子又能用它做什么呢？——我眼见你把眼前的幸福弃之如敝屣，那永远也不会给你幸福的高贵的卫希礼，你却如饥似渴地追求……

亲爱的妻子，我的斯嘉丽，为何你还是不明白呢？我们应该是一对无人能及的佳偶呢。

她最终懂了，而他却离开了。当这个娇蛮任性的女孩终于蜕变成不再糊涂的女人的时候，那个深爱她的骑士却已毫不留恋地离开了。

五

写到这里，仿若大梦一场将醒未醒，我看见这破晓时分淡薄的新日，仿佛斯嘉丽闪烁着的猫一般灵动的绿色瞳仁，勾起了一抹虚妄而自信的笑容："无论如何，明天就是新的一天了。"

风里有塔拉湿润的土壤气息在离析，朦朦胧胧似远未远的爱啊，请缓缓将你的帷幕垂阖。

（张梓语）

玛格丽特·杜拉斯与其独一无二的文学特征

1996年3月3日,星期天,玛格丽特·杜拉斯逝世。"她登上梦中无数次出现的白客轮,她起航了。"

杜拉斯是法国女作家、导演。她一生作品很多,故事内容千差万别却也大同小异。法国评论家米雷尔·卡勒-格鲁贝尔曾就杜拉斯作品的"可读性"发表专论《人们为什么不怕杜拉斯了?》,是的,她一直属于"难懂的作家"之列,毕竟,独一无二的语言节奏和令人无法捉摸的半自传性故事——这些元素注定会让其作者与"畅销"无缘。但是,玛格丽特·杜拉斯,到底是怎样一种蕴于其身的文学艺术特征,使她最终取得出人意料的成功,造就了"历史性的""杜拉斯现象"呢?

一、童年如影随形

1914年,玛格丽特·杜拉斯生于印度支那嘉定市,即后来越南的西贡(今胡志明市)。她父亲是数学教师,母亲波雷诺是当地小学的教师。她有两个哥哥。1921年她父亲去世。1924年她住在金边、永隆、沙沥。遥远的东方环境造就了她书中经典的开放性场景和意象,殖民地时期的白人小孩生长在东南亚潮热的土地上,陌生的场景和与陌生的人类的碰撞,正如读者感受到的陌生的书中场面和自己陌生的阅读体验的碰撞。——"我们的房子就建在土堤上,和园子隔开,使它免遭毒蛇、蝎子、红蚂蚁、湄公河的水患以及季风带来的水患的袭击。由于房子地势较高,所以大扫除时可以用大桶水、大桶水地冲洗,可以让它像园子一样全都泡在水里……水顺着台阶往下流,流进了院子、灌进了厨房。那些小男仆特别高兴,我们和他们在一起嬉戏,大家互相泼水,然后我们用马赛的肥皂洗刷地面。大家都光着脚丫,妈妈也光着脚丫。妈妈笑啦。"是的,特殊的时代和环境造就了特殊的个人经历,将特殊的个人经历注入文字便又令读者生出了陌生而无法抑制的隐晦的瘾性阅读体验。

另外,这个童年也给予了她旁人难有的塑造性格的环境,使她在重重外因内果的碰撞之下成为独一无二、特立独行的玛格丽特·杜拉斯——"畸形家庭关系"是对杜拉斯小说作品中的人物关系的总体概括。扭曲的亲情、扭曲的爱情、扭曲的灵魂……这些也是现代社会人与人畸形关系的缩影,反映了家庭的变异和危机,传达出芸芸众生面对残酷社会时无法把握命运的恐惧、迷茫和无奈。她在作品中发起对传统父权社会的挑战,对殖民扩张时代金钱关系的抨击,对现代社会人的异化的隐忧以及对爱欲的张扬与大胆追求。她塑造的畸形家庭关系蕴含着深刻的思想价值和美学意蕴,在法国乃至世界文学史上有着深远影响。

童年社会环境的影响是双重的,既为她的文学创作提供了丰富的素材,又直接地对她性格的形成起了无法磨灭的作用。她的残暴的父亲早早去世,她的母亲辛勤坚毅却又盲目荒唐。她的大哥哥,从小备受宠爱而恶劣野蛮;她的小哥哥,聪明内向,又命途多舛。

杜拉斯的人格似乎是双重的,第一个她浓烈张狂,情感丰沛,她吸收了越南浓稠的空气,脚踩着湄公河奔涌的水浪。她深深地纠缠在这一家人之中,她对每一个成员都抱以鲜明且复杂的情感倾向,她在作品中把这些浓烈的体验书写出来,她把这些独一无二的东西泼给读者看,不容拒绝。《情人》里,"开始,哥哥看着我和小哥哥吃饭,后来他把叉子一搁,两眼直盯着小哥哥。他仔细地瞧着他,然后他突然冒出一句难听的话。他说的是有关吃东西的事,他说小哥哥应该自量一点,吃东西不要没个够。小哥哥没有吭声,照样吃下去。他又提醒一句,说什么那些大块的肉是专门留给他的,叫他别忘啦。他说:别来这一套。我问他:为什么这些肉光是留给你的? 他说:因为本来就是留给我的。我说:我真盼望着你死去。我再也吃不下去了"。《北方情人》里,"(听到小哥哥的死讯)她几乎不能动,不能呼吸!她蜷作一团,好几个月都没能恢复过来……她不停地和我谈这个哥哥……说他善良,英俊,温柔,'我不明白为什么我爱他会爱到这个地步,甚至想跟随他一起死去'"。诸如此类。

第二个她冷漠寡情,残酷不仁。她对他人施以冷漠而礼节性的同情并对自己残酷不仁。沉默、顺从、冷漠、无所谓。她习惯了不公,所以在充沛情感之余冷酷地面对事实,于是作品中那些蕴含着她本人影子的角色在那些相似的场景中都无一例外地表现出了这一迷人的人格——"(大哥)当妈妈刚刚断气而尸骨未寒的时候,他便急急忙忙把公证人请来,假惺惺地挤出几滴鳄鱼的眼泪。他最善于逢场作戏,此时此刻他如丧考妣。公证人说这份遗嘱无效,因为死者过于偏袒她的长子的利益而损害我的权益。差别之大,令人觉得可笑。我必须当机立断,或接受,或拒绝。我表示接受:我签了字。我终于接受了这份遗嘱。"冷漠,强大,一如当她独自一人站在那里允许她的情人第一次走近时一样。

这份冷酷里蕴含着"早熟"的成分,与上述人格一起,由作者传达给角色再由读者接收。这是一个人格复杂的作者,进而她的世界观与人生观也带着鲜明的"杜拉斯"烙印。一个作者的魅力长久地从他/她的灵魂内容中幽深地透露出来——那个在人世中一身十五年未改的黑色背心的矮个女人,那个在文字里戴着男帽踩着金边高跟鞋的小女人,她的文学里那种独一无二的傲慢姿态,便是"杜拉斯艺术"其一。

二、文字翻云覆雨

"陌生、邂逅、身体、对视、害怕、房间、迷乱、性爱、睡眠、永诀……是杜拉斯的主元素。她的文字永远飘散着一种特殊的'感官'气息,一种可触摸的柔滑,仿佛水晶充满了体温,血液弥漫着酒,空气荡漾着花瓣……有黑色静物的特征,有扑朔迷离的动感。仿佛一种叫夜来香或昙花的神秘伤口,幽幽地、安详地,在只有俩人的夜晚绽放……身体也在练习绽放,哆嗦着,勇敢地。唯有空气在一旁,绽放是不需要帮助的。"这是王开岭在文章《有毒的情人——怀念玛格丽特·杜拉斯》中对其文字印象的描述。内容,作为精魄,往往绽放出文学作品之华的饱满花朵;文字身为载体媒介,只是通往花朵的枝蔓。然而每当人们提起杜拉斯作品的时候,却没有人能对这枝蔓避而不谈,因为这枝蔓带刺且有毒,沾则沦亡。

或许是其故事半自传的缘故,她的文字总和记忆纠缠在一起,记忆忽明忽暗的时候,文字也就忽快忽慢。当一个瞬间的绰影于脑海中闪现,在下一个段落时那瞬间的细节才忽然——浮现。记忆的难以捉摸,情绪在复苏过程中的喜怒无常,造就了节奏的不同寻常。反复、呓语、跳闪、留白、缓缓而谈。

"她用很低的、含糊不清的声音呼唤着一个人,仿佛那人就在这里。她似乎在呼唤一个死去的生命,就在大海的另一头……她用所有的名字呼唤同一个男人,回声中带有东方国度呜咽般的元音。"

"我喜欢你。真好。我喜欢你。突然又那么缓慢。那么温柔。你不会明白。"

"他走向露台。天色很暗。他在那儿,他在看。他在哭。"

主语的反复,短句的反复,动词的叠加,细节的补充,标点符号的勾连组合。那都是鲜明到字群中能叫人一眼识别的杜拉斯特征,配合法文的顿挫、法语的俯跃,你的眼前,那个敏感而强大的隐秘的情人。

半自传不同于自传,从某种意义上来说,半自传有不说实话的义务。是的,她的文字不诚实,她文字下的世界允许被自导自演。某些观念会被有意识地进行具象化诠释。人物可以创造,非真非假,情节排列组合,亦实亦虚。这是一种任性、主观的创作方式,杜拉斯无所顾忌,这也一如她一贯的形象,而正是这种方式、这种方式所代表的这种特性,成了"杜拉斯艺术"最鲜明的体现之一。

三、尾 声

"粗鲁的杜拉斯!光荣的杜拉斯!

瑟瑟发抖的杜拉斯!

光彩照人的杜拉斯!

'她睡得像青春年少的人一样,又沉又长。

她变成那种不知道有船驶过的人了。

他想:就像我的孩子。'"

玛格丽特·杜拉斯不是生活的狂热者,又是生活的狂热者。她难以捉摸,她近在咫尺。她身上矛盾丛生,她一切顺理成章。

王开岭在文章里把玛格丽特·杜拉斯评价为"亚洲的情人",但某种意义上,她是她自己的情人,她文学艺术的每一个符号,都带着她个人灵魂上的清晰的烙印。

"写作就是我。因此,我就是书。"她说。

(周湘雨)

我们需要怎样的救赎？

——读本哈德·施林克的《朗读者》

这是一次痛苦的救赎，只是，它绝不会只属于米夏。

如果我们开始，必将无可逃逸地被他带上这凄美的旅途一起前行。

阅读是纯粹的，其间我们经历讶异、审判、同情乃至直面犯罪与死亡。但依旧能够流畅地读下去，直到最后一行文字，这种快乐不可多得。这要感谢小说本身所具有的力量，譬如干净澄澈的叙述方式，譬如关乎爱情、尊严、集体犯罪、道德拷问的故事原型等。这些元素的具备使得《朗读者》轻而易举地就具有了多重意义。阅读的快感在这里会超越轻松，自觉地走向深沉，并因之获得无可名状的力量。我们忍不住地会被感动，不是因为要感动；我们会不期而遇地陷入深思迷惘，因为它内敛而直逼人心的解剖，沉重却令人难以忘怀抗拒。

故事并不复杂，始于一个少年青春萌发的情欲，终结于无言以释的爱，以对罪恶的反思和救赎为精神的内核，因此令人震撼。当我们走近人物，那沉淀于心的庄严肃穆感会随着文字间毫无矫饰的情怀奔涌而出，它举起"一把利斧"，"凿破我们心中冰封的海洋"，让我们惊异并臣服于理性的力量，并将世俗的审判重新推上公正而理性的精神殿堂。

让我们先来解构内心的震动——

十五岁的少年米夏与三十六岁的女人汉娜邂逅，他病体羸弱，但精神饱满，青春的情欲被汉娜的身体在瞬间唤醒。小说描述了米夏初次看到汉娜的感受，"她在穿着那双长筒袜子。然而，在那时刻，她并不让人感到沉甸甸的，而是舒缓流丽,妩媚生姿,风情万种。的确是某种诱惑,只是,这一切并不来自丰满的乳房、滚圆的臀部或健壮的大腿,而是一种邀请和招引,使人在她身体内的深邃之处把这世界一时遗忘"。一周后,他们开始幽会,三个月后,汉娜不告而别,米夏陷入自责痛苦的深渊,"虽然我已经朝汉娜的记忆道声再见,但是,我却并没有将它克服。曾经汉娜难为水,我不再对人卑躬屈膝,我也不再自惭形秽,我不再自揽罪过,或者感到负罪,我也不再去爱人,以免一旦失去便又会悲痛万分"。我们看到,米夏因汉娜而成长,也因汉娜而终生无爱,这生命的过程就足以令人伤感。

这就是小说的第一部分给所有人带来的冲击,我们立即要面对一个道德难题——十五岁的米夏暗恋的爱人是一个大他二十一岁的女人!这对我们的内心造成审判:理解这惊世骇俗的不畸之恋,我们将背叛道德;指责或质疑他们的恋情,我们就将抛弃人心最真实的情感诉求。那么,该忏悔的是我们自己,因为我们的思想被故事无情地割裂,却还毫无知觉,可我们依然愿意在好奇心的震动下心甘情愿地被它牵引着向前,这行为本就是世俗而缺乏道德感的。

汉娜是什么样的女人?

小说的第二部分给了我们更大的诧异——

七年后,四十三岁的汉娜站在被告席上,二十二岁的米夏坐在审判席上,他们重逢,却沧海桑田。

作为纳粹集中营的女看守,她的罪恶是具体的,理应受到公众的审判。作为第三帝国时期集体犯罪的原型,她更是一个罪恶的符号,存活并连接着历史与现实。尽管那历史是被浓缩在文字与图像中,战后一代如米夏等,也只能凭借回忆录和残存的集中营遗迹去想象和复原他们的犯罪事实,但所有人因此而产生的罪恶感却必须因着这样的审判才能获得释放。显然,这与个人情感无关,只关乎人类的理性。忏悔罪恶,能使人从罪恶的地狱升入救赎的天堂。只是,果真如此么?

让我们来看小说里的叙述:

"我必须指责汉娜;但是如果指责,等于搬石头砸自己的脚。我爱过她,

"我不仅爱过她,还选择了她!不是这样吗?不过,我也极力自我安慰。我推说,我当时爱她选择她,对她先前的所作所为一无所知。我尽力为自己开脱,说自己没有罪恶,说自己当时的状况其实同儿女爱父母一样。但是,天下只有儿女爱父母才是唯一不需要承担责任的,我的爱是这样的吗?"米夏如是想道。

"我一直有一种感觉,就是人家不了解我,没人晓得我本是什么人,干过些什么事。你明白吗,如果没人理解你,那么,也就没人能要求你讲清楚,就是法庭也不可以要求我。不过,死掉的人却可以,因为他们理解我。"汉娜如是说道。

"一旦她锒铛入狱,就会从我的世界,从我的生活中彻底消失。我要她远远离开,要她遥不可及,要她成为纯粹的回忆,像过去这些年来她已经转化成的,沉淀着的那样。"米夏如是想道。

"她目不斜视,眼光穿透尘世一切,扬长而去。那是一种睥睨万物、深受伤害、彻底绝望而无限疲惫的眼神,一种任何人、任何物都不再想看的眼神。"

判断,选择,行动了。他们是否因此能够告别过去,轻松前行?

反思,批判,谴责了。我们是否因此能够放下沉重,鼓舞欢欣?

显然,答案是否定的。

汉娜入狱了。

米夏的理性审判了她,米夏的身体却仍思念着她,她甚至还长久地在他心里,"从不消散,永不变色"。这是什么审判?谁能判读对错?记忆次次重现,他发现,"过去并非完美无缺也不功成身退,而是活生生地存在于眼前的现实中",竟是这样地无可逃避。于是,第八年,米夏重拾历史,为汉娜朗读,他把剧本中的角色表达得呼之欲出,栩栩如生。一个姿态优美的朗读者,令人感动的忏悔。

第十八年,汉娜即将出狱的前夕,她却终结了自己的生命。让我们和米夏一起来看她的遗物——

"小图片上展现的是春意盎然的森林、鲜花烂漫的草地、写满秋色的落叶、遗世独立的树木、溪流潺潺的牧场,还有一棵挂满了熟透果实的红樱桃树,以及一棵栗树,浅黄的、橘黄的秋妆如火一般闪亮。特别有一张从报纸上裁剪下来的照片,上面是一位老者同一名穿深色套装的青年握手。我认出来了,那向老者鞠躬的青年不是别人,正是我本人……"一个沉默无言的赎罪者,令人动容的尊严。

最后,让我们一起来判断:对米夏,汉娜有没有爱?她从未说过。

然而,这才是故事给读者带来的最终极的道德宣判。

救赎,只能因爱而存在!

(胡学英)

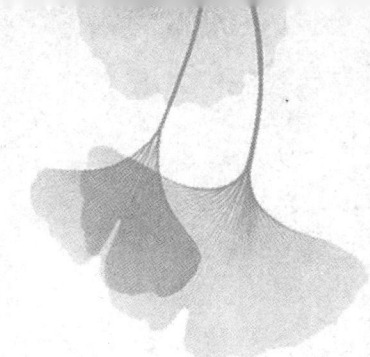

专题二

俊眼看词尽风流

"展苞初放"的唐五代词

 周乐陶

菩萨蛮

韦　庄

人人尽说江南好,游人只合江南老。春水碧于天,画船听雨眠。垆边人似月,皓腕凝霜雪。未老莫还乡,还乡须断肠。

南渡残生独梦多

"稽之往史,我民族若不能立足于中原,偏安江表,称曰南渡。南渡之人,未有能北返者。晋人南渡,其例一也;宋人南渡,其例二也;明人南渡,其例三也。风景不殊,晋人之深悲;还我河山,宋人之虚愿。吾人为第四次之南渡,乃能于不十年间,收恢复之全功。庾信不哀江南,杜甫喜收蓟北,此其可纪念者四也。"

这是国立西南联合大学的纪念碑文。

当我第一次读到韦庄的《菩萨蛮》时,脑海中浮现的便是这样一段话。今天我所讲的,便是韦庄笔下的一段属于唐五代人的"南渡"。

先从韦庄其人讲起。

余秋雨在《莫高窟》中这样写道："色流更趋精细,这应是五代。唐代的雄风余威未息,只是由炽热走向温煦,由狂放渐趋沉着。头顶的蓝天好像小了一点,野外的清风不再鼓荡胸襟。"文章合为时而著,积百年唐朝之动荡,才产生了这样一个韦庄。韦庄词疏朗秀美,明白畅晓,多以伤时、感旧、离情、怀古为主题,写自身的生活体验和上层社会之冶游享乐生活及离情别绪,善用白描手法,词风清丽。韦庄与温庭筠同为花间词派代表作家,并称"温韦"。韦庄所著长诗《秦妇吟》反映战乱中妇女的不幸遭遇,在当时颇负盛名,与《孔雀东南飞》《木兰诗》并称"乐府三绝"。

而他笔下的这首《菩萨蛮》,在谋篇布局上,上片开首两句与结尾两句抒情,中间四句写景、写人。纯用白描手法,清新明丽,真切可感;起结四句虽直抒胸臆,却婉转含蓄,饶有韵致,可谓"似直而纤,似达则郁"。清人陈廷焯在《白雨斋词话》中对该词称道:"风流自赏,决绝语,正是凄楚语。"

"人人尽说江南好",领起上片写景,碧水蓝天,舟中听雨,微雨燕双飞,江南水乡寄托了文人们"泛若不系之舟"的人生愿景。"春水碧于天,画船听雨眠",既抓住最能体现水乡特点的意象,又展现了江南生活的闲适自由。

下片来到"垆边",极写人物之美。江南人物有多美?连司马迁亦在《史记·司马相如列传》中写道:"买酒舍,乃令文君当垆。"意思是江南酒垆卖酒的女子光彩照人,卖酒时攘袖举酒,露出的手腕白如霜雪。不知是江南润泽了这里的女子,还是江南攀其女子而多姿多韵?更可称道的是,江南女子美却不轻薄,由内而外散发出一种气质,这是在江南特有的文化氛围下熏陶而成的。于是有了姜夔的"扬州梦",有了唐伯虎的"三笑姻缘",有了守着"我俩生前不能夫妻配,但愿死后同坟碑"誓言的恋人所幻化的蝴蝶,有了西湖畔边等待久去未归情人的苏小小,有了丁香一样的结着愁怨、撑着油纸伞彷徨在悠长雨巷的姑娘……

江南景美人更美,于是善良热情的江南人径直劝韦庄留下来。"只合"二字,意谓天下丧乱,甚至有些不留情面。可诗人清楚地认识到,他不是归人,只是个过客。王粲《登楼赋》中所写的"虽信美而非吾土兮,曾何足以少留"的乡土情结,纵使在时光流逝的六百年之后也没有褪色。江南纵好,我仍"情眷眷而怀归"。

那为何不即刻启程，奔赴故土？韦庄在他的《秦妇吟》中作答道："内库烧为锦绣灰，天街踏尽公卿骨。"今日若还乡，目击离乱，只令人断肠，故唯有暂不返乡，以待时定。所以，诗人是不得归、不敢归、不愿归。韦庄词"似直而纡，似达而郁"的特色，就在这表面率直，实则千回百转的文字中得到了充分体现。

读到此处，哀伤之至，衰泪已因家国尽，"山盟虽在，锦书难托，莫、莫、莫"。莫还乡！

附：教学反思

词与宋代的文化品质浑然一体，但并不始于宋代。

唐五代词把唐诗过渡到宋词，贵游文学变成了俗世文学。

因此，五代词是不同于唐诗、宋词的另一种风格的文学形式。有一类创作者会很直接地传达自己的感情，另一类会把感情融为一个意象，但可传达性与持久性反而更强。就好像电影拍摄中的蒙太奇手法，带来纪录片的效果。情感传达有时是很直接的，因此必须转化成意象化的东西。唐诗的叙事传统长于抒情传统，宋词又与流行歌曲靠得很近。唐五代词的发展好比是在缝隙中自发的一种新文学运动。

读韦庄的《菩萨蛮》，文学自有其张力：从伶工词到士大夫词，从风花雪月到正统文学《花间集》，文化的生命力没有衰减。

衰泪已因家国尽，人亡学废更如何？

恰恰相反。

国破文化在，诗心不可摧。真正的艺术，永远不是自卫的剑戟。这是我在课堂上最想传达的。

现在人们哼唱的流行歌曲中，有许多爱情的意象，其实很多都源于后蜀人赵崇祚所编的《花间集》。这是种有趣的文化现象，这种现象本身不是对一种特殊经验的执着，而是一种特殊经验被记忆以后，在生命的时间和空间里的不断扩大。

 程 琦

菩萨蛮
温庭筠

小山重叠金明灭,鬓云欲度香腮雪。懒起画蛾眉,弄妆梳洗迟。照花前后镜,花面交相映。新贴绣罗襦,双双金鹧鸪。

唐五代词之我见

今天我来给大家讲讲温庭筠的《菩萨蛮》。谈到温庭筠,就不得不提到与他相关的一个词派,没错,就是花间词派。它以唐代词人温庭筠、五代词人韦庄为代表,以写男女相思离别为主要特征,风格多浓艳华美。词人温庭筠,被称为"花间鼻祖",与李商隐并称"温李",与韦庄并称"温韦",词的风格多"绮丽香艳,婉约柔媚",内容多描绘女子闺中生活的情态,带给人女性化的审美感受。

讲了这么多,下面让我们正式进入主题。首先,请同学们齐声朗读一下这首词,对这首词进行一个整体感知。

问题1:概括上下片的内容。

上片:描绘了女主人公睡醒后的娇慵形象。下片:写女子梳妆打扮的过程。整首词塑造了一个娇美又满怀幽怨孤寂的闺中贵妇形象。

问题2:前人评价其词"意象绵密,富艳精工"。请你结合词句谈谈对这句话的理解。

篇中写了"小山""鬓云""香腮""蛾眉""花""镜""面""绣罗襦""金鹧鸪"等意象,美好的环境,柔美的鬓发,雪白的肤色,美丽的装饰,美妙的女子,构筑了一个富于视觉之美的境界。

但是我们知道,光有意象的堆叠明显不够,聪明的词人在炼字方面着重下了功夫。

问题3:赏析"度"字的妙用。

一个"度"字,俞平伯先生曾指出"度"含有飞动意,一个"欲"字,把无生命的鬓云写活了,试想一下:于金光明灭之中,云鬓飘拂之际,连细小的眉发都如此富有生机,岂不更撩人?它将动态注入静态的描摹中,平添几分生机。也就是说,这里的"度"字,化静为动,使静态的画面富有动态美。

我们知道,意象是为情感服务的。那么这首词在表情达意上有什么特殊手法呢?

词的上片,写床前屏风的景色及梳洗时的娇慵姿态;下片写妆成后的情态,暗示了人物孤独寂寞的心境。全词含蓄委婉地揭示了人物的内心世界,并成功地运用反衬手法。鹧鸪双双,反衬人物的孤独;容貌服饰的描写,反衬人物内心的寂寞空虚,充分体现了作者的词风和艺术成就。

最后谈谈我对这首词的感觉。我觉得,温庭筠的《菩萨蛮》还是囿于描写闺阁女子的愁,而这种愁,大多是停留在"闲愁"的层次,它没有李璟和李煜父子二人词的意境开阔,大开大合。以上是我个人对这首词的大致感知和理解。谢谢大家的聆听!

 何艳艳

相见欢

李 煜

林花谢了春红,太匆匆,无奈朝来寒雨晚来风。

胭脂泪,留人醉,几时重?自是人生长恨水长东!

李煜,字重光,号钟隐、莲峰居士,南唐后主,杰出词人。在国破降宋时,被封为违命侯,后因写下"小楼昨夜又东风,故国不堪回首月明中"被怀疑有不良动机而被宋太宗毒死。说到既是亡国之君又是词人的,我想到还有一人,陈叔宝,南朝陈最后一位皇帝,主要作品是《玉树后庭花》,暂且不提。李煜在政治

上虽庸弩无能，但其艺术才华却卓绝非凡。李煜工书法，善绘画，精音律，诗和文均有一定造诣，尤以词的成就最高，被称为"千古词帝"。其词主要收集在《南唐二主词》中。早年诗词十分香艳，多描绘后宫生活。

《相见欢》这首词是亡国后在"日夕只以眼泪洗面"的软禁生涯中的一首泣尽以血的绝唱，使亡国之君成为词坛的"南面王"。请大家朗读一遍李煜词，我再请同学来谈谈这首词给你带来的直接感受。

李煜的诗词虽不脱花间词气，但少粉饰做作，扭捏以为态，雕琢以为工，这些他都是无意为之；亡国后则以一颗赤子之心集中抒写了身世家国之感。所以李煜亡国后词的特点是沉郁、缓和，这首词便可见微知著。

开篇写林花凋零，古往今来，诗人大多用花的凋谢来抒愁情，而此处有何不同呢？且往下看。用"春红"二字代花，既是修饰，又是艺术。此春红，无待更言，乃是极美好可爱之名花无疑，可惜竟已凋谢。凋零倘是循序推进的自然凋谢，虽是可惜，毕竟理所当然，尚可开解；如今却是朝来寒雨晚来风，不断摧残所致。名花之凋，如美人之夭逝，可怜可痛，不由叹惜"太匆匆"，感情全在"太"字上。

生逢乱世，运交华盖的失意人，林花是盛时不再，红消香断的解语花，二者恍然相对，不胜缱绻。说花即说人，语固双关。愤慨之中，着"无奈"二字，我认为这非普通字眼，是质具千钧，情同一恸。"无奈"不仅叹无力护花无计回天，还写出作者身为阶下囚无法掌控自我命运的悲叹。

下片写胭脂泪，读来很香艳，却悲哀，不禁让我想到杜甫《曲江对雨》中的"林花著雨胭脂湿"，这是南唐后主熟读杜甫诗句的一大证据。李煜分明从杜少陵的"林花"而来，但是李煜毕竟是艺苑才人，不是鹦鹉学舌的笨伯，他用"泪"字代"湿"，于是便青出于蓝而胜于蓝，觉全幅因此一字而生色无限。然而花本无泪，实际上是惯于"以我观物"的作者移情于彼，使之人格化。

"泪"字已是神奇，但"醉"亦非趁韵谐音的妄下之字。此醉，非陶醉俗义，盖悲伤凄惜之甚，心如迷醉也。

"几时重"，花不得重上故枝，人亦不易重逢也，明点人事，以花落之意，触及人别离之意。末句,运用"叠字衍联法":朝来,晚来,长恨,长东,前后呼应,异曲同工。

顾随先生论后主,以为"问君能有几多愁,恰似一江春水向东流"其美中不足在"恰似",盖明喻不如暗喻,意味浅。而"自是人生长恨水长东",恰好免去此一微疵,以水之必然长东,喻人之必然长恨,语最深刻。"自是"二字,最能揭示出人生苦闷之意蕴。

讲到最后,我想以王国维《人间词话》中的一句作结:"国家不幸诗家幸,话到沧桑语始工。"

附:板书

春红　　　　双关
胭脂泪(湿)　"林花著雨胭脂湿"
朝来　　　　晚来
长恨　　　　长东

课堂现场评点

在这一节课的最后,就由我来对刚才几位同学的讲解做一个总结和点评。同时,我也借此说一说自己对唐五代词的感受。

三位同学讲解的大体思路都是按照"作者介绍—词意讲解—情感感受"来展开的。

先来说说周乐陶所讲的韦庄的《菩萨蛮》。她主要讲了四个方面:一是对词人韦庄的介绍。二是对该词中白描手法的分析。三是具体的词意解析。四是"乡土情结"这一主题的探讨。我非常喜欢她在第四部分所讲解的内容:以"未老莫还乡,还乡须断肠",来探讨文学作品中关于乡土情结的内容。我在课堂上记下了投影上的一段话:"美不美,故乡水。亲不亲,故乡人。"关于乡土情结,可以有很多种解读,我认为,这句话所寄托的情感正是产生乡土情结的一大原因。一个人在生命中最初感受到的美好，是故乡的山水；最初感受到的情感，是故乡的亲人所给予的感情。这种在生命之初感受到的美好，会伴随人的一生，成为一种难以忘怀的情感，乡土情结便由此产生。而这首词中，词人看似在赞美江南，是不想家的，实则是借游人的身份表达自己不能归去的痛苦。这种表现方式是非常精妙的。

此外，关于韦庄词，我个人最大的感受是，在伤时、感旧、离情、怀古这些惯常的情绪中，他的词里总会有让人眼前一亮之处。比如这首《菩萨蛮》中，同是写思乡之情，韦庄却能发出"未老莫还乡，还乡须断肠"这般别出新意却又极真切的慨叹。

再来看程琦讲的温庭筠的《菩萨蛮》。温庭筠被誉为"花间鼻祖"。这首词给我的第一印象可以用一个词概括：香艳。这也是花间词的一大特点。对词意的分析重点落在对前人评价的理解，在此基础上，我们对词中情感有了一定的理解。该词的情感中心是闺阁女子的闲愁，这也是词创作中常常出现的题材。借由这种分析，我们对人物的内心世界便有了更好的理解。

最后是何艳艳讲解的《相见欢》。关于作者李煜的介绍，主要是介绍了他的政治身份与艺术成就。李煜的词可大体分为两个时期：一是亡国前，词风以香艳为主；二是亡国后，这首《相见欢》就是其中代表。由此，我们对其晚期词作的特点也有了一定的了解，即以沉郁、缓和为主调。此外，在该词的分析中，她还提到了一种表达情感的方式：花—人双关。

课本中用"展苞初放"来形容唐五代词，在这种多偏绮丽的词风背后，有当时动荡混乱的政治背景原因，也有社会生产力的发展、民族融合等许多因素。唐五代词中的美，是纤细的，是温煦的，像初生的花蕾那样，美却带着让人怜惜的纤弱。在词作中，无论是伤时闲愁，还是亡国怀古，都是带着这样的一种美丽的。

这就是我所读到的唐五代词"展苞初放"之美。

（黄雨虹）

"格高韵远"的北宋词(一)

 唐兴欣

破阵子·春景
晏 殊

燕子来时新社,梨花落后清明。池上碧苔三四点,叶底黄鹂一两声。日长飞絮轻。

巧笑东邻女伴,采桑径里逢迎。疑怪昨宵春梦好,元是今朝斗草赢。笑从双脸生。

宋代两大词流派影响深远。豪放派大方高歌,气势如虹,有一种心旷神怡的进取美;婉约派和婉细切,疏隽细腻,透露着绵绵婉转的阴柔美。北宋晏殊和欧阳修的婉约词以抒闲情、离愁为主,理旨深远,开有宋一代词风。

晏殊词擅长小令,多表现诗酒生活和悠闲情致,语言婉丽、音韵和谐、风流蕴藉、温润秀洁。文章赡丽,应用不穷,尤工词,娴雅有情思。

本词上阕写春景,春意盎然;下阕塑造的闺阁少女,笑语盈盈、天真活泼。

上阕中,归飞的燕子、飘落的梨花、池上的碧苔、清脆的鸟啼,映衬着笑靥如花的少女,让人感受到春天的勃勃生机和青春的无限美好。按民族"花历",又有二十四番花信风,自小寒至谷雨,每五日为一花信,每节应三信有三芳开放;按春分节的三信,正是海棠花、梨花、木兰花。梨花落后,清明在望。词人

写时序风物，一丝不苟。当此季节，气息芳润，池畔苔生鲜翠，林丛鹂啭清音。春光已是苒苒而近晚了，神情更在言外。清明的花信三番又应在何处？那就是桐花、麦花与柳花。所以词人接着写的就是"日长飞絮轻"。古有诗云："落尽海棠飞尽絮，困人天气日初长"，可以合看。文学评论家于此必曰：写景；状物！而不知时序推迁，触人思绪也。

　　下阕，词人巧妙地回避了对"斗百草"之境的正面描写（五月五日端午时节，女子游春时采百草为戏），而是转入撷取烂漫春色中一位年轻村姑的天真形象和雅朴心态进行表现。"巧笑"已闻其声，见其容；"逢迎"更察其色，观其形。"疑怪"两句通过观察者的视角，用虚笔再现"女伴""昨宵春梦"和"今朝斗草"的生活细节，惟妙惟肖，将村姑的天真可爱一笔写足，与上阕生机盎然的春光形成十分和谐的画面美与情韵美。少女们相逢的时候，兴高采烈、欢欢喜喜，一块儿玩着那斗草的游戏。词中主人公胜利了，这位天真的少女充满了青春的欢乐。她忽然想起昨天夜里做的那个好梦，认为那原来是"斗草赢"的兆头，脸上又飞起了笑容。词中没有正面来描写斗草的活动，只用一笔点出人物的内心活动，表现了这位少女不仅聪明，富于想象，而且心灵是那样纯洁无瑕。"笑从双脸生"特写，应合阕头"巧笑"语意，收束全篇春光无限之旨。全词浑成优美，音节浏亮，意境清新，氛围轻快，洋溢着诱人的青春魅力。尤其上下阕的构思，景与人对应着写，将春天的生命写活了。其中巧笑的"东邻女伴"，仿佛春天的女神，给人间带来生气、美丽与活力。此女子的心灵纯洁，给予人一种美好的遐想。

　　而李才女（李清照）词中的闺阁少女："见客入来，袜划金钗溜。和羞走。倚门回首，却把青梅嗅。"一个活泼，一个娇羞，更有千千种除却相貌更加摄人心魄的女儿姿态，女子便也在文人笔下鲜活起来。

　　晏公（晏殊）潇洒风流时笔下生花，情意绵绵，伤心处更是催人泪下，引佳人翘首颙望——

　　　　时光只解催人老，不信多情。长恨离亭。泪滴春衫酒易醒。
　　　　梧桐昨夜西风急，淡月胧明。好梦频惊。何处高楼雁一声。

此词以轻巧空灵的笔法、深蕴含蓄的感情，抒发出富有概括意义的人生感慨，表达了叹流年、悲迟暮、伤离别的复杂情感。全词感情悲凉而不凄厉，风格清丽哀怨。

评价：没有大事件，没有大野心，仅是安静地描写生活中别人不易察觉的景象。

作为"神童"的晏殊，一生算是舒意，仕途更是平坦，扶摇直上，尽管有陷害，但有皇上的青睐信任在那儿，终构不成威胁，就是死后也是享受到了不一般的殊荣。

在朝堂上，晏殊行为处事颇显乖张，性格急躁冲动，完全不同于词作中的温润秀洁。

 戴　乐

蝶恋花
欧阳修

庭院深深深几许，杨柳堆烟，帘幕无重数。玉勒雕鞍游冶处，楼高不见章台路。

雨横风狂三月暮，门掩黄昏，无计留春住。泪眼问花花不语，乱红飞过秋千去。

此词写闺怨之情，词风深稳妙雅。所谓深者，就是含蓄蕴藉，婉曲幽深，耐人寻味。此词首句"深深深"三字，前人虽尝叹其用叠字之工，但不妨说这首词的景写得深，情写得深，意境也写得深。

先说景深。读着"杨柳堆烟，帘幕无重数"这两句，似乎在眼前出现了一组电影摇镜头，由远而近，逐步推移，逐步深入。着一"堆"字，则杨柳之密，雾气之浓，宛如一幅水墨画。随着这一丛丛杨柳过去，词人又把镜头摇向庭院，摇向帘幕。这帘幕不是一重，而是过了一重又是一重。"无重数"，即无

数重。词人先说一句"玉勒雕鞍游冶处",宕开一笔,把读者的视线引向她丈夫那里。然后折过笔来写道:"楼高不见章台路。"原来这词中女子正独处高楼,她的目光正透过重重帘幕,堆堆柳烟,向丈夫经常游冶的地方凝神远望。

再说情深。"泪眼问花花不语,乱红飞过秋千去。"这两句包含着无限的伤春之感。第一层写女主人公因花而有泪。见花落泪,对月伤情,是古代女子常有的感触。此刻女子正在忆念走马章台的丈夫,可是望而不可见,眼中唯有在狂风暴雨中横遭摧残的花儿,由此联想到自己的命运,不禁伤心落泪。第二层写因泪而问花。泪因愁苦而致,势必要找个发泄的对象。这个对象此刻已幻化为花,或者说花已幻化为人。于是女主人公向着花儿痴情地发问。第三层是花儿竟一旁缄默,无言以对。是不理解她的意思呢,还是不肯给予同情,殊令人纳闷。紧接着词人写第四层,花儿不但不语,反而像故意抛舍她似的纷纷飞过秋千而去。人儿走马章台,花儿飞过秋千,有情之人、无情之物对她都报以冷漠,她不可能不伤心。这种借客观景物的反应来烘托和反衬人物主观感情的写法,正是为了深化感情。词人一层一层深挖感情,并非刻意雕琢,而是像竹笋有苞有节一样,自然生成,逐次展开。在自然浑成、浅显易晓的语言中,蕴藏着深挚真切的感情,这是此篇一大特色。

最后是意境深。词人刻画意境也是有层次的。从环境来说,它是由外景到内景,以深邃的居室烘托深邃的感情,以灰暗凄惨的色彩渲染孤独伤感的心情。从时间来说,上阕是写浓雾弥漫的早晨,下阕是写风狂雨暴的黄昏,由早及晚,逐次打开人物的心扉。个中意境,仿佛是诗,但诗不能写其貌;是画,但画不能传其神。唯有通过这种婉曲的词笔才能恰到好处地勾画出来。王国维认为这是一种"有我之境"。花儿含悲不语,反映了词中女子难言的苦痛;乱红飞过秋千,烘托了女子终鲜同情之侣、怅然若失的神态。而情思之绵邈,意境之深远,尤令人神往。

附:板书

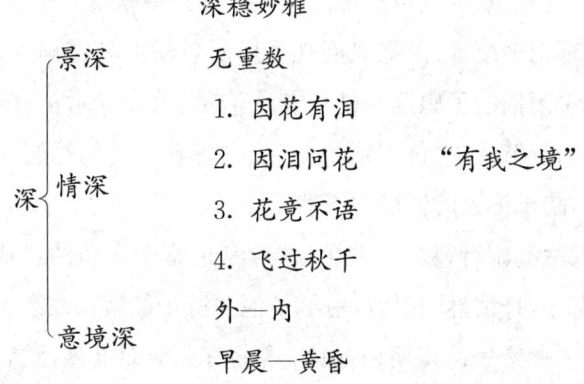

 杜佳雯

八声甘州

柳 永

对潇潇暮雨洒江天,一番洗清秋。渐霜风凄紧,关河冷落,残照当楼。是处红衰翠减,苒苒物华休。惟有长江水,无语东流。

不忍登高临远,望故乡渺邈,归思难收。叹年来踪迹,何事苦淹留？想佳人,妆楼颙望,误几回、天际识归舟。争知我,倚栏杆处,正恁凝愁!

宋词一言以蔽之便为"格高韵远"。其中柳永以慢词居上,以"韵高"为胜。柳永原名柳三变,一生致力于慢词创作(慢词即为调长拍缓之词,唐朝有句"有时轻弄和郎歌,慢处声迟情更多"说的就是慢词),他不顾士大夫们的轻视与排斥,用生动俚俗语言反映中下层市民生活。藏书家陈振孙认为其词格并不高,不过是音律谐婉,语意妥帖,其人殊不足道。因为当时按儒家观点,人应追求"三不朽",太上立德,其次立功、立言,三变无一可立,当然不算上等人品,但近千年来,却有无数人被三变词所打动,因而有"凡有井水饮处,即能歌柳词"的说法。

宋词无非便言情、唯美,唯美又可分为意美、语美。柳永的这首《八声甘州》可谓写出了宋词的境界。

上片写所望之景色，词人以如椽之笔描绘江野暮秋萧瑟寥廓、浑莽苍凉的景色：以"潇潇"暮雨、"凄紧"的霜风展现了风雨急骤的秋江雨景；以"冷落"的关河、"残照"的夕阳描绘了骤雨冲洗后苍茫浩阔、清寂高远的江天景象，充满了萧瑟、肃杀的悲秋情调。"苒苒物华休"比喻青春时光的短暂，只剩下"无语东流"的长江水，暗示词人的惆怅和悲愁无处诉说。

在词人多篇写羁旅行役的长调中，本篇是最富于意境的典范之作。词的写景层次清晰有序，抒情淋漓尽致，写尽了他乡游子的羁旅哀愁。全词语言通俗，将思乡怀人之意绪表达得明白如话，然感情真挚而强烈，跌宕起伏。词中"渐霜风凄紧"几句为千古登临名句，苏轼赞为"此语于诗句不减唐人高处"。

写秋雨、秋风、秋阳、秋华、秋水，渗透了悲秋情怀。"对潇潇暮雨洒江天，一番洗清秋。""秋"，本是一个季节，一种时令，并非实物，是无法"洗"的，但作者却认为秋之清冷是由暮雨洗出来的，一个"洗"字，将"秋"化虚为实，使人觉得生动、真切，觉得雨后秋天的清朗之状如在眼前，仿佛能够看得见，摸得着了。"渐霜风凄紧，关河冷落，残照当楼"三句巧妙地从不同角度描述了秋天的凄清、寒冷、萧瑟、肃杀，句首一"渐"字，表明凄清、寒冷、萧瑟、肃杀的程度在日渐加深。面对如此凄凉惨景，客旅之人怎能不想起家乡和亲人。在词的结构设置上，这三句词又承担了总领下文的妙用，使下文的若干句子顺理成章，一气铺陈而来。"是处红衰翠减，苒苒物华休。惟有长江水，无语东流。"词人在继续铺叙秋景的同时，又恰到好处地运用了对比和拟人的修辞手法，"惟有长江水，无语东流"，既反衬了"清秋"的凄清悲凉、萧疏颓败，又化江水无情为有情，蕴含了诗人怀乡思人的悲悯情怀。

下片写登高远眺的感想，抒写了思乡怀人欲归不得的愁苦。"不忍登高"说明词人所处的位置，"不忍"二字点出曲折，增加了一番情致。接下来几句层层说明了缘何"不忍"：一是"望故乡渺邈"，因而"归思难收"；二是"叹年来踪迹"，深感游宦淹留；三是"想佳人"之思绪，此乃"不忍"之根源。"误几回、天际识归舟"，不知她会有多少回误认归舟？相思太苦。最后两句转到自己身上，"倚栏杆处，正恁凝愁"，怎会知道我身倚栏杆，也苦苦思念、满怀忧愁？

作品由怀念人的联想,写到未出场的被怀念人,使感情在交流中获得层次和深度。这首词在结构构思上颇具独到之处,词中起领起作用的"对""渐""望""叹""想"等几个单音节词,语气短促,起句有力。如"对……渐……"两个短促的单音节的起句和"潇潇暮雨洒江天,一番洗清秋""霜风凄紧,关河冷落,残照当楼"的秋之景象,就使读者可以想象出作品在缠绵哀婉之中特有的那种萧飒高远的秋声秋色。"是处""惟有"等词语又在转折处巧妙地起着衔接的作用,进而使词作极尽铺陈又语言顺畅。

可前人对此词之评价却好坏杂陈,普遍认为上片较好,但是到了"想佳人"一句又落入了俗套。与之不同的是,另一首柳词《雨霖铃》中的"今宵酒醒何处"一句成千古绝唱,这又如何理解呢?

《雨霖铃》中一句设想今夜酒醒之后,只见晓风残月的杨柳岸,不见心上人的凄凉寂寞。虽是虚拟,但写得情景交融,是千古传诵的名句。"今宵酒醒何处,杨柳岸,晓风残月"虚景实写,明写景,暗写情。这里,"晓风残月"更是突出依依惜别之情。作者组合了最能触动离愁的景物入词,营造意境,增添了抒情色彩,渲染了浓烈的气氛,更能展现出微妙的心理活动,挑动读者的心弦。试想,今夜酒醒之时,不见心上之人,只对着岸上的杨柳,晓风轻拂,残月如钩,这情景该是多么令人伤情!无怪有人以此句来代表柳词,就在于它集中了足以触动离愁的意象来淋漓尽致地表现这种无法排遣的愁怀,给人以"念天地之悠悠,独怆然而涕下"的酣畅之感。

而《八声甘州》中"想佳人"一句,有人认为俗套了,无非是"情感俗"和"表达俗"。若认为是"情感俗",那么柳永也就不配为风流才子这一说。柳词愈是风花雪月,愈见得情谊深长,也不用刻意去追求境界辽阔高远,因为柳永的胸襟比之寻常人已够旷达。在女子无才便是德的年代里,有谁肯为青楼女子赋词——一腔的苦无法倾诉,生命结束就结束了。所以柳永来了,自诩"白衣卿相"流连于花柳间,事实上,我也从不觉得柳永的词是下流的俚俗,相反自有一种才子的放荡不羁、豁达明艳的境界。至于表达,词人仅用短短一句便形象描绘出望穿秋水的形象,也不失为巧妙精简。再说那"颙望"——举头凝望,浓浓的思念更是溢于言表。

讲到最后，我想用梁衡的话来结束——"呜呼，人生在世，天地公心。人各其志，人各其才，无大无小，贵贱不分。只要其心不死，才得其用，就能名垂后世，就不算虚度生命。这就是为什么历史记住了秦皇汉武，也同样记住了柳永。"

课堂现场评点

宋词中的女子

政治清明的时代，文学作品中的女子就会多起来。

北宋前期经济繁荣，词以婉约风格、闲情和离愁别恨为主流，文人更懂得品读生活中的细节。

晏殊的《破阵子》中提到了"斗百草"这一传统民俗，在《红楼梦》中也有类似的情节，都体现了女子生活的闲适恬淡和无忧无虑。晏殊作词主张"富贵气象"。所谓富贵气象，是指宋代上层士大夫阶层普遍追求的审美情趣和艺术风貌，表现为作品情趣的婉雅蕴藉，风格的温润自然，是对生活中诗意的精准把握和感悟。

《踏莎行》《蝶恋花》中的女子没有那么欢乐，她们为情所扰，思念在外之人。词中的忧愁，借花表现出来，景深情亦深。有有我之境，有无我之境。

宋词中的凭栏

"楼高莫近危阑倚""楼高不见章台路""明月楼高休独倚""争知我，倚栏杆处，正恁凝愁"……"凭栏"意象如此广泛存在，不是一种偶然。也许是包含了某种特殊的文化传统，或是有约定俗成的情感表达。起初总结时，我把这一现象和古人的"登高必赋，登楼必赋"相类比，现在再来做补充。

在广阔的大自然怀抱下，心胸便会豁然开朗，宠辱皆忘。词人大多感情细腻，自然会碰到万种愁绪，登楼、凭栏，也就很可能是他们慰藉自我与暂避烦闷的方式。

从历史的渊源也可以来解释词人的凭栏。它与民族心理有关。登高的传统在中国古代由来已久,登高的目的,不仅仅是远望而领略山光风物,也是因为思念,为了从因思念而生的烦恼和忧伤中解脱出来。这些都为唐宋词人作品中的大量"凭栏"意象做了铺垫,唐宋的凭栏是对登高传统的延续和流传。

　　登高凭栏,还与栏杆的特性有关。栏杆把空间一分为二,但不像墙、窗门,栏杆分割的一大一小两个空间,相互融通而不封闭,且栏内栏外形成强烈的对比。因此,有些作者侧重写栏杆内空间的小,有些则侧重写外部空间的广阔,由此形成两种各具特色的风格,但共同的意思都是向往大自然的广阔空间。而在时间方面,栏杆则是联系今昔的纽带,世事沧桑变化,但栏杆这一与人类亲密接触的建筑,却很容易让旧地重游的人睹物思人,勾起物是人非的感伤。

　　凭栏具有深刻的文学审美价值,它代表了愁、恨、销魂、神伤,而词本身就是感伤文学,凭栏是这种感伤的良好载体。

(刘晓悦)

"新天下耳目"的东坡词

 李云舒

定风波

三月七日,沙湖道中遇雨。雨具先去,同行皆狼狈,余独不觉。已而遂晴,故作此词。

莫听穿林打叶声,何妨吟啸且徐行。竹杖芒鞋轻胜马,谁怕?一蓑烟雨任平生。

料峭春风吹酒醒,微冷,山头斜照却相迎。回首向来萧瑟处,归去,也无风雨也无晴。

大家喜欢下雨天吗?我喜欢下雨,因为下雨天可以不出操——开玩笑。在《定风波》中,苏轼也遇到了一场大雨。下面我们来学习一下《定风波》,请大家先齐声朗读一遍课文。

苏轼大家一定不陌生,下面对他做一简单介绍。

苏轼,字子瞻,又字和仲,号东坡居士,世称苏东坡、苏仙。汉族,北宋眉州眉山(今属四川省眉山市)人,祖籍河北栾城,北宋著名文学家、书法家、画家。

嘉祐二年(1057年),苏轼进士及第。宋神宗时曾在凤翔、杭州、密州、徐

州、湖州等地任职。元丰三年(1080年),因"乌台诗案"受诬陷被贬黄州任团练副使。宋哲宗即位后,曾任翰林学士、侍读学士、礼部尚书等职,并出知杭州、颍州、扬州、定州等地,晚年因新党执政被贬惠州、儋州。宋徽宗时获大赦北还,途中于常州病逝。宋高宗时追赠太师,谥号"文忠"。

苏轼是宋代文学最高成就的代表,他在诗、词、散文、书、画等方面均取得了很高的成就。其诗题材广阔,清新豪健,善用夸张、比喻,独具风格,与黄庭坚并称"苏黄";其词开豪放一派,与辛弃疾同是豪放派代表,并称"苏辛";其散文著述宏富,豪放自如,与欧阳修并称"欧苏"。

下面来赏析一下《定风波》这首词。小序部分介绍了时间、地点、事件以及作词原因。上阕写遇雨情景,下阕写雨过天晴后的心情。上阕首两句"莫听穿林打叶声,何妨吟啸且徐行","莫听"二字便足见性情,雨点穿林打叶,是客观存在,说"莫听",就有外物不足萦怀之意;"何妨"二字透出一点俏皮,更增加挑战色彩。这在一开始便定下了全诗豪旷的气度。

"竹杖芒鞋轻胜马",竹杖芒鞋是闲人所用,而马则是官人或忙人所用。前者胜过后者在何处?一个"轻"字耐人寻味。我们知道,这首词写于作者被贬黄州之时,这个"轻"字可否理解为"无官一身轻"呢?东坡在此时此种心境下有了对做官的不屑和厌恶,自古"官"的对面便是"隐",于是便有了"一蓑烟雨任平生"的放浪形骸。

"一蓑烟雨任平生",此句是我读来最快意的一句。任风雨漫天,任云乱度,我自岿然不动!这是最流行的解释。可是也另有他解,"烟雨"不是写的沙湖道中雨,乃是江湖上烟波浩渺、风片雨丝的景象,东坡是想归隐江湖!

下阕"回首向来萧瑟处",我们可否也理解成人生的风雨?黄庭坚说"病人多梦医,囚人多梦赦",遭受风吹雨打的人也是想望晴的吧,东坡在这想得更深,他说无风雨更好。无风雨,则盼晴喜晴的心情便不会有了,这便是"也无风雨也无晴"的真谛。那么,在官场上,该如何做到呢?便是"归去"。在江湖上,即使烟雨迷蒙,也比宦途上的风雨好多了。

附：板书

小事 { 自然 东坡遇雨
       人生

大情   旷达超越

 王运平

江城子·乙卯正月二十日夜记梦

十年生死两茫茫。不思量，自难忘。千里孤坟，无处话凄凉。纵使相逢应不识，尘满面，鬓如霜。

夜来幽梦忽还乡。小轩窗，正梳妆。相顾无言，惟有泪千行。料得年年肠断处，明月夜，短松冈。

先看上阕，两人一生一死，隔绝十年，相互思念却无法相见。开篇第一句奠定基调，不能太高昂。注意断句：

十年生死/两茫茫

再感受情感基调——停顿：不想让自己去思念，自己却难以忘怀。

不思量，自难忘。↓语调（往下降）

妻子的孤坟远在千里，没有地方跟她诉说心中的凄凉悲伤。凄凉无助而又渴望诉说难以掩藏的情感。

千里孤坟，无处话凄凉。（注意重音）

即使相逢也应该不会认识了,因为我四处奔波,灰尘满面,鬓发如霜。这是一种绝望的、不可能的假设,"应不识"是深沉、悲痛,后面就是无奈。

  纵使相逢应不识,尘满面,鬓如霜。↓语调(往下降)

再看下阕,晚上忽然在隐约的梦境中回到了家乡,梦见美好的夫妻生活,夫妻重逢,是怎么样的呢? 语调上扬,还可以带着一点激动:

  夜来幽梦忽还乡,↑语调(往上扬)

下阕是在记梦,描写梦里的场景,需要我们的想象力,眼前要有一幅画面……在那个两人曾共度甜蜜岁月的地方相聚、重逢。"小轩窗,正梳妆。"那小室,亲切而又熟悉,她的情态容貌,一如当年,此时正在梳妆打扮。

  小轩窗,正梳妆。↑语调(往上扬)

语速:前面夫妻相逢,语速要快,后面相顾无言,速度就慢下来。

  相顾无言,惟有泪千行。

稍稍停顿,此时无声胜有声。
最后一句:

  料得年年肠断处,明月夜,短/松/冈。

一起朗读一遍(配乐)。

 夏雨桐

卜算子·黄州定惠院寓居作

缺月挂疏桐,漏断人初静。谁见幽人独往来,缥缈孤鸿影。
惊起却回头,有恨无人省。拣尽寒枝不肯栖,寂寞沙洲冷。

这首词写于宋元丰五年(1082年)。苏轼因与时任宰相的王安石政见不合,出补外官。他看到当时地方官吏执行新法扰民,心中不满,便发泄于词中,因而激怒新党,被捕入狱,历时百余日;出狱后被贬为黄州团练副使,暂居定惠院。这段经历,总不免使他产生孤寂之感。

开头一句,在"缺月"和"疏桐"之间着一"挂"字,自然而巧妙地把天与地的景色连接起来,显示出无限幽渺的夜空。由此奠定了本词的感情基调,并为引出全词的审美意象——"孤鸿",埋下了伏笔。

"谁见幽人独往来,缥缈孤鸿影。"在这般夜色之中,仿佛有个幽人独来独往,如同孤鸿之影。这"幽人"可能是想象的,也可能是苏轼自比。作者在这里以幽人来比况孤鸿,暗示自己孤芳自赏、洁身自好的品格和操守。

"惊起却回头,有恨无人省。"孤鸿缥缈不定,刚一栖身,又遭惊扰。"却回头",逼真地描摹出备受惊扰的神态。"有"什么"恨",苏轼未正面回答,以空白的笔法给读者留下思考空间,增强了本词的诱发力和神秘色彩。

"拣尽寒枝不肯栖,寂寞沙洲冷。"孤鸿心怀幽怨和不满,宁愿寄宿于荒冷的沙洲,也不肯栖于寒枝之上。"拣尽"和"不肯"两词,明确地表明了孤鸿不愿随俗同污、入世屈志的孤高品质。"寂寞"和"冷",则说明孤鸿甘于忍耐寂寞和苦痛。

思考1:孤鸿与幽人有何关系?

孤鸿是作者的自喻,本体是孤独的词人,喻体是高远隐约的孤鸿影,一独一孤,同病相怜。

思考2:结合下阕词句,说说幽人与孤鸿有哪些共同的处境、心理、志趣?

（1）处境：飘零失所，孤独凄冷。词人寓居定惠禅院，孤鸿"拣尽寒枝不肯栖，寂寞沙洲冷"，鸿无良木之可栖，只好栖于寂寞冷清的沙洲。

（2）心理："惊""恨"，心怀幽恨，惊恐不已。乌台诗案，九死一生，牵连众多，如惊弓之鸟。此处孤鸿纯是作者的写照，取其神似。

（3）志趣：孤高，洁身自好，坚持操守，不肯同流合污。飘零失所，惊魂未定，却仍择地而栖，不肯同流合污、坚持操守。

思考3：前人认为"恨"字是全词关键。词中"恨"的内容是什么？你是否同意"关键"之说？为什么？

恨的内容：小人当道，才美不得重用，无人理解的忧愤。封建社会文字狱对人才的摧残。

同意"关键"之说。上阕描写缺月、疏桐、漏断、人静、幽人、孤鸿等特定景物，正是由"恨"而生，由于含恨，所以必然产生"拣尽寒枝不肯栖，寂寞沙洲冷"的徘徊心境。

思考4：你认为本词最大的写作特色是什么？

这首词运用了比兴、象征等艺术手法，以孤鸿为喻，托物言志。把孤鸿失群与幽人失志联系起来，巧妙地表达了作者"幽约怨悱不能自言之情"，这正是苏轼贬居黄州时无所依托而又无可哀告的寂寞与伤感的心情和处境的真实写照。

课堂现场评点

"东坡之词旷，稼轩之词豪，无二人胸襟而学其词，犹东施之效捧心也。"正如王国维所说，旷达是东坡词的基调，贯穿其一生。

《定风波》一词，最是潇洒。如李老师所讲，雨既是自然中的雨，亦是人生中的雨。虽是仕途不达，心中自然有郁结之气，但其旷达超越之情不减，自是会即景生情。"竹杖芒鞋轻胜马"，多么潇洒，一个"轻"字便把人间那些烦恼都压了下去。

《江城子》却写思念，王老师上课的方式很是特别。王老师提到了相互思念，并无不可之处。或许在东坡心中，妻子的去世并不代表消亡，只是以另一种方式存在于世界上，并未隔阻。王老师的朗读课很有趣，同学们的兴致都很高涨。

　　《卜算子》流露出一种孤寂之情，被贬黄州，怎会不"恨"？苏轼的处境、心理、志趣在当时皆是一种微妙的状态，正是在这种沉沦于恨和旷达超脱的心理矛盾中，方才有了这首词。但苏轼究竟是不一般的，他能从"恨"中走出来，词中那哀鸣的孤雁或许是他的自况，但他又不是那只孤雁，他的旷达已经从哀鸣中超越而出，他仍是苏轼。

　　苏轼词"旷且狂，以胸襟为基础，雅量高致贯穿其中，有伯夷、柳下惠之风"，这句话足以概括苏轼词的风骨。以这句话作结，希望所有人心中都有那么一个旷达的苏轼。

（丁文杰）

"格高韵远"的北宋词(二)

耿 颖

苏幕遮

周邦彦

燎沉香,消溽暑。鸟雀呼晴,侵晓窥檐语。叶上初阳干宿雨。水面清圆,一一风荷举。

故乡遥,何日去?家住吴门,久作长安旅。五月渔郎相忆否?小楫轻舟,梦入芙蓉浦。

荷的风姿

关于荷花的经典词句俯拾皆是,"小荷才露尖尖角,早有蜻蜓立上头",写尽新荷小巧玲珑、生机盎然的胜境;"荷叶罗裙一色裁,芙蓉向脸两边开",写荷花素朴与美艳兼具之风致;"接天莲叶无穷碧,映日荷花别样红",气势宏大,既写出了莲叶的无际,又渲染了荷花的生机。

周邦彦的荷花,则别有一番质朴清远的风姿。

说周邦彦的荷花,得先介绍周邦彦其人。周邦彦,字美成,号清真居士,钱塘(今浙江杭州)人。精通音律,曾创作不少新词调。作品多写闺情、羁旅,也

有咏物之作。格律谨严，语言典雅，旧时词论称他为"词家之冠"。

宋代文人写词，就语言艺术方面来说，有雕琢与自然两种不同路径。周邦彦素以雕琢取胜，被词家奉为"词中老杜"，"两宋之间，一人而已"。其词承柳永而多有变化，市井气少而宫廷气多，词风也比柳永更典雅含蓄。

他的词集一名《片玉集》，可是其中大部分作品并不能做到"咳唾落九天，随风生珠玉"那样天然美好，而是用镂金刻玉的手段掩盖它真美的不足。然而，本词一反常态，乃美成词中鲜有的"清水出芙蓉，天然去雕饰"之作。这首词虽叙写了词人久居汴京、消夏思归的故乡归梦，却不见思乡词中常见的伤感与晦暗，倒营造了一种清新纯净的情境，所刻画的清雅风荷更让人过目不忘。

本词之"荷"，乃雨后风荷，夏雨洗涤了荷叶上的风尘，冲走了花朵下的枯枝，在清爽的晨风中，一股洁净清新之气扑面而来。"叶上初阳干宿雨。水面清圆，一一风荷举。"宿雨初收，晓风拂过水面，初日照耀下的荷叶更显青翠。一个"举"字勾勒出了荷花亭亭玉立的美。荷花盛开在夏日，旺盛的生命力正是它突出的特点。此三句，寥寥几笔，即从不同的角度和不同的侧面，衬托出荷花的一派生机。这样一种活泼清远的词境要把它做十分生动的素描，再现于读者面前，颇非易事。由此可见，王国维赞曰，"真能得荷花之神理者"，一点不差。

更为巧妙的是，这样质朴清新的荷花，与其所在的环境又是那么和谐统一。"燎沉香，消溽暑。鸟雀呼晴，侵晓窥檐语。"起头"燎沉香，消溽暑"，即知诗人早晨刚醒。"鸟雀呼晴"则是静中之闹，静中之动，恰似"蝉噪林愈静，鸟鸣山更幽"的写法，以衬周围的静。"沉香"让人迷糊，"溽暑"让人困倦，"鸟雀"的啁啾把词人唤醒。睡醒惺忪之中抬眼一看，荷香扑鼻而起，实在叫人精神为之一振。

周邦彦的荷花，最容易让人联想到周敦颐笔下的荷花："余独爱莲之出淤泥而不染，濯清涟而不妖，中通外直，不蔓不枝，香远益清，亭亭净植。"这样的荷花，自有一种不俗的风骨。

如此风色的荷花，自然勾起了词人"家住吴门，久作长安旅"的思乡之情。此时的家乡，也是荷花怒发的时节。《东京梦华录》中对杭州有这样一段描写：

"夹岸垂杨,菰蒲莲荷,凫雁游泳其间。桥亭台榭,棋布相峙。"睹物思乡,能不感慨?家乡如梦,这个梦却因眼前的荷花而清晰起来。"五月渔郎相忆否?小楫轻舟,梦入芙蓉浦。"在荷花丛中穿梭的渔船,渔船上的渔郎,一切都那么灵动纯粹。或许正是这夏日的风荷,让周邦彦少了思乡的忧伤,平添了几分宁静。

本词情景交融,虚实相生,眼前景、梦中情皆由这一枝枝清新的脱俗之荷花牵引,让词人为之魂牵梦萦。"独在异乡为异客",在古词中,"思乡情"或为贬谪,或为羁旅,或愁苦,又或凄怆。而于周邦彦处,却只因为这美丽的"芙蓉"而思乡,情感也十分纯净。

此词之所以为写荷绝唱,在于它能洗尽铅粉,为凌波微步的仙子做出色的传神描写。陈廷焯在《云韶集》中亦称其"风致绝佳,亦见先生胸襟恬淡"。

最后以清代大诗人郑珍的《春尽日》诗句作结:"绿荷扶夏出,嫩立如婴儿。春风欲舍去,尽日报之吹。"可算是文章天成,妙手偶得,与周词有异曲同工之妙。

 薛煜辉

临江仙
晏几道

梦后楼台高锁,酒醒帘幕低垂。去年春恨却来时。落花人独立,微雨燕双飞。

记得小蘋初见,两重心字罗衣。琵琶弦上说相思。当时明月在,曾照彩云归。

晏几道,字叔原,号小山,抚州临川(今属江西)人。他是北宋词人晏殊的第七个儿子,不同于晏殊在政治上有很高的地位,晏几道只做过一些小官,如开封府判官、乾宁军通判等。一般讲到北宋词人时,称晏殊为"大晏",称晏几

道为"小晏"。关于晏几道的诗词,《雪浪斋日记》云:"晏叔原工小词,不愧六朝宫掖体。"《鹧鸪天》中"舞低杨柳楼心月,歌尽桃花扇底风"两句受人赞赏。性孤傲,晚年家道中落。词风哀感缠绵、清壮顿挫,代表作有《临江仙》《鹧鸪天》等。下面,对《临江仙》进行逐句分析。

"梦后楼台高锁,酒醒帘幕低垂。"

这里的"梦",既可能是真有所梦,梦到当年听歌笑乐的情景,也可能泛指悲欢离合的感慨。起二句情景,非一时骤见而得之,而是词人经历过许多寂寥凄凉之夜,或残灯独对,或酽酒初醒,遇诸目中,忽于此时炼成此十二字,如入佛家的空寂之境,这种空寂,正是词人内心世界的反映。

"去年春恨却来时。落花人独立,微雨燕双飞。"

"落花人独立,微雨燕双飞"写的是孤独的词人,久久地站立庭中,对着飘零的片片落英;又见双双燕子,在霏微的春雨里轻快地飞来飞去。"落花""微雨",本是极清美的景色,在本词中,却象征着芳春过尽,伤逝之情油然而生。燕子双飞,反衬愁人独立,因而引起了绵长的春恨,以至于在梦后酒醒时回忆起来,仍令人惆怅不已。这种韵外之致,荡气回肠,令人流连忘返。"落花"二句,妙手天成,构成一个凄艳绝伦的意境。

"记得小蘋初见,两重心字罗衣。琵琶弦上说相思。"

小蘋,何许人也?书中道,小蘋是一位歌妓,同时也是词人思念之人。

接下来让我们对下阕的几句展开联想——

场景一:词人是位性情公子,而小蘋是一位娇羞、美丽的歌女。二人一见钟情,心心相印。小蘋因爱慕之意欲颂无从,唯有借助琵琶美妙的乐声,传递胸中的情愫。弹者脉脉含情,听者知音沉醉。

场景二:词人与几位酒友在所谓的花间柳巷中看见小蘋。他为小蘋的美丽与才能而倾心,便想象自己和她同在上述"场景一"中。

若是在场景一,词中"初见"和"相思"这一对又似矛盾。若是在场景二,则需重点看"两重心字罗衣"和"琵琶弦上说相思"两句。

所以,场景一是爱情,场景二是痴情。

"当时明月在,曾照彩云归。"

在当时皎洁的明月映照下,小蘋像一朵冉冉的彩云飘然归去。李白《宫中行乐词》云:"只愁歌舞散,化作彩云飞。"又,白居易《简简吟》云:"大都好物不坚牢,彩云易散琉璃脆。"这里的"彩云",借指美丽而薄命的女子,其取义仍从《高唐赋》中"且为朝云"来,亦暗示小蘋歌妓的身份。结尾两句因明月兴感,与首句"梦后"相应。如今之明月,犹当时之明月,可是,如今的人事情怀,已大异于当时了。梦后酒醒,明月依然,彩云安在?在空寂之中仍旧是苦恋,执着到了一种"痴"的境地。

这首词在内容上,它写的是对过去欢乐生活的追忆,并寓"微痛纤悲"的身世之感;在艺术上,它表现了深婉沉着的风格。可以说,这首词代表了作者在词的艺术上的最高成就。

钱 昊

踏莎行

秦 观

雾失楼台,月迷津渡,桃源望断无寻处。可堪孤馆闭春寒,杜鹃声里斜阳暮。驿寄梅花,鱼传尺素,砌成此恨无重数。郴江幸自绕郴山,为谁流下潇湘去。

今天,我来给大家讲一讲秦观的《踏莎行》。

首先,来了解一下秦观其人。秦观,字少游,又字太虚,号淮海居士。在这里,我想补充一个概念,"苏门四学士",即黄庭坚、晁补之、秦观、张耒,这四人俱出自苏轼门下,而苏轼也对他们十分欣赏。秦观的命运与苏轼一样,堪称多舛。他屡遭贬谪,最终也病死他乡,这一点希望大家注意,这对我们理解《踏莎行》有不小的作用。

好,让我们来通读全词。

《踏莎行》可谓唯美风格的代表作,无论是用词还是意境,都很唯美。"雾失楼台,月迷津渡",开篇就营造出唯美的情与景,"失""迷"堪称神妙,雾遮楼

台,月照津渡,此为实景,原本是月夜中薄雾笼罩的寻常之境,但"失""迷"二字又幻化出别样的滋味。"失""迷"本为人的内心,这里却用在了"楼台""津渡"这般无情物身上,顿时赋予其生气,也将月色、雾气交织的朦胧更加生动和迷离。连楼台和津渡都迷失其中,更何况词人之内心?一开篇,就描绘出朦胧迷离甚至凄冷的意境。而这一意境,也不是小家子气的,毕竟"雾失""月迷"的是楼台与津渡,这又多了几分寥廓,而这份寥廓,更蕴藉于作者的九曲回肠之心,如雾霭,淡淡笼罩。

这只是情与景,言情也颇值得玩味。"郴江幸自绕郴山,为谁流下潇湘去"这一问,看似荒诞。因为从地理学角度看,由于地形地势,郴江势必要告别郴山,注入潇湘水中,秦观难道不明此理?非也。郴江发源于郴山,但终会离开,而且一去无回。这不正是秦观自己的写照吗?他,告别故乡,为的是自己的经世济民之梦,但是,自己只是流浪,流浪,也终究无法还乡。如同郴江,一去便与郴山再无缘,自己亦是一别故乡,便卷入政治的巨浪之中,成为元祐党争的牺牲品,流落他乡。两相比较,何其相似。这,就是言情的高妙所在,看似无理埋怨流水,实则自怨哀叹,哀叹自己:为何似流水,离开故乡,卷入政治?为何会落得如此地步?但是,这份自怨只得深埋于文字之中。就这样,半遮半掩,欲说还羞,却道天凉好个秋。值得玩味的是,郴江恰在此时秦观被贬的郴州,这之中是否又掩藏着贬谪的哀怨呢?

这,就留给各位去思考了。

课堂现场评点

周邦彦的词以富艳精工著称,但这首《苏幕遮》"清水出芙蓉,天然去雕饰",风格清新活泼,境界淡远高超。上阕中,"叶上初阳干宿雨。水面清圆,一一风荷举"一句更是得荷之神韵。下阕运用想象"小楫轻舟,梦入芙蓉浦",似虚似实,意味无穷。

晏几道的《鹧鸪天》,写词人与一个女子久别重逢的情景,以相逢抒离恨。

"舞低杨柳楼心月,歌尽桃花扇底风"一句生动地表现了歌女曼妙的身姿与歌喉。而梦境的描写更是神来之笔,使人联想到纳兰容若的《浣溪沙》:"谁念西风独自凉,萧萧黄叶闭疏窗,沉思往事立残阳。被酒莫惊春睡重,赌书消得泼茶香,当时只道是寻常。"

　　秦观的《踏莎行》开篇即描写了朦胧之景,"失""迷"二字用得尤为精妙。下阕"驿寄梅花,鱼传尺素"也是表达相思的常见意象。最后一句"郴江幸自绕郴山,为谁流下潇湘去"更有一种无理妙趣。

(夏逸涵)

"极其工""极其变"的南宋词

张焱阳

扬州慢

姜　夔

淳熙丙申至日,予过维扬。夜雪初霁,荠麦弥望。入其城,则四顾萧条,寒水自碧,暮色渐起,戍角悲吟。予怀怆然,感慨今昔,因自度此曲。千岩老人以为有《黍离》之悲也。

淮左名都,竹西佳处,解鞍少驻初程。过春风十里,尽荠麦青青。自胡马窥江去后,废池乔木,犹厌言兵。渐黄昏,清角吹寒,都在空城。

杜郎俊赏,算而今、重到须惊。纵豆蔻词工,青楼梦好,难赋深情。二十四桥仍在,波心荡、冷月无声。念桥边红药,年年知为谁生?

姜夔是南宋中期词人,字尧章,号白石道人。精通音律,终生未仕。词评家张炎在《词源》中这样评价他的词风:"不惟清空,更且骚雅,读之使人神观飞越。"所以他的词风可概括为"清空骚雅"。那么,什么叫"清空骚雅"呢?

简要解释一下,"清空"与"质实"相对,清俊缥缈,也就是说姜白石写词并不直接,而是通过诸多意象来表达,给人雾里看花之感;"骚雅",则指语言传达出一种幽深曲折的情意。今天,我们通过《扬州慢》中三处词句来理解

其词"清空骚雅"的特质。

第一处，上片中有"自胡马窥江去后，废池乔木，犹厌言兵"一句，这里就需要联系词作的背景了：姜夔二十多岁时第一次到扬州，在此之前金人二度南侵，扬州作为南北要冲，屡遭战乱，所以词人目睹了"废池乔木"的破败景象。陈廷焯在《白雨斋词话》中这样评价："'犹厌言兵'四字，包括无限伤怀语，他人累千百言，亦无此韵味。"让我们思考一下，是谁在"犹厌言兵"？也许第一反应，憎恶战争的是百姓，但是词中并不这么写，而是借"废池乔木"之口，倾诉对战争的厌恶。树犹如此，人何以堪？这里间接抒情，反而使情思更加幽深绵长，即为所谓"清空骚雅"之处。

再来看第二处，下片中的"纵豆蔻词工，青楼梦好，难赋深情"。同样，词人也不是直接抒写自己内心的感受，而是化用杜牧的诗句，设想杜郎再到扬州时的反应。曾经"娉娉袅袅十三余，豆蔻梢头二月初""十年一觉扬州梦，赢得青楼薄幸名"，那时的繁华街景，烟花巷陌，一把战火烧过，只剩下空城一座，黄昏落寞。

最后一处，"二十四桥仍在，波心荡、冷月无声。念桥边红药，年年知为谁生？"这里出现了诸多意象，比如"二十四桥"，桥在而人已不在，点明物是人非之痛。又比如"波心""冷月"营造了一种幽冷的氛围，水波荡漾、冷月无声，动静结合，更突出的其实是寂静。最后一句化用了杜甫诗"江头宫殿锁千门，细柳新蒲为谁绿？"花开花谢，本是自然规律，又怎会为谁而开呢？词人必然懂得这一道理，可是却偏要作"痴人语"，如今扬州已是空城，往日"天下三分明月夜，二分无赖是扬州"的繁华早已散尽，赏红药的人或死或逃，它如今又为谁而开呢？

从这三处词句，我们可以初窥姜夔词"清空骚雅"的特质，他内心有着"红萼无言耿相忆"（姜夔《暗香》）这般炽热的情感，但是当表达出来时，偏爱以幽冷的意象进行"冷处理"，其情感就变得幽深曲折，形成了独特的词风，自成一派。

 汪茜茜

卜算子·咏梅
陆 游

驿外断桥边,寂寞开无主。已是黄昏独自愁,更著风和雨。

无意苦争春,一任群芳妒。零落成泥碾作尘,只有香如故。

地点:驿亭外,断桥边。天气:晚风、暮雨。这就是这首词的上阕,开篇便描写一片凄凉的天地。而在这偌大的天地里,一树渺小的梅兀自寂寞着。于大环境,作者选取了典型的凄苦的意象;于聚焦对象梅花,则使用拟人的修辞手法,赋予其主观情感。并且对这两者的描写并非分离,而是融合在一起,以大环境渲染、烘托小对象,不仅衬托出梅花的艰苦境遇与作者寄寓于此的孤苦之情,还使整个情境更圆融、真实。但作者绝非只为引起同情,而是为下文做铺垫。

下阕,笔锋猛转,从怨艾彷徨转向正气凛然。作者以梅花的视角与口吻,十个字便将孤寂转为孤傲。这树瘦小的梅花,竟以一种不羁的姿态脱离了这场局,于是能站到高处去蔑视群雄;以命为注,抱香而终。

有人评价下阕是欲扬先抑,有扛鼎之力,振起全篇,将前番一切的凄苦、衰颓、悲凉都一扫而空。诚然,上阕所有的苦难最终都成为信仰之坚定的证明,成为信仰更加值得敬佩的证明。

整首词很显然作者是托物言志,苦境喻南宋动荡黑暗的政坛,群芳喻一众媚上官吏,孤梅喻坚持高洁操守的自己。然而,词中梅花洒脱地脱离了竞争,作者自己却一生陷于局中。此处选取陆游三段人生经历:

淳熙二年(1175年),范成大调至成都,举荐陆游,二人以文会友,成为莫逆之交。南宋主和势力诋毁陆游"不拘礼法""燕饮颓放",范成大迫于压力,将陆游免职。陆游自号"放翁",进行反击。两年后范

成大奉召还京,陆游送至眉州,恳请范成大回朝后劝皇帝"先取关中次河北""早为神州清虏尘"。

绍熙五年(1194年),韩侂胄身为赵扩妻韩氏的叔父,把持朝政,独揽大权,贬朱熹、斥理学、兴"庆元党禁",专权跋扈,陆游特为此写诗谴责韩侂胄。嘉泰二年(1202年),陆游被罢官十三年后,朝廷诏陆游入京编修国史,其间因韩侂胄主张北伐,陆游大力赞扬和支持,给予种种合作,并应韩侂胄之请,为其作记题诗,勉励韩侂胄抗击外侮,为国立功。

嘉泰三年(1203年)四月,国史编撰完成,陆游回到故乡山阴,时年七十九岁。后来辛弃疾拜访,二人促膝长谈,共论国事。次年辛弃疾奉召入朝,陆游作诗送别,勉励他为国效命,协助韩侂胄谨慎用兵,早日实现复国大计。

他想要的一直很单纯。从头到尾,只是"抗争"两个字。无论是谁,无论他们曾经做了什么,对自己有无恩怨,只要是将进入朝廷的,他就拉住他们,嘱咐抗外复国;只要是朝廷中主战的,他就歌颂题记。毫无掩饰,立场鲜明。

一辈子都在雄图,于是一辈子都在苦恨;一辈子都在进谏上疏,于是一辈子都在被罢免和被召回,于是一辈子都在迁徙跋涉——这是一条走不到头的回环路。那个把北伐、收复从青丝喊到白发的人,那个忙碌奔走一生的人,那个"死去元知万事空"的人,收尾是一句"家祭无忘告乃翁"。南宋的楼不是一天塌的,是一节一节把还死命扛着楼的人压进地里去的。由于篇幅限制,为总览陆游坎坷生平,此处作成偶句,多有不工,贻笑大方:

张浚有志,李邵不睦;符离一败,和声嚣上。务观献策,谏浚北伐志恢复;小人进谗,免游官职说是非。四载赋闲征夔任,千里逆流入蜀成。王炎驻郑,召为干办公事;务观欣往,作成平绒大策。朝廷终免北伐,幕府如散秋蓬。骑驴入川,虞允文荐而寻亡;以文会友,范成大泪而相别。可笑奚我以颓放,何苦讥我以风月。暂栖白塔大明寺,又耕草堂浣花溪。末了故土陋舍里,嘱儿应须记。

讲及此,在怨艾南宋这块涸裂的土壤的同时,也应庆幸:

——正是这样的土壤中,这样的驿站外,这样的断桥边,才能开出这样一树碾作尘泥,香仍如故的梅花。

——不如终焉,终难归去;揖谢风雨,成我放翁。

 徐宇松

醉花阴
李清照

薄雾浓云愁永昼,瑞脑消金兽。佳节又重阳,玉枕纱厨,半夜凉初透。
东篱把酒黄昏后,有暗香盈袖。莫道不销魂,帘卷西风,人比黄花瘦。

首先,补充李清照的写作风格,由其人生经历决定而分为两个阶段。

前期真实地反映了她的闺中生活和思想感情,题材集中于写自然风光和离别相思。

后期主要是抒发伤时念旧和怀乡悼亡的情感,表达了自己在孤独生活中的浓重哀愁、孤独和惆怅。

李清照的词作在形式上擅用白描手法,自辟蹊径,语言清丽。论词强调协律,崇尚典雅,提出词"别是一家"之说,反对以作诗文之法作词。

整体感知:李清照的词作中有哪些经典意象?

现在赏析李清照的《醉花阴》。

一、"佳节又重阳"

重阳节起源于先秦,在这一天,家人团聚,登高、赏秋、喝菊花酒。这几个

习俗行为几乎把李清照的所有经典意象都包含在其中了。写出"瑞脑消金兽"的孤独感后,马上接以一句"佳节又重阳",却是有弦外之音的,她暗示当此佳节良辰,丈夫不在身边,思念涌上心头。有诗为证:"遥知兄弟登高处,遍插茱萸少一人。"

二、"莫道不销魂,帘卷西风,人比黄花瘦"

四字有"帘卷""西风"两个意象,"西风"以凄冷、萧瑟的特点加强了词的情调气氛,"帘卷"构成室内和室外的联系。没有"帘卷","人比黄花瘦"就变成单纯比喻。有此一笔,则交代出当帘卷西风之际,词人看到帘外黄花,因物生感,迸发出了"人比黄花瘦"这样的心声。

经过作者的精心安排,此句好像电影中的一个特写镜头,形象性很强。这首词末了一个"瘦"字,归结全首词的情意,上面种种景物描写,都是为了表达这点精神,因而它确实称得上是"词眼"。以炼字来说,李清照另有《如梦令》"绿肥红瘦"之句,为人所传诵。这里"人比黄花瘦"一句,也是前人未曾说过的,有它突出的创造性。

明杨慎批点本《草堂诗余》卷一批点《醉花阴》末两句为:"凄语,怨而不怒。"

李清照论词鄙薄柳永"词语尘下",这(指"莫道"句以下)三句就是柳词"衣带渐宽终不悔,为伊消得人憔悴"之意,表示思念之深。但表达时摒绝浮花浪蕊,选择了不求浓丽、自甘素淡的菊花,既是重九即景,又象征着一种高雅的情操。以它自比,温柔蕴藉,又绝无浮薄之嫌,更能反衬出作者不同凡俗的高标逸韵。反观全词是用洗练、本色的语言,即白描的手法,写出经过艺术加工的真实日常生活图景,以显示自己的内心感情。

但我们在离别相思的氛围之下,也要感受到在金军南下的情势下,李清照对于家国兴亡、山河锦绣风光的怀念。在流离生活中她常常思念中原故乡,如《菩萨蛮》写"故乡何处是,忘了除非醉",《蝶恋花》写"空梦长安,认取长安道",都流露出她对失陷了的北方的深切怀恋;著名的慢词《永遇乐》,回忆"中州盛日"的京洛旧事;《转调满庭芳》写"芳草池塘"回忆当年的"胜景",都将过去的美好生活和今日的凄凉憔悴做对比,寄托了故国之思。

课堂现场评点

谈及中国古代的辉煌历史,我们经常会提及盛唐,而忽视了它之后这个朝代——宋。这是因为当我们以过去比较传统、保守的历史观来看待宋朝时,常常会把它定在所谓的"积弱不振"这个位置上,但从今天现代化的视角来看,我们应当抱有这样一种态度:人类能够规避战争,是一个伟大的文明。

当我们谈到北宋词的时候,能清楚地看到它有一种很奇特的对于生活的享受或者是欣赏的品位。在历史发展过程中,我们可以看到当人类不把自己的心血、精力、钱财用到战争上,而是转到文化上的时候,便可以迸发非常惊人的力量,一种正面的力量。

那么下面就来讲一讲上面几首南宋词的特点。

第一个我想讲的是陆游的词《卜算子·咏梅》。梅是这首词的主角。北宋有一位诗人非常爱梅,他叫林逋,有"梅妻鹤子"的美称。"疏影横斜水清浅,暗香浮动月黄昏"就是他的作品。宋朝这个积贫积弱的王朝,是很爱梅花的,敏感的文化人,对梅花有一种天生的钦佩感。他们借梅花来表达自己多种多样的感情,比如,爱国之志、洁身自好之类。我想讲一个题外的人物,梅妃江采萍,她是李隆基的妃子。杨玉环进宫之后,她自然失宠了,就像她的称号"梅"一样,她性格清冷疏淡,不屑于向李隆基邀宠。在这里我们可以看到性格与人生际遇之间紧密的联系。

第二个我想讲的是李清照。首先看一下她的字"清照",取自王维的名句"明月松间照,清泉石上流"。从她的名字我们就可以看出,她出生于一个世族大家,即文化氛围非常浓厚的环境中。我们在读到李清照的诗词的时候,常常可以感受到她作品中的女性气质,那种女性化的美,从《如梦令》和《醉花阴》当中就可以感受到。

第三个我想讲的是姜夔。他的作品常常涉及的是国破家亡的主题,我们把岳飞的《满江红》和姜夔的这首《扬州慢》进行对比,可以看到岳飞在词中表现的是积极抗金的态度,而姜夔避开了正面抗金,把笔墨放在写繁华逐渐变成萧条的过程上,放在让人心碎的一种转变上。

(陈凌婕)

"龙腾虎掷"的稼轩词

王晓丹

水龙吟·登建康赏心亭

楚天千里清秋,水随天去秋无际。遥岑远目,献愁供恨,玉簪螺髻。落日楼头,断鸿声里,江南游子。把吴钩看了,栏杆拍遍,无人会,登临意。

休说鲈鱼堪脍,尽西风,季鹰归未?求田问舍,怕应羞见,刘郎才气。可惜流年,忧愁风雨,树犹如此!倩何人,唤取红巾翠袖,揾英雄泪!

这首词写于作者已南归八九年,却仍是一介小官,投闲置散之际。作者登上赏心亭,极目远眺祖国的山川风物,百感交集,更加痛惜自己满怀壮志而老大无成,于是作下一首《水龙吟》。

上片大段写景。写水和天,"楚天""千里""无际",气象阔大,景色壮观。写山,"玉簪螺髻"的美景,在作者眼中却是献愁供恨的,移情及物,至于愁恨为何,也不难意会。而后"落日"喻南宋国事衰颓,"断鸿"喻作者此时虽然身处家乡但因不被看重而似"游子"的飘零身世和孤寂心境。最后是作者直抒胸臆,抒发自己报国无门、壮志难酬的悲愤。

下片直接言志。作者借用典故,有四层含义。第一层,借张翰典故抒发自己有家难归的乡思,以及对金人、对南宋朝廷的激愤。第二层,抒发自己虽有乡思之情,但于他而言,收复山河更为迫切,作者有此志向,但语中含蓄。第三

层,写作者眼看国事飘摇,时光流逝,北伐无期,心中忧惧。至此,作者的感情层层推进,发展至高潮。最后一层自然收束,与上片"无人会,登临意"相照应,写作者自伤抱负难以实现,世无知己的落寞。

总而言之,全词通过写景表达渴望建功立业,但却壮志难酬的失意与感慨,表现了强烈的爱国情怀。

词中,虽难掩失意之情,却绝不是消沉悲观。作者正值壮年,仍对未来抱有希望,仍渴望自己能够为国家做出贡献,这也正是豪放派词人的特点所在。

众所周知,辛弃疾是豪放派词人的典范,另一位便是苏轼。在此,我们做一个简单的对比。

首先谈谈相同之处。两人都是至情至性之人,他们的词中,都有着浓烈奔放的豪情,对生活的热爱、对功业执着的追求和为国家建功立业的理想。他们乐观豁达,他们满腔热血,这是两者最大的相似之处。

不同之处也着实不少。王国维曾评"东坡之词旷,稼轩之词豪"。苏轼开创了豪放词,主题基调为旷达清空,而辛弃疾则是进一步地将豪放词真正发扬光大。

写人方面。苏轼多写游仙、隐者、洒脱之士,多为自己的写照。如"人生如梦,一尊还酹江月",皆具旷达色彩。辛弃疾多写沙场点兵的将帅、英雄风姿,展现他们英勇豪迈的一面。如"坐断东南战未休"的孙权。由此可见,他们一个更为旷,一个更为豪。

写景方面。苏轼多写清风流水、疏云淡雨,意境清空,更为幽远雅致,而且也是借此表达超脱旷达之情,如"回首向来萧瑟处,归去,也无风雨也无晴"。辛弃疾则多写飞腾壮阔的景物,尤其擅长写塞外风光,往往有很浓重的沙尘味,以借此表达自己渴望征战沙场的理想。

怀古方面。苏轼往往是悲人以抒怀,真切地向往隐逸生活,太平盛世。而辛弃疾更多的是悲人以抒愤,抒发对现实不平际遇的愤慨,写自己的进取与抗争,多执着于现实的苦难。

另外,表现手法上,苏轼以诗为词,善用夸张、比喻等手法;辛弃疾以文为词,多用典故。

大致的异同便体现在以上几点。

比较阅读作为一种很好的学习方法,通过将不熟悉的与较为熟悉的进行对比,可以帮助我们初步加深对不熟悉事物的印象,事半功倍。

附:板书

苏 ——— 辛
清空　　苍茫
儒士　　武将
抒怀　　抒愤
浪漫　　现实
以诗为词　以文为词

 陈沐州

菩萨蛮·书江西造口壁

郁孤台下清江水,中间多少行人泪。西北望长安,可怜无数山。

青山遮不住,毕竟东流去。江晚正愁余,山深闻鹧鸪。

同学们好,今天要讲的是宋词创作中取得较高成就的一位词人——辛弃疾。幼安词之主题,一言以蔽之:爱国。如果不了解其中的典故,必然不能把握这首词中的思想情感。

首先,我们来了解一下这首词的创作背景。

本词作于公元1176年宋孝宗年间,作者时任江西提点刑狱,驻节赣州,此词为其途经造口时所作。

关于此词之发端,罗大经《鹤林玉露》中写道:"盖南渡之初,虏人追隆祐太后御舟至造口,不及而还。幼安自此起兴。"虏人,金兵也;隆祐太后,高宗之伯母也。《宋史》载:建炎三年(1129年),"会防秋迫,命刘宁……卫太后往洪

州……闰八月,金兵大举南侵。十月,西路金兵自黄州渡江,直奔洪州追隆祐太后","金人追急,太后乘舟夜行","隆祐太后被追至造口时情势危急,以致舍舟以农夫肩舆而行"。其逃亡之落魄可见一斑。靖康二年(1127年),北宋灭亡之际,隆祐以废后幸免,垂帘听政,迎立康王,是为高宗。有人请立皇太子,拒之曰:"今强敌在外,我以妇人抱三岁小儿听政,将何以令天下?"故世称隆祐:"国事有变,必此人当之。"

当时辛弃疾南归十余年,来到造口,俯瞰不舍昼夜流逝而去的江水,思绪也波澜起伏,绵延不绝。

这首词的特点之一是运用了比兴的修辞手法,抒发极深沉之爱国情思,是为"词中瑰宝"。

上阕以"郁孤台下清江水"起笔横绝。郁孤台因"隆阜郁然,孤起平地数丈"得名。"郁"有郁勃、沉郁之意,"孤"有巍巍独立之感,"郁孤台"三字劈面便凸起一座郁然孤峙之高台。词人调动此三字打头阵,显然有满腔磅礴之激愤,势不能不用此突兀之笔也。进而写出台下之一江清流,词境遂从百余里外之郁孤台顺势收至眼前之造口,描写收放自如有张力。

"行人泪"三字,直点造口当年事。词人身临隆祐太后被追之地,痛感国脉如缕之危,愤金兵之猖狂,羞国耻之未雪,乃将满怀之悲愤,化为此悲凉之句。在词人之心魂中,此一江流水,竟为行人流不尽之伤心泪。行人泪意蕴深广,不必专言隆祐。在建炎年间四海南奔之际,自中原至江淮而江南,不知有多少行人流下伤心泪。由此想来,便觉隆祐被追至造口,又正是那一存亡危急之秋之象征。无疑此一江行人泪中,也有词人之悲泪。

"西北"写出长安之高远。然望不见,境界遂一变而为具有封闭式之意味,顿挫极有力。后虽暗用李勉登郁孤台望阙之故事,却写出自己之满怀忠愤。

"青山遮不住,毕竟东流去。"赣江北流,此言东流,词人写胸怀,正不必拘泥。无数青山虽可遮住长安,但终究遮不住江水东流。下阕换头写眼前景,若言有寄托,则似难以指实。若言无寄托,则"遮不住"与"毕竟"二语,又明显带有感情色彩。周济《宋四家词选》中写道:"借水怨山。"可谓具眼。此词句句不离山水。试体味"遮不住"三字,将青山周匝围堵之感一笔推去,"毕竟"二字更见深沉有力。反观上阕，清江水既为行人泪之象喻，则东流去之江水如有所喻，当喻祖国一方。无数青山，词人既叹其遮住长安，更道出其遮不住东流，则其所喻当指敌人。在词人潜意识中，当并指投降派。"东流去"三字尤可体味。

杜甫《长江二首》云："朝宗人共挹，盗贼尔谁尊？""浩浩终不息，乃知东极临。众流归海意，万国奉君心。"由此可知词人写东流之江水必言寄托，则换头托意，以江水东流喻正义所向也。然而时局并不乐观，词人心情并不轻松。

白居易《山鹧鸪》："啼到晓，唯能愁北人，南人惯闻如不闻。"鹧鸪声声，是呼唤词人莫忘南归之怀抱，还是勾起其志业未就之忠愤，或如山那畔中原父老同胞之哀告，实难做一指实。但结笔写出一怀愁苦则可断言。而此一怀愁苦，实朝廷一味妥协，中原久未光复有以致之，亦可断言。

此词抒发对建炎年间国事艰危之沉痛追怀，对靖康以来失去国土之深情萦念，故此一习用已久隐写儿女柔情之小令，竟为南宋爱国精神深沉凝聚之绝唱。词中运用比兴手法，以眼前景道心上事，达到比兴传统意内言外之极高境界。其眼前景不过是清江水、无数山，心上事则包举家国之悲今昔之感种种意念，而一并托诸眼前景写出。显有寄托，又难以一一指实。但其主要寓托则可体认，其一怀襟抱亦可领会。此种以全幅意境寓写整个襟抱、运用比兴寄托又未必一一指实之艺术造诣，实为中国美学理想之一体现。全词一片神行又潜气内转，兼有神理高绝与沉郁顿挫之美，在词史上完全可与李太白同调词相媲美。

辛弃疾追求的就是这样的社会，然这样的时代，他，怎么也望不见。

 戴汀屿

丑奴儿·书博山道中壁

少年不识愁滋味，爱上层楼。爱上层楼，为赋新词强说愁。

而今识尽愁滋味，欲说还休。欲说还休，却道"天凉好个秋"！

一、引　入

陆游曾经写过："人人解说悲秋事,不似诗人彻底知。"悲凉中又颇带点自得。其他诗人写秋愁,有写景的——"碧云天,黄叶地",有写人的——"人比黄花瘦",有直接写情的——"多少泪珠无限恨"……说也说不尽,说也说不完。《丑奴儿·书博山道中壁》中,词人辛弃疾用"天凉好个秋"一言以蔽之,意蕴却深,尽写秋愁。今天,我们就来讲讲这首《丑奴儿》,讲讲辛弃疾,讲讲那道也道不尽的愁。

二、"愁"

（一）如何写愁

先谈谈本词的写法。词上片描绘出少年涉世未深却故作深沉的情态,下片写出满腹愁苦却无处倾诉的抑郁,体现了两种截然不同的思想情感的变化。在艺术手法上,"少年"是宾,"而今"是主,以昔衬今,以有写无,写作手法也很巧妙,突出渲染一个"愁"字,并以此为线索层层铺展,感情真挚委婉,言浅而意深,将词人大半生的经历感受高度概括出来,有强烈的艺术效果。夏承焘评价："这是一种高妙的抒情法。深沉的感情用平淡的语言来表达。"张碧波道："这首词写得委婉蕴藉,含而不露,别具一格。"

（二）愁些个啥

虽然我讲了不少本词的艺术手法,但可能同学们仍有"不知道你在说什么,但听起来很厉害"之感,大抵是因为不知道词人愁的到底是什么。接下来,我给出辛弃疾的几个人生情境,由同学们来替辛弃疾把愁说出来。

情境一：山河破碎

公元1140年,金人进犯,朝廷偏安,烽火四起,满目疮痍。这一年,辛弃疾生于中原沦陷区。祖父辛赞因为家累众多,只能留在沦陷的家乡。辛弃疾生于也长于沦陷区,所以亲见了金人的凶残,更亲历了战乱给人民带来的苦难。

情境二:报国无门

正因为亲见了山河破碎,辛弃疾特别爱国家、爱百姓。青年的他,不论在何处为官,总能干出一番政绩。一方面不停地上书唠叨(《美芹十论》),一方面抓地方实干练兵。他在湖南任安抚使时还创办了一支两千五百人的"飞虎军"。因为他的激进,朝廷怕他、烦他、忌用他。他作为南宋臣民共生活了四十年,倒有近二十年的时间被闲置一旁,而在断断续续被使用的二十余年时间里又有三十七次频繁调动。

情境三:余恨未了

根据课本上的注释,《丑奴儿》写于辛弃疾居上饶带湖时,这实则是他被弹劾去职之时。评论家们说辛词包罗万象,能豪放也能婉约,不少婉约词便出于这段时期。比如"带湖吾甚爱,千丈翠奁开""同盟鸥鹭""凿个池儿,唤个月儿来"。词中所现的辛弃疾真如赤子,让人生疑,似乎他忘了什么失地之悲、爱国之切。但真是这样吗?辛弃疾曾写过这样的吉庆上梁文——"直使便为江海客,也应忧国愿年丰""家本秦人真将种,不妨卖剑买锄犁",无不透露出内心沉重的遗憾。

总结:辛弃疾其人,词人本色是武人,武人本色是政人。他一生最想做的事始终没有完成。有人对辛词提出了"一本万殊"的概念。其中万殊,指的是多种表现形式。一本,就我个人看来,则是辛弃疾一生未了的心病——"金瓯缺,月未圆,山河碎,心不安",这构成了辛词中永恒的主题。正是在这种不可排解的浓愁重恨之下,辛弃疾被修炼得连叹一口气,也是一首好词了。

(三)愁外之思

虽然以上我们漫谈辛弃疾的愁之深,恨之重,但辛弃疾在历史上留下的绝不是一张苦瓜脸,而是纵横千年的豪气。再看"天凉好个秋"一句,将秋写得清爽明澈,显出豁然达观。我想,这便是辛弃疾的人生境界。当他的痛苦是深刻的时,其快乐也才是深刻的。将个人的小愁与更宏大的国家之愁、济世之志相结合,他才能流芳百世。所以,历北宋南宋三百年之盛衰动荡,才产生了一个辛弃疾!

也许这节课下课,你们不再记得拗口的鉴赏术语,也记不清辛弃疾的一生坎坷,莫怕。我只希望大家学会这一点愁外之思,在遇到生活小愁之时,能想到天地间还有一个辛弃疾遥遥地伫立在前头,习得那份豪气,便也可对着窗外的寒冬慨叹:"天冷好个冬啊!"

三、结　语

辛弃疾其人,无论是人生阅历还是诗词作品,可讲的太多。这便是当我看到《丑奴儿》一词时诧异的原因。课后点评的同学表示佩服我能把这首词讲出这么多东西来,或许这便是我的目的。前人将人生体悟凝练,我们解开,这既是语文素养和能力的体现,更是一种生而为人的责任感。感慨前人之伟大的同时,更应该积极自省,努力感受生活,给世界带来更进一步的东西。可以说,历史就是这样前进的。这是我们要在语文课上所做的事,语文课应该有这样的力量。

附:板书

```
              如何写愁
                        ┌ 山河破碎
     愁      愁些个啥 ┤ 报国无门
                        └ 余恨未了
              一本万殊
```

课堂现场评点

做点评的好处,便是可以一览大局,看到一个完整的词人。教材所选的四首，可以说是基本涵盖了稼轩词深厚内涵的主要方面。它们大致可以被分为三个主题。

《菩萨蛮》与《水龙吟》，是望残山剩水感叹国破家亡。我想对教材上一个被一带而过的注解进行一点补充："江南游子"，教材上解释为"客游江南的人，指诗人自己"。浮光掠影地看看读读，是理解不了其中的深意的——辛弃疾怎么是客游江南的人？他算是南宋生的第二代人，比李清照晚了半个世纪以上，出生时北方就已沦陷于金人之手。而他坚持不把南方当作自己的家乡。他是一个不甘心做南方人的南方人，而这种不甘贯穿了他的词句，使其充满了一种对北方的豪迈与辽阔的向往。但是南宋的背景又为这一分豪放增添了没有国、没有家和永远流浪在路上的凄凉。正因为如此，这两首词中所表现的景象，全部都是辽阔肃杀的大场面。

《水龙吟》中还有另一个注解值得我们注意："休说鲈鱼堪脍，尽西风季鹰归未。"这里用到了张季鹰的典故。张季鹰这样一个隐士形象，一般在我们眼中都是正面的，高洁洒脱，值得我们敬仰赞美。然而辛弃疾偏不认同。他想，一个有志向的人，怎能做这般求田问舍之事？作为主战派，在南宋的一再退让、安于现状与不思复国这样一个大背景中，他感到自己的信念变得荒谬——为什么你们一再求和，难道我们不应该收复陷落的国土吗？是我错了吗？他迷茫了，词句也愈发悲壮。

我们再看《青玉案》。不同于以上两首，它表现出了辛弃疾最深情、最委婉的一面。词中描绘的流光溢彩的盛景与其人生经历有着密切关联。辛弃疾的一生还算平坦，从未陷入任何政治冤狱中，晚年非常富有，是个大地主，搞了个大庄园，养了很多侠客。他在文学世界中完成了现实中无法完成的志向。这种贵族豪气为词中的流光溢彩奠基。而"众里寻他千百度"一句，作为王国维境界说的"第三重境界"，是十分著名的。我非常惊讶竟没有人选择讲这首，大概是其中的感情太难以捉摸。这首词令我想到木心的一句话："我所遇到的生命，都只是行过，无所谓完成。"生命是不存在一个结果的，故事的结局也并不是我终于找到了那个人，而是在千百次的寻觅中，知道有一个人就在未来的某一处等待自己。为了生命许诺给你的这个时刻，之前一切的付出都是值得的。

最后想提一下《丑奴儿》。我十分佩服戴汀屿能讲那么久，在我看来这首词大抵只能悟，或者根本不用悟，到了岁数自然明白。它非常口语化，为了讲这个内容，辛弃疾可以不管形式。我说它是"说最简单的话，讲最深刻的道理"。这个道理是越解释越讲不清，不如就说天凉了，你们自个儿去慢慢体会吧！

（陆思文）

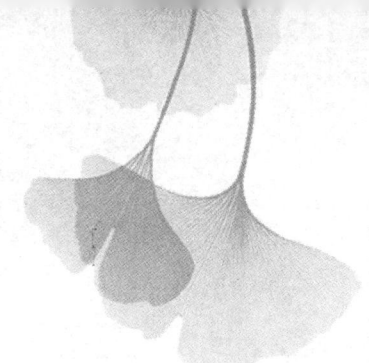

专题三 《红楼》《三国》面面观

此时·众生

——谈命运的均值回归

青埂峰下,一僧一道告诫一灵性已通、凡心正炽的顽石:"凡间之事,美中不足,好事多磨,乐极悲生,人非物换,到头一梦,万境归空,你还去吗?"顽石曰:"我要去。"

宇宙洪荒,众生渺小。岁月悠悠,开辟鸿蒙,谁为情种?

亿万年前那补天无用之顽石,今生终得以走出曹雪芹祖父曹寅的鹊玉轩,转世成了通灵宝玉。

而那三生石畔的绛珠草,竟也毅然投身凡间,用今生所有的眼泪报答神瑛侍者的灌溉之恩。

《白先勇细说红楼》中说:"曹雪芹是用一个宇宙性、神话性的东西来说这个'情'字,'情'字还不够,还有'情根',情一生根,就麻烦了!《牡丹亭》里面有句话,'情根一点是无生债',情一生根以后这个债就还不完了。"

"假作真时真亦假,无为有时有还无。"

命运是如此古怪无常,又彼此相关相连。

青埂峰下这块灵石,后来就变成贾宝玉了。三万六千五百块石头用来补天,剩下的这一块使命更大,它要去补情天。情天难补,他得堕入红尘,经过许许多多情的考验,最后又回到原来的地方,一生历此一劫。

在《红楼梦》中,林黛玉把今生所有的眼泪都还给了贾宝玉。这还泪之说,比历来风月故事有着更加细腻且耐人寻味的美丽。

我们把这种美丽称为"命运"。如果宝黛二人的爱恨悲欢是命运的安排,那么一切情缘之根源就是顽石与绛珠草的转世，可称之为"命运的回归"。

每个人来到这个世上，同样是历劫，也是走一趟，也是经历红楼一梦。

你以为你看到了爱情，其实那都是命运。"无材可去补苍天"是命运，"枉入红尘若许年"亦是命运；因空见色、由色生情是命运，传情入色、自色悟空亦是命运……

经典是历久弥坚的，它道出了一个行走人间、亘古如一的道理：枯荣随缘，遇合尽兴，聚散有时，自有命运蛰伏，对此时，亦对众生。与我们只能走到自己生命的尽头不同，它可以走过数世，得到人们百转千回的疼惜。

陆游曾说"死去元知万事空"，有种洞穿生命本质的冷峻与悲凉，是大智慧。但至少我还是愿意相信命运的存在。

《红楼梦》中还有一个情节：刘姥姥带着外孙板儿在大观园游玩，王熙凤的女儿巧姐抱着一个大柚子，忽见板儿抱着一个佛手，便想要。丫鬟哄她去取，巧姐等不得，便哭了。众人忙把柚子给了板儿，将板儿的佛手哄过来给她才罢。板儿见这个柚子好玩，也就不要佛手了。

两个孩子在那边天真无邪地玩耍。一个是公侯豪门的千金，一个是穷苦农家的小子，悬殊的命运在这里偶然交会，脂砚斋认为这一段是"小儿常情，遂成千里伏线"，在经济学上，也有同样一条伏线——"均值回归线"。

达尔文的表弟弗朗西斯·高尔顿是维多利亚时代的一位博学家，他广泛涉猎，好奇心重。他注意到天才音乐家、艺术家、科学家的天分远高于平均水平，但是，他们孩子的天分却接近平均水平。他还发现，在很多类型的系统中，一个异常的结果后将会紧跟着出现一个接近平均值的结果，这被称为"均值回归"。

这种规律古今中外皆然。

同样，财富的多寡也有一条平均线，当一个家族的富裕程度离中轴线很远时，也有很强烈的动机回到均值。"富不过三代""金满箱，银满箱，转眼乞丐人皆谤"所揭示的不是人生的"布朗运动"，而是回归平均值的普遍规律。

所以当贾家树倒猢狲散后，竟是刘姥姥救了巧姐。后来巧姐嫁给板儿，成为一个普通的农妇。

板儿和巧姐正愉快地玩耍着,均值回归的力量在十几年后,再次将他们拉到一起,不过我们喜欢把这种力量称为"命运"。

　　也许,生命本该平淡如水,无论曾经山穷水尽还是冠绝一时。

　　这让我不禁联想到电影《大话西游》,它因为刻意的桥段和经典的无厘头风格让人大笑不止。十年后重温,看到朱茵身披嫁衣,令无数人泪湿眼眶。如今,熟悉的台词和剧情再次浮现,忽然就怔住了。

　　一部流行电影,居然也能被解读二十年。当初,我们以为在电影里读懂了爱情,眼下恍然惊觉,说到底,不过是与命运的和解。人的一生,未必只爱一个人,却只能和一个人走到最后。太多人潸然泪下,是因为理想爱情的陨灭和人世离合的蹉跎,至尊宝在紫霞与白晶晶之间,谁也没有得到;更是因为铅华洗尽、度尽劫波,只剩下漫漫黄沙、西天征途……

　　看着至尊宝渺小的背影,内心反倒生出由衷的平和。

　　我想,任何经典的再度走红,并不是因为年轻一代开始懂得怀旧了,其实是曾经莽撞的少年开始懂得:一生所爱都是敢爱敢恨的少年游,理想的阴影下,才暗藏着生活的本质。生亦何欢,死亦何苦,唯有珍惜当下,努力前行而已。

　　笑与泪藏在同一个寓言里,答案留给时间,留给众生。

　　这也是属于经典的命运均值回归。

　　"由来同一梦,休笑世人痴。"又不知过了几世几劫,那空空道人果然看见曹雪芹先生正在悼红轩内翻阅历来的古史。鹊玉轩变成了悼红轩,不变的是命运。红楼一梦,是曹雪芹的梦中泪。

　　还记得加缪在《西西弗的神话》中这样写道:"活着,带着世界赋予我们的裂痕去生活,用残损的手掌抚平彼此的创痕,固执地迎向幸福。因为没有一种命运是对众生的惩罚,而只要竭尽全力就应该是幸福的。拥抱当下的光明,不寄希望于空渺的乌托邦,振奋昂扬,因为生存本身就是对荒诞最有力的反抗。"这不正是对命运均值回归的最佳态度吗?

(周乐陶)

《红楼梦》中的真性情

在《红楼梦》第二回中,贾雨村和冷子兴两人谈到了贾府。当冷子兴笑说贾宝玉顽劣异常,是个色鬼时,贾雨村却立即反驳,并提出了这样一个观点:"天地生人,除大仁大恶,余者皆无大异。"这就是说,世界上除了正邪两种人之外,还有另一种人,"上则不能为仁人为君子,下亦不能为大凶大恶",正是"成则公侯,败则贼"。接着,我们的雨村兄就举了一堆人作为例子。"许由、陶潜、阮籍、嵇康、刘伶、王谢二族、顾虎头、陈后主、唐明皇、宋徽宗、刘庭芝、温飞卿、米南宫、石曼卿、柳耆卿、秦少游、倪云林、唐伯虎……"从魏晋到唐宋,从皇帝到布衣,许多性格各异的名士奇人都列于其中。大家看到这一大串名字时可能都是草草带过,但今天我们就来看看,《红楼梦》里为什么要讲这些名字。

首先是许由。许由是尧舜时期的贤人,"颖水洗耳"的典故说的就是他隐居山林不愿出仕的故事。陶潜大家都熟悉,种豆南山下,为自己而活。接下来的几个都是"竹林七贤"里的人物,阮籍、嵇康是代表人物,他们不拘礼法,特立独行;还有刘伶,也是"竹林七贤"之一,他嗜酒伴狂,任性放浪,著有《酒德颂》,有个小故事也反映了他的放浪形骸,有一次客人到他家中,发现他没穿衣服,便责怪他,结果他说:"我以天地为宅舍,以屋室为衣裤,你们为何入我裤中?"

接下来的许多我就不一一介绍了,我们可以发现,作者列举的这些人,无不是抗拒着时代的压力,活出了真性情,活出了生命的价值。在封建时代,作者竟然为离经叛道的狂人隐士、奇优名倡正名,其创作《红楼梦》的意图可见一斑。这时再读《红楼》,就会发现贾宝玉其实就是这样的人——他既不是圣人君子,也不算大凶大恶,他只是保持了个人的真性情而已。所谓真性情,就是不虚伪、不矫饰，是人与生俱来的最真实的生存状态。他喜欢女子，深爱黛玉，厌恶封建礼教，怜爱自然生命，这些都是他真性情的流露。而他喜欢的黛玉，也正是一个力图摆脱封建束缚和追求自由的女性。她的价值观、人生追求与宝玉极为相似，因此两人情投意合、惺惺相惜，只可惜时代决定了他们的故事只能是悲剧。

当然，我们不能说只有宝玉、黛玉有真性情，其他女子如宝钗、探春就是封建社会的牺牲品，毫无个人价值。只是在那个时代里，人们被三纲五常等封建礼教所束缚，人生目标与追名逐利难解难分。即使不利欲熏心，也难有人身自由，难以保持真性情。作者写这些人物，与其说是要批判一些人，不如说是要赞颂另一些人，要唱一曲个人真性情的悲歌。《红楼梦》里有这样的主人公，为所有想要活出自己的人树立了榜样。作者要告诉我们的是，像贾宝玉这样的颠覆传统的人，在那时虽被视为孽障，"天下无能第一，古今不肖无双"，但其体现的自由精神是如此可贵，其生命的价值也是如此重大。正所谓"古者富贵而名磨灭，不可胜记，唯俶傥非常之人称焉"。在时代的洪流中，想要保持真性情而不被湮没，实在难能可贵。

（平运开）

浅析《红楼梦》中的服装

在《红楼梦》中，各个人物的出场都必定会提到一句或多句对服饰的描写，在之后的情节中，作者也是将服饰文化完美地融入了进去，做到从服饰看人，重人的外表，也重人的内心。

今日暂从王熙凤一隅窥探其中的奥秘。

要说王熙凤的闪亮出场是在第三回。黛玉进贾府，老夫人在给黛玉介绍家中各人，过了好会，只听到爽朗的笑声传来，这时王熙凤出场了。作为贾家的管家奶奶，其装扮自然不同一般，而她姗姗来迟的原因也是为黛玉的到来去认真打扮了一番。这里且说黛玉眼中的王熙凤，"这个人的打扮与众姑娘不同：彩绣辉煌，恍若神妃仙子。头上戴着金丝八宝攒珠髻，绾着朝阳五凤挂珠钗；项上带着赤金盘螭璎珞圈；裙边系着豆绿宫绦双衡比目玫瑰佩；身上穿着缕金百蝶穿花大红洋锻窄裉袄，外罩五彩刻丝石青银鼠褂；下着翡翠撒花洋绉裙。一双丹凤三角眼，两弯柳叶吊梢眉，身量苗条，体格风骚。粉面含春威不露，丹唇未启笑先闻"。在这里把服饰工艺上的很多优良工艺及其复杂性都提及了，服饰的整体色调"彩绣辉煌"，以金色为主，显示出她的富贵与奢侈，暗示了她在贾府中的显赫地位和咄咄逼人的好强性格，表现了她的虚荣和贪婪。服饰色彩鲜艳庞杂、装饰繁多，令人眼花缭乱，在折射出她志得意满的心态的同时，也暴露了她文化修养的低下和庸俗的审美趣味。

她去接尤二姐时的打扮却与平日截然不同。她才下车时，"头上皆是素白银器，身上月白缎袄，青缎披风，白绫素裙"。这一番打扮格外耐人寻味，二姐是贾琏于国孝家孝之中偷娶的，她若大张旗鼓地去接，恐怕将引起贾府人的不满,素雅的服饰能遮人耳目。为了不过分招摇,让对手措手不及,也需朴素点。但她突然穿得这么素淡,未免不引起贾府人的疑惑,所以她假称到姑子庙去还愿,众人也就不会在意了。素淡的服饰使她平时咄咄逼人的虎狼之势大为收敛,令二姐放松了警惕,以为她是好人,才会上当。俗话说,"女要俏,一身孝",她想以素雅的打扮暗中与尤二姐比美。这套服饰的确令她显得非常漂亮,"俏丽若三春之桃,清洁若九秋之菊"。这些都充分显示了凤姐工于心计、争强好胜的性格特点。

出身织造世家的曹雪芹在用服饰刻画人物性格上别出心裁,耐人寻味,更凸显了这部巨著的价值!

(部分内容参考"知乎"网)

(薛李娇)

任是无情也动人

心中一直有个理想女性的形象,但直到最近,我才发现,原来《红楼梦》中就有这么一位女性,款款走来,与脑海中徘徊已久的形象相契合。她就是薛宝钗。

在众多评价之中,我最不能认同的是这么一句:"她奴隶般地信奉着封建礼教。"只一点便可反驳,薛宝钗同样看过禁书《西厢记》。

薛宝钗是个聪明的女人。她的聪明在于处事淡然、豁达大度、圆滑隐忍、深明大义,但很多人会觉得她世故无情、虚伪奸险,而我却恰恰认为,她身上具有强烈的现代感,若活在当下,同样是位出色的女性。

有种人,天生带有亲和力,同时也有意识地去处理与各色人的关系。贾府就是一个浓缩的小型社会,周旋其中,不比在职场上打拼容易。在宝钗十五岁生日时,贾母亲自过问操办,问她想吃什么、玩什么、看什么戏,她都掂掇着贾母的心思,投其所好地答出来,点些甜烂食品、热闹戏文,哄得贾母很高兴。有人就要说了,这是拍马屁,逢迎溜须。而我觉得,一个十五岁的少女若是毫不顾忌他人感受,只由着自己的性子点一大堆酸辣食品,再选几支文辞深雅、曲调幽怨的戏目,一来气氛不像过生日,二来只顾自己开心,未免有点轻浮小孩子气。过生日,本就是图个热闹开心,又不光是看戏、吃东西,自己的喜好没有那么重要,反倒是营造的和谐、其乐融融的氛围,让人喜悦难忘,我觉得这才是过生日的意义。宝钗所为,完全符合当时十五岁少女应有的成熟稳重的心理气质,就是放在现在,试着去体谅顾及他人,而不以自我为中心也是每个人成长的必经之路。

金钏事件也常常为人所诟病,说宝钗冷酷无情。而我却认为"任是无情也动人"。况且,纵观宝钗对金钏之死和对柳湘莲与薛蟠之间事情的态度,可见宝钗是个注重生者的人。属于那种人家活着的时候好好待人家,人家死后就淡然释怀的人。在金钏事件中,宝钗未必了解具体情况,也未必和金钏亲近到为她悲痛的程度。面对一位长辈的自责,她所能做的便是安慰王夫人,并且,叫王夫人多给些补偿,用自己的衣服做装殓,办实事,可不比那些不闻不问的人"有情"多了?那些为了宝钗的劝解话语而拼命抨击她的人,估计也赞同在父母活着的时候不理不问,在父母死后大办丧事、哭哭啼啼。说宝钗虚伪、不尊重生命,简直是恶狠狠地打了自己一耳光,还认为自己的牌坊立得很高洁。

"会做人"是宝钗的性格特点,与她"温柔敦厚"的外表特征相契合。很多人觉得她太世故、太有心计,而在我看来世故与心计并不是缺点,相反,而是其智慧的一部分。很多人也说刘姥姥世故圆滑,讨好大观园里的众人,而这恰是其大智若愚的智慧。她们的世故与心计并不是时时刻刻去算计别人,而是去寻求一种更好的姿态屹立于世,屹立在那个风雨飘摇的年代,让自己与他人少一些争吵与恼怒,多一些宽心与和谐,这种世故与心计,在当代社会,也同样适用。读透人世这部大书,方可收获智慧之果。

明世故,谙世俗,情谊仁义可兼顾,忠诚孝道两不误。

这即是薛宝钗,一个我亦爱亦敬的女子。

(夏雨桐)

幽窗画堂曲,终负缓归程

我读《红楼》,如管中窥豹,像伸手探进冷热未均的水中,温情浮泛之时,于细微处便感到彻骨寒凉。

一、宝玉之"情不情"

宝玉是公认的熨帖之人。晴雯挂"绛云轩"手冷,宝玉为她暖手,袭人发了烧,宝玉一点点喂药给她喝,金钏死后一年,所有人几乎都忘了这个人,宝玉还在祭日那天特意出园为她上香。刘姥姥二进大观园时,讲的茗玉小姐的故事,听到茗玉死后魂魄还经常出来抽柴,他特意让小厮去找庙,供奉那位小姐的像……

宝玉的这些做法,与喜新厌旧的贾琏相比,他是有情的。

但当金钏儿遭到王夫人的斥责,羞愤交加之时,他没敢在王夫人面前说一句话,而是偷偷溜出,留下百口莫辩、欲死无地的金钏儿;下雨天淋了雨,丫头开门开晚了,宝玉不分青红皂白,直接飞起一脚踹过去;没有喝上自己喜欢的茶,他一盏泼翻,赶走了毫无过错的茜雪……这些地方足以看出宝玉的无情,令人怀疑他是不是真的怜惜女儿家。

最令人叹息的是,《好了歌》中"昨日黄土垄头送白骨,今宵红纱帐底卧鸳鸯",不敢想象宝玉是否在头天埋葬了黛玉的尸骨之后,第二天就娶了宝钗,如胶似漆成了一对卧眠鸳鸯。

有情是他,无情也是他。

曹公笔墨如此，肤浅来看，不过言自古纨绔子弟徒有其表，怜香惜玉难掩薄情之本。而更深婉的口吻，是想要点醒"梦"中人。世上一切情分，随缘聚，随缘散，变幻无常。也恰似历史规则，盛衰看似无凭，实际上冥冥之中，从开始就注定了结局。

个人生死如此，家族荣辱如此，国家兴亡亦如此，都是如此难逃定数。当一切都成过眼云烟，能做的，恐怕只剩下痴人说梦了。

古往今来，多少人耽溺于这轮回终定。又有多少人，不甘万般云烟，于命海中苦苦漂泊。

二、一报还一报

第十二回，贾瑞图谋对凤姐不轨，凤姐干脆来个请君入瓮，半夜把贾瑞叫出来，设计戏弄他。又是挨冻，又是泼粪，贾瑞回府，气急交加，一病不起。大夫来看，说要用上好人参做"独参汤"，家里吃不起，只能来求荣国府。

王夫人让凤姐去找些人参来，"凤姐听了，也不遣人去寻，只得将些渣末泡须凑了几钱，命人送去，说是太太送来了，再也没了。然后回王夫人，只说都寻了来，共凑了有二两送去"。

到了七十七回，凤姐身体支持不住，请了大夫来看。大夫开了调经养荣丸，需要用二两上等人参配药。"王夫人取时，翻寻了半日，只向小匣内寻了几枝簪挺粗细的。王夫人看了嫌不好，命再找去，又找了一大包须末出来。"

又是人参，又是二两，又是须末。

不由得使人想起天道轮回，该来的总会来。

难道只在凤姐吗？

每一个人都是如此。金钏儿与宝玉谑笑时说的那句俏皮话，"金簪子落在井里头，有你的只是你的"，当她闭眼沉没在冰冷的井水之中时，那一句话，会像羽毛从心尖轻轻掠过吧。

三、曲终人将散

《红楼梦》十一回"庆寿辰宁府排家宴",凤姐儿在邢、王二夫人前告了坐,又在尤氏的母亲前周旋了一遍,仍同尤氏坐在一桌上吃酒听戏。尤氏叫拿戏单来,让凤姐儿点戏,凤姐儿说道:"太太们在这里,我如何敢点!"邢夫人、王夫人说道:"我们和亲家太太都点了好几出了,你点两出好的我们听。"凤姐儿立起身来答应了一声,方接过戏单,从头一看,点了一出《还魂》,一出《弹词》,递过戏单去,说:"现在唱的这《双官诰》唱完了,再唱这两出,也就是时候了。"

这三出戏,一写极盛,一写复苏,一写败落。《弹词》所描绘的破落局面,正悄然潜在暗潮涌流的水底,向他们缓缓涌过来。白纸黑字之间,我窥见曹公自嘲般的薄凉一笑。

"再唱这两出,也就是时候了。"

是什么时候了?

红楼中人活在一场精致的戏幕之后。她们各自的命运,如同三生石上的朱红丹砂,一笔一画刻入命轮,纵然拼力抗争,也终是更改不得。她们的言笑,她们的戏谑,她们的生离死别,她们为身不由己落下的几点痛泪。

她们像是在等待四周缓缓降临的浩大宿命。幕起幕落的弹指瞬间,以为会是整个生命从起始到终结的世界,在他们无知无觉的时候,如糖塔般融化,坍塌了。——那是一场喧闹之中终结无声的戏。

曲终人不见,江上数峰青。

(孙 漾)

谈《红楼梦》中的女性教育

《红楼梦》,一部被誉为"中国社会百科全书"的巨著,尽管不是一部教育专著,但随着国内外学者对其多年深入研究,《红楼梦》在这方面展现出一个全新的视角。曹雪芹及续者高鹗聚焦于红楼女子的"千红一窟,万艳同杯"的薄命,看似对女子教育的实况十分悲观,其实不然,作者借著作已经给女子教育的方向指明了出路。

在我看来,《红楼梦》向我们传达了男女平等的思想。人类世界以男女将人划分为两性,男女两性带有其与生俱来的性别特征,无论是身体表征还是心理活动都有所不同,各有优劣。古代社会,封建礼教蔑视女性,古代对于女性的教育无从引证,不是因为女性不如男性,而是男权统治对女性加注了太多的歧视,对于这一点,《红楼梦》横空出世,站在了时代前沿,将作者对女性教育的思想展现得淋漓尽致。

首先,让我们一同将目光转向这以女性为主题的小说主角:这些女性中有传统旧式教育培养出来的大家闺秀。例如恪守礼制的薛宝钗;也有颇显不合时宜,被灌注了前卫思想的林黛玉。不管是"传统",还是"前卫",都是曹雪芹对女性教育的审视及体现。例如书中写林如海为女儿黛玉请私塾先生,教其习字读书,这里是曹雪芹女性教育思想在书中最早的体现。黛玉初入贾府,贾母叫人去学里请姑娘们来,并传话放假一天,不必上学,两次出现的"学"字,女孩同男孩一样入学读书识字,正是曹雪芹所提倡的在性别上的教育平等。《红楼梦》中,首位出场的女性角色——甄英莲,后因被拐卖至薛家,改叫香菱,曹雪芹着重墨描写了"香菱学诗"的情节。香菱的地位不高,却奋进好学,不耻下间，她通宵夜读，此处有意将女性应与男性同样受教育的意识展现出来。书中对于这样的思想描写还有体现，在前八十回中作者曹雪芹有意着墨邢岫烟这个形象，她的出身不及贾家众位小姐亲眷高贵，可是其学识在联诗中的体现并不逊色于其他姐妹，可见曹雪芹认为女性群体无等级出身之分，主张女子也应得到良好的教育。王熙凤，贾府的当家人，贾琏的媳妇，总是有意无意地说自己是个粗人，不认字，但她每日看账本，核对礼单，以及跟着姑娘们在诗社里凑趣，还说出了"一夜北风紧"的诗句，引得众人啧啧称赞。王熙凤是贾家的媳妇，在封建时代，即使是大家小姐也只是教以针织女红，很少接触书本文字，二奶奶的言语看似粗糙，却是对情景最简洁全面的概括，可见其文墨皆通，这是女子家庭教育的隐性体现，并且也从王熙凤这处展现出了女性读书识字的最大实际作用。贾府中，除王熙凤外，还有一位年轻媳妇，就是李纨，李纨在贾家虽然辈分不高，但是由于自身经历，使其在贾府备受长辈爱怜，虽不像凤姐那样操持全家大小事务，但是同样身负教导家里还没出阁的姑娘们的重任。贾府大奶奶李纨有这样一句台词：老太太是叫我领着你们读书识字、学针线、学规矩的。就连孀居多年的贾府大奶奶，字里行间也表露出女性要同男性一样，也有权利读书识字。李纨被赋予这样崇高的思想，曹雪芹也是想借此表明无论什么样的人，无论能否学得所用，女子都要也都有权接受文化教育，作者将其对女性文化教育的重视与思想渗透在每个细节，通过不同身份、地位的角色体现出来，贯穿全书，为女性教育思想注入了崭新的血液。

再来具体看一看小说中的一些"职业女性"。中国的传统文化中凤为雄、凰为雌，而王熙凤以女子之身偏叫了凤，在掌管贾府一应事务、人事安排、人员调度、钱财出入、内外交际上，无一不是让人称赞的，在现代社会，她也必定是一位优秀的CEO（首席执行官）。通过书中的形象描写，可以看出这位"凤姐姐"精明能干，把府中老少诸人伺候得舒舒服服，做事干净利落，从未出什么差错。全书有许多这样的职业女性描写，作者将其对女性职业教育的思想寓于其中，为女性开拓了一片崭新的天地。

当然，这位二奶奶出身好、能力强，受过良好的教育，自然有好的职业前景，但是作者的思想处处先于同时代的人，营造出一个不论出身、只论能力、学识的社会氛围。贾府的首席执行官是王熙凤,董事长可是贾家位高权重的贾母,不过,再好的领导,也做不到事事亲力亲为,由此一位董事长助理——鸳鸯出现了。贾母多次有言:我就指着这个丫头了,就她对我好。贾母出此言,并不是偏心,鸳鸯作为府中最高领导者的第一助理,确实被赋予了相当的能力。高鹗所续作的后四十回中,贾母死后,鸳鸯为逃脱大老爷逼迫自己做小妾的厄运,上吊自尽。就在当晚贾府财物被盗,多为贾母生前贵重遗物,官府取证时,服侍贾母的两个丫头竟无法详细说出丢失物品,只能说这些东西鸳鸯最清楚,之前都是她管着,现在她死了,旁人也不知道。可见,《红楼梦》为女性的职业前途指明了新方向,不论出身,只要有能力,就可以造就一番自己的天地,将命运和人生的选择牢牢地掌控在自己手中。同时,更为女子职业教育树立了新典范。

当然,撇开学习工作,《红楼梦》甚至为我们带来了女性身体教育。当女性走投无路之时,唯有处决自己的身体,以身体的毁灭换取情感的救赎:黛玉为爱洒尽毕生眼泪;鸳鸯剪发自尽以抗淫威;尤三姐拔剑自刎以示清白;晴雯痛拔指甲以示恩情;妙玉带发修行苦觅知音;金钏含耻投井;尤二姐吞金自尽……对于她们来说,作践身体是对自我尊严的终极维护,她们透过对身体的自主处理向世界宣示自由的欲望和意志。当明清女性欲摆脱悲剧、实现自我时,她们的身体便以各种退缩、闭合状态作为战斗姿势,以或癫或狂、或病或亡的姿态作为申诉的武器。以一种积极的调子看,她们的方式是设法在有限的历史时空中,创造一个自在的色彩斑斓的世界,找回自我身体的"元话语"。

《红楼梦》中的女性教育思想为女子教育提供了一个全新的、超越了时代的视野,给我们的传统学习注入了无限新鲜的血液,它开阔了教育视野,为现代女子教育奠定了坚实的基础。对于女子教育,只要我们能够把当代实际情况与优秀传统思想文化有机结合起来,把教育学习与社会生活结合起来,大力构建教育资源的体系,充分发挥优秀传统思想文化的作用,真正地升华现代女性的思维深度,我们的女子教育就能借助经典文化进一步延展,发挥其真正效用。

(吴迎夏)

平儿"不平"

清代评论家涂瀛在《红楼梦论赞·平儿赞》中云:"求全人于《红楼梦》其惟平儿乎！平儿者,有色有才,而又有德者也。"

生活在现实中的人都符合一句话——金无足赤,人无完人。优秀的小说总能刻画出人物的复杂性,即塑造"圆形人物"。它和"扁平人物"相对应。中国文学史上存在不少"扁平人物",比如鲁迅先生在《中国小说史略》里谈道:"欲显刘备之长厚近似伪,状诸葛亮多智而近妖。"诚然,罗贯中的描写是精彩的,但其中弊病也是显而易见的。相反,鲁迅在《中国小说的历史变迁》中评价《红楼梦》中的人物"都是真的人物"。这里的"真"即典型化——蕴含着丰富复杂的社会因素的人的生命存在。《红楼梦》被称为"天鹅之歌",原因之一正是因为它是十八世纪中晚期社会生活的写实图景,塑造了一批栩栩如生的"圆形人物"。大大小小近四百个人物,个个形象鲜明,甚而很多人物有不小的争议。奇怪的是纵观《红楼梦》全书,很难找到对她的一丝微词,或者说作者是用"扁平人物"的方法去塑她的,那就是王熙凤光圈内的她——平儿。

平儿,"平",就是"平和、平均、平等、平衡"。

且看她的容貌衣着。对于人物,作者或着重描写其衣着(王熙凤、贾宝玉)或着重描写其眉目神态(林黛玉、香菱),或着重描写其身材(司棋、晴雯),但是对平儿,描写却异乎寻常,平儿的出场是这样的:刘姥姥见平儿遍身绫罗,插金戴银,花容玉貌……这个出场一点也不惊艳,《红楼梦》中的女子,哪个不是插金戴银、花容玉貌？对平儿这样一个重要的人物竟没有半点有特色的着意刻画。可仔细一想,"平"就是她的特色,没有特别之处就是她的特点。平儿的特色从无特色中来，其为人也如春风拂面，非常舒服。

平儿的为人处世符合中国传统儒家文化提倡的"中庸"。《礼记·中庸》载，仲尼曰："君子之中庸也，君子而时中。"就是说，君子的言行符合中庸，因为君子的言行时刻不偏不倚。这是很难做到的。《判冤决狱平儿行权》一回就是平儿的正传。这件事平儿办得相当漂亮，既洗脱了柳嫂的嫌疑，又压制了秦显媳妇的邪行。柳嫂其实也不是我们所理解的满腹冤屈的"好人"，风起于青蘋之末，若不是她先努力钻营，想把"有点姿色"的女儿柳五儿送到怡红院那么个"好去处"而巴结芳官，也就没有后来的事。所以凤姐的一句话也不失公道，言及"苍蝇不抱无缝的蛋，到底有些影儿，人才说他"。平儿跟着凤姐办事，自然贾府上下的人情世故她都了然于心。柳嫂到底是怎样的人，她心里想什么，平儿一清二楚，平儿知道贾府中但凡有些体面的管家娘子都很难缠。

"你们素日那眼里没人，心术利害，我这几年难道还不知道？二奶奶若是料差一点儿的，早被你们这些奶奶治倒了。饶这么着，得一点空儿，还要难他一难，好几次没落了你们的口声。众人都道他利害，你们都怕他，惟我知道他心里也就不算不怕你们呢。"

柳嫂管着小厨房，自然也是有点体面的人。秦显媳妇是走了林之孝媳妇的后门，况且又是迎春房里司棋的人，各方势力都不容小觑，但是平儿却讲究事实，以自己的威信弹压众人，却又能见好就收，不用武力，一面又能劝和凤姐，所以这件事以凤姐说"罢了，凭着你去发落"而告终。

在《红楼梦》中，作者直接给以"君子"命名的是宝钗，给她起诗号叫作"蘅芜君"，又说她是"山中高士晶莹雪"，蘅芜苑中的布置直让贾政感叹"煮茗操琴"的君子生活。宝钗的一言一行，的确是符合谦谦君子的态度。平儿虽没有直接予以君子之称，但是平儿的一言一行，也是非常符合君子的态度的。

平儿平和但不平庸，对于《红楼梦》中的众女儿，曹雪芹善用一个字来抓住她们的神韵。探春之敏，香菱之呆，晴雯之勇，袭人之贤，对于平儿，曹雪芹曾两次赋予她一"俏"字，"俏平儿软语救贾琏"，"俏平儿情掩虾须镯"，传神地反映出在如此艰难环境的重压下，面对如此不平甚至屈辱的遭遇，平儿仍将其生命演绎得鲜活灵动。比起鸳鸯、晴雯、金钏、司棋、尤三姐之烈，使人同情心酸之余,惊叹赞服之外又有一种别样的赏心悦目、温馨和谐的美感。一个"俏"字,比君子更少了一分距离感,多了一分女子的妩媚。"俏"除了形容人相貌美丽以外,还有一层意思,就是指内在圆滑、处事精明,与傻相对。宝玉感叹"且平儿又是个极聪明、极清俊的上等女孩儿","又思平儿并无父母兄弟姊妹,独自一人,供应贾琏夫妇二人。贾琏之俗,凤姐之威,他竟能周全妥帖"。

平儿是贾琏的侍妾,她好不容易有机会和贾琏在一起,也"夺手跑了",说"叫他知道,又不待见我"。这是平儿内心真实的想法,但是平儿也清楚地知道男人的弱点,若即若离更让他们欲罢不能。所以贾琏和平儿那段文字煞是好看:平儿"指着鼻子,摇晃着头笑",贾琏喜得"身痒难挠",平儿"咬牙"——娇俏动情。而平儿此刻并没有趁凤姐不在屋里就答应贾琏的求欢,反而"夺手跑了",跑就跑了,还继续隔着窗户撒娇,这定让贾琏喜不自胜,于是在没有得手的情况下脑袋发热,说出凤姐的坏话来。平儿这种张弛有度的态度行为,任谁也会觉得舒服。

若论清醒的头脑,贾府的丫头中当不止平儿一个,但平儿始终对人生抱着一种积极的态度,首先着眼于生存,所以她能够委曲求全,逆来顺受,在允许的范围内进行巧妙的抗争。在平儿身上还隐约闪烁着儒家传统文化中"善生"的人生观:不管环境多么恶劣,在珍惜自己生命的同时又在生命中积极行善。

《红楼梦》中评价秦可卿是"合家之中,从上到下,没有不好的",其实平儿才是这样一个人。曹雪芹出色的人物塑造艺术并没有使平儿这一形象流于一种扁平的道德观念的符号。

她没有晴雯"撕扇子作千金一笑"的自尊和勇气,没有"鸳鸯女誓决鸳鸯偶"的刚烈和坚决,没有袭人藏于柔顺表面的工于心计,没有香菱被折磨致死的堪伤遭际,平儿一如其名,初读之下,性格中似乎没有某种因素可以给读者留下特别深刻鲜明的印象,平和镇静,波澜不兴。但较之其他人物细细品评之后,才愈体会出其身上独特的魅力,才明白平儿为何长期以来被作为一个几近于"完人"的形象而深受读者的喜爱与赞美。

(夏怡宁)

"十全少女"薛小妹

综观《红楼梦》一书,作者塑造了一大批独具个性、栩栩如生的艺术典型。如:反封建的叛逆青年贾宝玉,多情无邪的林黛玉,藏愚守拙的薛宝钗,敢于反抗、宁死不屈的晴雯、鸳鸯,刚烈的尤三姐,两面三刀的王熙凤,外慈内狠的王夫人,迂腐昏庸的贾政……这些形象,无不血肉饱满、个性鲜明,决无重复,囊括了世间各色人形。即便在同一个人的塑造上,也是一人千面,给人留下了深刻的印象。

于众多鲜活的人物中,有一个人却吸引了我的注意——薛小妹,即薛宝琴,是在《红楼梦》第四十九回突然冒出的一个德才兼备的十全少女。凡人事沾上"十全十美",似乎总有些不真实。

病弱的林黛玉,貌若西子,心细如发,清高孤傲,才情冠绝,真令众人叹服;康健的薛宝钗,艳冠群芳,知情达理,宽容随和,稳重和平,深得上下欢迎。这两个形象一经出世,谁还敢和她们争女主光环?

可她一露面,众人的眼光都被引了过去。书中把她描写成一个超群轶伦的人物。宝玉说:"更奇在你们成日家只说宝姐姐是绝色人物,你如今瞧瞧他这妹子,更有大嫂嫂这两个妹子,我竟形容不出了……"晴雯说:"……大太太的一个侄女儿,宝姑娘一个妹妹,大奶奶两个妹妹,倒像一把子四根水葱儿。"探春说:"……据我看,连他姐姐并这些人,总不及他。"宝琴竟然超过了群芳之冠宝钗,所以贾母一见竟喜欢得无可不可,"逼着太太认了干女儿了",并且给了她一件金翠辉煌的凫靥裘。宝钗说:"……我就不信我哪些儿不如你?"连最豁达大度的宝钗都开玩笑地流露了妒意。

后来作诗，宝琴又显露了非凡的才华。"宝玉见宝琴年纪最小，才又敏捷，深为奇异。黛玉、湘云二人斟了一小杯酒齐贺宝琴。"连诗才最敏捷的黛玉、湘云也对宝琴的诗才表示佩服。最令我印象深刻的，是那"琉璃世界白雪红梅"，浅吟一句"闲庭曲槛无余雪，流水空山有落霞"，举手投足之间，清雅闲趣，境界大开。不去想这一切暗喻着她怎番沉浮匆忙的一生，或是那十首怀古诗，为贾家的今生后世埋下了怎样的伏笔，单去想到底是怎样的自然灵气孕育了她的超凡脱俗，就足以感叹半天。

作者对宝琴的外貌没有进行正面描写，对于她究竟美到何等惊人的程度，作品也未着一字。仿佛这美只能远远地观着，在赞叹声中体会着，留给人去遐想。读者看到这里，恐怕会和袭人一样感到诧异："这也奇了，还能从那里再好的去呢？"而贾母对她的偏爱是最有力的印证，都到了毫不犹豫把她说给宝玉的地步了。

十二钗中的佼佼者哪一个能像宝琴那样完美无缺呢？而我个人感觉，"十全少女"薛小妹，是最不完美的，因为她太过完美，而缺乏一种真实感。她身上缺少的，是金陵十二钗正册副册中已经出现的女子们身上的鲜活个性：黛玉的傲，宝钗的识，凤姐的精明，湘云的憨，迎春的懦，探春的敏，惜春的冷……也许正是因为她的出现，使得我对美的感觉模糊渺茫，而更愿意去亲近那些多姿多彩的女子，去进一步关注她们身上独一无二的个性。

"十全少女"薛小妹的出现，使红楼一梦又添一层神秘的面纱，但我更愿去触摸底下真实的存在。

（吴楚澜）

红楼"缺憾美"之说

对于爱神维纳斯雕塑残缺的断臂，人们没有感叹她美中不足的遗憾，相反，却从瑕疵中找到了独特的美和价值。《红楼梦》也不例外，我们今天就从女性角度探讨《红楼梦》中女性的三种缺憾美，正是这些缺憾使创作更加生动形象。

一、人物体貌的缺憾美

《红楼梦》的人物可以说是圆形的、立体的，既有其正面，还有侧面以及反面。比如林黛玉，你喜欢她的真诚，就必须接受她的小性儿；你要是喜欢薛宝钗的大气，就必须接受她的城府。王熙凤等人，也是如此。所以《红楼梦》的描写呈现立体化，打破了小说创作的传统思想和写法。

比如史湘云的优点曹雪芹没有强调，她刚出场时反而突出描写她咬舌的毛病——"二""爱"不分。黛玉笑话她："偏是咬舌子爱说话，连个二哥哥也叫不出来，只是爱哥哥爱哥哥的。"这个咬舌体现在非常敏感的字上，湘云的娇憨可爱跃然纸上。史湘云和贾宝玉有没有情愫？这个字让我们有了想象的空间。

关于林黛玉的长相，通过宝玉的眼睛认真描写出来。在宝玉眼中，黛玉"病如西子胜三分"，病就是美的化身，病得重意味着美得多。在第六十五回，小厮兴儿向尤二姐介绍贾府裙钗，说到黛玉是"多病西施"，说她一肚子文章只是一身多病，这样的天还穿夹的，见了她不敢出气儿，生怕气大吹倒了她。

黛玉在曹雪芹笔下是一种艳若桃花的病态美，情到深处，这种美更是达到极致。她为宝玉的手帕写题帕诗，只见腮上通红。早期脂砚斋批语说，"可笑近之野史中，满纸闭月羞花，莺啼燕语"，讽刺当时很多文学水平一般的小说，凡描写美女不是闭月羞花就是莺啼燕语，一点也看不出女子的个性特点。殊不知真正的美人都有某种陋处。

《红楼梦》写这些女子缺憾之处的文学意义在哪里？这是曹雪芹的创意，表现她们个性之美，写未婚女性的缺憾体现了一种惆怅，花落谁家，何处是归宿？写已婚妇女，比如王熙凤、秦可卿这些少奶奶，一般都是气血上的病，更多体现在子嗣问题上，这些美中不足的构思，突出了贾家这个大家族后继乏人的悲剧。

二、身世背景的缺憾美

"红楼十二钗"的身世也有缺憾，一个比一个惨。史湘云、林黛玉，父母双亡；宝钗呢，父亲死了，哥哥吃喝嫖赌不争气，她用自己的处境劝黛玉，"只有个母亲比你略强些，咱们也算同病相怜，你也是个明白人，何必做司马牛之叹？"迎春、惜春没有母亲，秦可卿则是一个弃婴。还有几个女儿更可怜，比如香菱，虽有父母但自幼离散。晴雯根本就不知道双亲是谁，还有一个"多浑虫"哥哥。

当有些女子的身世之谜不好解释的时候，我们站在曹雪芹艺术构思的角度，似乎可以找到答案，曹雪芹写她们身世的缺憾，是在同情孤苦，也是对其品格之美的赞扬，同时体现了他对苦命女子应对生存困境的策略的思考。

三、婚姻和爱情的缺憾美

对婚恋问题缺憾的设置是小说的一个最大的创意空间：林黛玉和贾宝玉的爱情没有走进婚姻，薛宝钗和贾宝玉的婚姻则没有爱情，这是个双重的缺憾。"纵是齐眉举案，到底意难平"的悲剧更令人深思。

"一朝春尽红颜老,花落人亡两不知",曹雪芹把自己的诗论附加在了黛玉与宝钗身上,而《红楼梦》的创意空间亦是以"怀金悼玉"为主旨。怀金,指宝钗没有爱情的婚姻;悼玉,则是指黛玉没有婚姻的爱情。两个性格截然相反的人,有着同样凄凉不幸的境遇。

　　传统的婚恋主题小说往往都是大团圆结局,而《红楼梦》却以悲剧结局。《红楼梦》不仅实现了中国小说结构由线性到立体网状结构的转变,更从思想上打破了之前小说"好人绝对好,坏人绝对坏"的观念束缚,实现了小说在思想层面上的历史性转变。

　　单调的美容易让人遗忘,缺憾美才让整部作品更贴近生活,也更富有艺术魅力,让我们在阅读红楼的过程中且赏且叹吧。

（王亦孜）

我看王夫人

常有人出言讽刺《红楼梦》称"哪有你们想得那么多，没准作者只是随便写的"。这话说别的作者或许可以，在曹雪芹这里不成立：批阅十载、增删五次，开篇交代主要人物命运，又写清楚贾府最终结局，明线、暗线、埋伏线交织纠缠，欲说还休，这本就增加了阅读趣味和难度，你又如何用别的书来比它？

在《红楼梦》的其他答案里，关于王夫人的评价也不少，不过妖魔化非常严重，人们将她的虚伪"罪行"归为三点。

一是伪善。表面上终日吃斋念佛，实则蛇蝎心肠，看不惯儿子身边任何有姿色的婢女。撵晴雯、逐芳官即为一例。对贾母也不如凤姐真心孝顺，还善于明争暗斗。嫉妒赵姨娘，对贾环无时无刻不虐待。

二是昏庸。无管家之才，却格外贪恋权力。每回她大发雌威，遭殃的却是别人。害死金钏即为一例。

三是干涉宝黛恋情。这是许多人讨厌王夫人最要紧的一条——生为宝玉的母亲，完全不顾及儿子的感受，总是用尽手段拆散宝黛，为自己看好的宝钗强行牵线。

更有好事者推测出王夫人上不得婆母宠爱，下不得丈夫欢心，又妒忌万千宠爱于一身的贾敏；自己年老色衰，心里不平衡，最见不得真心相爱的恋侣。活脱脱又一个陆游、焦仲卿之母再世。她逼死晴雯，令黛玉郁郁而终，皆是出于阴暗的自私心理……

这纯粹是臆想出的一个怨妇，怎么可能是曹公笔下的王夫人！

评价小说人物，最忌讳的便是脱离时代背景，以当下的价值观来衡量书中角色。王夫人此人，分明就是封建王朝官宦人家贵族女性的典范：家庭美满、福寿双全，德言容工皆无瑕疵，各方面都挑不出错儿来。尤其以封建王朝的标准来看，王夫人怎能算是婚姻不幸——娘家给力，嫁给门当户对的人家，婚后同时得到丈夫的爱重与婆母的肯定，还生育了三个优秀的儿女，怎么能说不幸福呢？

说王夫人才貌平平，不得夫君喜爱是站不住脚的。她固然不如凤姐美艳泼辣、巧舌如簧，但生育并养出贾珠、贾元春、贾宝玉三个俊秀聪颖儿女的人，怎么可能是庸懦愚钝的角色？书中贾政在王夫人房中商议事情，也是寻常夫妻口吻，我瞧不出半点不尊重，或是半分冷淡疏离。

至于王夫人吃斋念佛，我认为不是她被丈夫冷落的无奈之举，而是另有原因：曹公并未明确写出她是婚后哪一年开始茹素的。推测大致是在贾珠病逝、贾元春入宫的那段时间。

一双儿女离去，带给她前所未有的悲伤与恐惧。长子突然病故，次女进入"见不得人"的残酷宫廷，幼子尚且稚拙……这种不安全感深入王夫人的骨髓，她开始吃斋抄经，寻求佛法的庇佑，祈祷神明消弭自己的罪孽，为心爱的儿女祈福。她的所求和天下任何一位深爱子女的母亲一样，没有区别。

说贾母不喜欢王夫人，这说法也站不住脚。对于这样一位门当户对（贾王皆是豪奢贵族）的大家闺秀儿媳妇，举止端庄、言行稳重，既能开枝散叶，又能相夫教子，贾母没什么不满意的。王夫人的性格固然不是贾母喜爱的类型，但"不够喜爱"是无法等同于"不喜欢"的。

有人称，王夫人虽然更中意宝钗的性格，但钗黛二人皆不是她心目中的理想儿媳。我读后深以为然。王夫人觉得黛玉不合适，她"勾引宝玉不求上进"倒还是其次，最主要是两点：

一是黛玉身体不好，有早夭之相，一看就不是有福有寿的，更遑论能生养了。虽然看起来可笑，"不孝有三、无后为大"却是古人根深蒂固的思想，婚姻最重要的就是能生育子嗣。

黛玉糟糕的身体状况别说王夫人，换了任何一个贵族家庭，只怕都不满意。

二是黛玉父母双亡,娘家对宝玉的前途没有助益。这是现实。

同样地,虽然宝钗血缘上和王夫人亲睦,本人也合她的眼缘,王夫人依然不觉得宝钗十分合适,原因亦有两点:

其一,宝钗父亲早亡,母亲不给力,还有个背着人命官司的混账哥哥。这样的亲戚只会拖宝玉的后腿。

其二,宝钗父亲乃商贾,并非贵族,门第之上要低宝玉一截。同样对宝玉的仕途没有帮助。

王夫人想要什么样的儿媳?大约和贾母当初别无二致:门当户对、父母双全的大家闺秀;身体健康,能够多子多福;稳重端庄,能成为宝玉的贤内助……至于宝玉的喜好,姑娘的才情,那只是锦上添花的附庸,起不到决定性作用。

最后突然觉得,曹公塑造的王夫人也很出彩,她虽不如小一辈的姑娘小姐们明艳动人,然她的世故沧桑却更值得推敲,也使得充斥着粉黛气的《红楼梦》更有滋有味了起来。

(陈沐洲)

风月情长,终究梦一场

《红楼梦》的《引子》如是言:

开辟鸿蒙,谁为情种?都只为风月情浓。趁着这奈何天、伤怀日、寂寥时,试遣愚衷。因此上演这怀金悼玉的"红楼梦"。

由此可见,在小说的开篇,作者就将我们带入了虚幻的梦境。

何为梦也?它通常与现实脱离,象征着一种不切实际的内心幻想。换个形象的比喻,如果说立足于实际就好比捡拾地上的六便士,那么梦就像天上的月亮一样,虚幻而又遥不可及。但是在曹公的笔下,梦似乎又有了新的内涵。你且看他如何谈梦。

在《红楼》的世界里,梦与情交织错杂。世间之人,一个个都是情种,只是情种又分真情、妄情、人情和情欲。而《红楼》的结局呢,又是以悲剧收尾。曲终人散或许会让人伤感,但繁华落尽,兜兜转转了一辈子却发现仍在原地徘徊更是让人心生凄凉。小说收尾的那首《飞鸟各投林》将梦醒之后的悲凉表达得淋漓尽致:

"为官的,家业凋零。富贵的,金银散尽。有恩的,死里逃生。无情的,分明报应。欠命的,命已还。欠泪的,泪已尽。冤冤相报实非轻,分离聚合皆前定。欲知命短问前生,老来富贵也真侥幸。看破的,遁入空门。痴迷的,枉送了性命。好一似食尽鸟投林,落了片白茫茫大地真干净。"

细细读来,不觉让人嗒然若失。我们不禁感慨人生百态,可是结局却宿命般地奔向同一个——你逃脱不了"白茫茫大地真干净"的悲剧。镜花水月一场空,梦幻泡影真如梦。如果你还沉浸在红楼那虚幻而又遥不可及的梦里,不妨跳出原著,体验另外一种开篇和结尾,那是作者的自况,一切真实如昨,却又残忍如昨。

开篇诗说:满纸荒唐言,一把辛酸泪。都云作者痴,谁解其中味!

结尾诗说:说到辛酸处,荒唐愈可悲。由来同一梦,休笑世人痴!

书末的《飞鸟各投林》寄托着这样的寓意:世间万事皆有因有果,欠债必还,曲终人散,你无法逃脱也逃脱不了;而甄士隐对于《好了歌》的注解则是洞察了一切事物都不过是过眼烟云,如果你站在一个更高的角度审视这一切,或许你也会有和他一样的妙悟,看清这一切终究是一场梦。

有人言归真返璞则终身不辱,我想梦也有该醒的时候。梦醒时分,抛弃对它的幻想,挣脱它给你带来的桎梏,我想,你会收获一种大开大合的人生境界。

(程 琦)

薛少爷的"真性情"

《红楼梦》中有许多难解的情缘,就如神瑛侍者与绛珠仙草,宝玉与黛玉的爱情观一样。

但《红楼》中也有些具有自己特性的人物,有自己内在的别样气质,正如我们的薛家少爷薛蟠一样,浑愚中透着一种灵动的"真性情"。

薛蟠,给我的最初印象正如大多数读者一样,是个十恶不赦的混蛋。之后在作诗时也是说出了"女儿悲,嫁个丈夫是乌龟"之类的混账话,但同时我也对这种粗鲁中透着直率,混账中带着真性情的人物多了些关注。

在《红楼》中,薛蟠少年丧父,寡母溺爱。一出场就是争夺孤女香菱,打死冯渊,凭着护官符逃脱了惩罚。在之后的章节中曹雪芹对他也是有重点描写的。我认为能在红楼中出场的绝非毫无矛盾的人,可以说每一位都是性情中人。薛蟠也是这样,本被称为"呆霸王",也有些呆气、傻气,是宝钗眼中的傻哥哥,但论其本心,他其实是聪慧而重情的人。

在"薄命女偏逢薄命郎"中,薛蟠当时是要进京,"一为送妹待选,二为望亲,三为亲自入部销算旧账,再计新支",这说明他有责任、敢担当,而且人脉广,有理事的才能。后遇见英莲,见英莲生得不俗,于是动心。能看上香菱说明他是有眼光的,是有一定的自我判断的,情感胜过了欲望。到底是何种人,能在街边行走时为了一位衣衫褴褛的孤女动心。大概薛蟠也是那种相信眼缘与情缘的暖君子。像《红楼》中有些下流男子的乱伦行径,有哪位男子能像薛蟠这样,因"不俗"而上心,可见他其实不傻不呆,也不俗。后来错娶的夏金桂,也被称为"若论心中丘壑经纬,颇步熙凤后尘",能与王熙凤相比的,终是位泼辣中有能力和手段的人。薛蟠结识的生死之交柳湘莲,也是位风华绝代的冷郎君。这一切也都说明了他眼光的高度在其真实水准之上。

所以宝玉与薛蟠有些相似之处。贵公子,母亲溺爱,拥有相似的心理和成长,只是宝玉是在女人堆里长大的,薛蟠是在男人堆里成长的,他们二人对人生都有一种顺其自然的感觉,随着性子走,离经叛道,无是无非。薛蟠向往的应该是江湖浪子的生活状态,所以也不分好坏,与一些纨绔子侄相熟,由此染上了赌博酗酒的坏毛病。

此外,薛蟠还是个有胸怀,够宽容的人。在第三十四回,他背了贾环的锅,被宝钗、薛姨妈埋怨。他其实是个急性子的人,一时不忿,就发牢骚,结果道破了宝钗的心事,宝钗也哭了一整夜。

其实宝钗自己也没想到,平时小心谨慎,尽量不流露什么感情,仔细提防着姐妹丫鬟们的眼睛,却没瞒过薛蟠这个傻哥哥。

事后薛蟠知错道歉,"左一个揖,右一个揖",还说"我要再和他们一处喝,妹妹听见了,只管啐我,再叫我畜生,不是人,如何?"说着眼睛里还掌不住掉下泪来。之后还说"炸一炸项圈"之类的话来逗笑宝钗。这种道歉既合理又体贴,相比之下,宝玉只会"好妹妹,林妹妹"这几声,黛玉听多了自然也就"免疫"了。

《红楼梦》中的后几个章节,薛蟠帮宝钗炮制花儿、朵儿、霜儿、雪儿,制冷香丸;做买卖回来,给宝钗买了一箱子玩器,还有按自己的模样捏的泥人,可见他这个哥哥做得是十分好的。这样的"薛大傻子",有一定的办事能力,也有"谁惹母亲妹妹生气跟谁急"的善良与焦躁的单纯一面。

薛蟠虽有命案,仅是一时意气之后的斗殴,与凤姐摆布死尤二姐,害死贾瑞相比,少了一分歹毒之心,多了一分无知与天真。

总之,像薛蟠这样表面看上去十恶不赦,实则是一位浑愚中透着灵性的人,《红楼梦》中还有很多,构成了"万艳同杯"之外的风景。

(薛煜辉)

说说"刘姥姥三进大观园"

红楼一别,胜似南柯一梦。在那花柳繁华地、才子佳人对之中,独有一个形象显得格外清新脱俗,不沾一点脂粉腻味儿,她就是刘姥姥。

刘姥姥仅是《红楼梦》中的一个小人物,比不得荣宁二府的"大腕儿"们。但她的知名度却高得很。这多半是有赖于那句歇后语吧——"刘姥姥进大观园——满载而归/看得出神了/洋相百出/眼花缭乱/少见多怪……"后面可以有很多解释性话语,但不论怎么说,这句话已成了无知、土气的代名词。可我倒觉得,在贾家的奢靡之风中,刘姥姥成了一股"清流"。

刘姥姥三进贾府,次次有新意。一进贾府,拉开了故事的序幕;二进贾府,则借刘姥姥之眼为我们详尽地介绍了贾家的衣、食、住、行,妙趣横生;三进贾府,则是在其将倾之时救出巧姐,在一片衰颓之中延续了希望。

一切都是从二十两银子开始的。第六回中,凤姐把二十两银子给了前来攀亲的刘姥姥,刘姥姥语出惊人:"'瘦死的骆驼比马大',凭他怎样,您老拔根寒毛,比我们的腰还粗呢!"惹得丫鬟们掩面暗笑。进了大观园后,荣国府的"豪华举止"继续透过刘姥姥的眼睛展现出来。从三十九回到四十二回,曹雪芹用了差不多三四回的篇幅,极尽展开描写刘姥姥在大观园的吃喝拉撒睡等各项活动,贾家的豪奢尽收眼底。

在刘姥姥眼里,这种豪奢简直到了无以复加的地步。从那双"四棱象牙镶金"的筷子,到"一两银子也没听见个响就没了"的鸽子蛋,再到制作工序繁复的"茄鲞",无不让刘姥姥大开眼界。这一路上,刘姥姥身上庄稼人的质朴与贾府的奢华产生了奇妙的化学反应,插科打诨中尽显生活百味。然而,不同的影视作品对刘姥姥的形象却有截然不同的表现。87版(1987年)电视剧《红楼梦》中，表演者将刘姥姥演绎成一个颇精明的农家妇女。虽然那黝黑的皮肤、粗糙的衣着都透露出庄稼人的土气，可她似乎深谙人情世故，在凤姐、鸳鸯等人的暗示下故作丑态，深得人心，还暗自乐呵。但在新版电视剧（2010年）《红楼梦》中，刘姥姥的表现多了一丝拘谨和局促，好像那些丑态皆是真情流露，而无半点故意耍宝的姿态。

演员的表演自然是基于自身对于角色的理解，各有千秋。但我更倾向于1987版电视剧《红楼梦》对刘姥姥的演绎。在我看来刘姥姥的丑态只是在装糊涂，作践自己，娱乐大众，尤其要讨得贾母的欢心。她那过来人的智慧，从她对她的女婿狗儿的那番数落就可见一斑。

除此之外，刘姥姥还被作者寄予了更多的精神内涵。且看《红楼》其他情节，凤姐"弄权铁槛寺""计害尤二姐"，让人不禁生疑：所谓智慧，不过是把弄权术，为己谋私。刘姥姥虽是村野老妇，但她身上体现出来的智慧却更厚重深沉。这种智慧缘于年月的积累和对周遭世界温暖的体察。因此，她虽然对物质上东西见识较少，但精神层面却比同为老人的贾母丰富得多。同时，她被赋予了一种自给自足的平民生活的理想状态。正如她二进贾府回答鸳鸯酒令时所说的行酒令："是个庄稼人""大火烧了毛毛虫""一个萝卜一头蒜"……这些话看似粗俗可笑，实则描绘了一幅静谧祥和的田园图景，作者借此不仅唱诵了对劳动人民田园生活的追求，更委婉表达了弃权贵功名的反封建思想。鸳鸯行酒令说："凑成便是一枝花。"刘姥姥回答："花儿落了结了个大倭瓜。"这种自然现象竟与贾府从"烈火烹油，鲜花着锦"之盛到腐朽没落的结局的命运贴合了，这不正阐释了万事万物盛极必衰，而又孕育新希望的普适规律么？酒令看似闲散游戏，你能说其中不蕴含着刘姥姥的大人格、大智慧么？

所以说，刘姥姥这个小人物其实并不"小"。怪不得著名的"红学"研究专家周汝昌先生会这样评价："姥姥才是奇女流，她胆识才能、言谈颖慧，般般过人，真非凡品。她识相，知趣，机变，低而不卑，野而不鄙，身份拿得住，使命完得成。她具大度、识大局、有大才、怀大志。"至此，大家眼中那个乡野村妇刘姥姥的形象，一定也丰满立体了起来。

（戴汀屿）

所谓落花，所谓西厢

《红楼梦》营造了许多美丽动人的场景，你且看吧。

正巧是那花落的时候，缘定的两人，命中注定的那本《西厢记》。

宝玉一回头，却是黛玉来了，肩上担着花锄，花锄上挂着纱囊，手内拿着花帚。宝玉笑道："来的正好，你把这些花瓣儿都扫起来，撂在那水里去罢，我才撂了好些在那里了。"黛玉道："撂在水里不好，你看这里的水干净，只一流出去，有人家的地方儿什么没有？仍旧把花糟蹋了，那畸角儿上我有一个花冢，如今把他扫了，装在这绢袋里，埋在那里，日久随土化了，岂不干净。"

落花，溪流，一地的暖阳。不必先言，不必有约，在这一刻，两处情也罢，思也罢，重合了。是对花的怜惜，也是对高洁的坚守。自古有"落花不是无情物，化作春泥更护花"，而用绢袋葬花的大概唯有黛玉了，她从来都是最干净的，便是死也如此。那时是多美的木石前盟，其后又是多悲的金玉良缘，若说无缘，又何必让两人偏偏相遇，纵使极乐，也不过是为注定的悲剧画上更凄美的一笔。

极乐从不让人记着极悲，于是这便更增加了此处的美，这是乐的少年之美，又是悲的无份之痛，美从来是悲的。但此刻却只还是乐。

黛玉把花具放下，取过《西厢》来看，从头看去，越看越爱，不顿饭时，已看了好几出，但觉词句警人，余香满口。一面看了，只管出神，心里还默默记诵。宝玉笑道："妹妹，你说好不好？"黛玉笑着点头儿。宝玉笑道："我就是个'多愁多病的身'，你就是那'倾国倾城的貌'。"

宝黛二人，守的这一份纯情，便是那封建黑暗里少有的美好。可是明明是天赐的良缘,鸳鸯却拆在两下里,连一递一声长吁气也不得。终是一抔黄土,阴阳两隔。纵使情深,奈何缘浅!

　　明明的才子佳人,只可惜一个偏偏是贾宝玉,一个又偏偏是林黛玉。贾宝玉,一个真的是却又不该是的贵公子。贾雨村道:"在上则不能成仁人君子,下亦不能为大凶大恶。置之于万万人中,其聪俊灵秀之气,则在万万人之上;其乖僻邪谬不近人情之态,又在万万人之下。若生于公侯富贵之家,则为情痴情种;若生于诗书清贫之族,则为逸士高人,纵再偶生于薄祚寒门,断不能为走卒健仆,甘遭庸人驱制驾驭,必为奇优名倡。如前代之许由、陶潜、阮籍、嵇康、刘伶、王谢二族、顾虎头、陈后主、唐明皇、宋徽宗、刘庭芝、温飞卿、米南宫、石曼卿、柳耆卿、秦少游,近日之倪云林、唐伯虎、祝枝山,再如李龟年、黄幡绰、敬新磨、卓文君、红拂、薛涛、崔莺、朝云之流,此皆易地则同之人也。"贾宝玉也真真是个痴情种!他的反抗是对那个时代的反抗,他的反抗又是对那个时代的悲哀。林黛玉,一个该远离尘世的多愁之人,心思太细,反倒生愁。有情又似无情,可悲可叹。落花是对他们逝去的青春美好的祭奠,而西厢是他们无法完成的故事。

　　所谓西厢,所谓落花,所谓欢快,在那时是美的,在以后也是最好的。美的是悲的,也只有这样美的文字,才能把其中的辛酸苦楚,大剌剌地铺在我们面前。字字是血,句句含悲。

(戴依婷)

《红楼梦》中几个小人物的爱情故事

《红楼梦》中几个小人物的爱情故事各有亮点。

宝玉房中的丫头小红勾搭宝玉不成反被大丫鬟们欺负,她随即又搭上了贾芸。这二人联手在事业上共同进步。顺便提一句她的事业。她用一句"跟着姐儿,也能多见见世面"成功跳槽当了凤姐的丫头。小红的爱情是很现实的。她和贾芸在事业上的共同进步,是他们感情的纽带。也就是说,这姑娘很有头脑。她希望取得事业上的成功,贾芸的确是个好选择。

龄官和贾蔷的爱情给读者留下印象最深的便是龄官画"蔷"的一幕。这个女子不知疲倦地画了几百上千个"蔷",痴了自己,也痴了一旁看着的宝玉。她的骄傲与自尊同样使贾蔷为之无奈、为之倾倒。与龄官同处一室的贾蔷安静沉默,哪里还是那个厮混在宁国府浊臭之地的他。爱情使他的人性美被充分挖掘出来。纯真与世故奇妙地相爱了。爱情哪有这么多原因和借口?爱就是爱。

司棋这个姑娘有着坚强勇敢的性格。为了她的主子迎春想吃的炖鸡蛋,她不惜上厨房大闹一场,即便这显然太不明智。在爱情上她也一样勇往直前。表弟潘又安是她的心上人,可是他懦弱自私。爱情的绝望使她用"以头撞柱"的方式丢了性命。潘又安也同样自杀,或许可以安慰她的爱情一些,可已经于事无补。这个勇敢的女子用生命的力量烙刻下了爱情的分量。

(陈凌婕)

《红楼》中的美食

告子曰："食色，性也。"今天我们不聊《红楼》中的美女佳人，也不聊那风花雪月的爱情故事，我们来讲讲这部经典中提及的美食。我们一共上三道菜，一道主食，一道精细菜，一道大菜。

从主食中，我们能推测曹雪芹是个不爱面条的人。为什么这么说？我们来看看各类面点的出场频率。

出现最多的当属粥，有碧粳粥（第八回）、腊八粥（第十九回）、香薷粥（第二十九回）、燕窝粥（第四十五回）、鸭子肉粥（第五十四回）、枣儿粳米粥（第五十四回）、绿稻米粥（第七十五回）、江米粥（第八十七回）、御田胭脂米、碧糯、白糯、粉粳、杂色粱谷、下用常米（第五十三回）。也难怪史老太君动辄叫人端碗粥上来。同是面类，各色小点心出场就更多了，有枣泥馅山药糕（第十一回）、鸡油卷儿（第十七回）、糖蒸酥酪（第十九回）、粽子（第三十一回）、桂花糖蒸新栗粉糕（第三十七回）、菱粉糕（第三十九回）、藕粉桂花糖糕（第四十一回）、松瓤鹅油卷（第四十一回）、花样小面果子（第四十一回）、螃蟹馅炸饺子（第四十一回）、内造小饽饽（第四十二回）、如意糕（第五十三回）、元宵（第五十四回）、热糕（第六十回）、茯苓霜（第六十一回）、奶油松瓤卷酥（第六十二回）、果子（第七十一回）、饽饽（第七十一回）、面果子（第七十一回）、月饼（第七十五回）、松瓤（第十九回）等。

那面条落了个什么样的下场呢？据不完全统计，真正可称面条的只出现了一次，是在第六十二回中的银丝挂面，当真是孤家寡人。为什么面条如此不受曹公喜爱呢？我们可以做这样的猜想：是日晌午，大观园里面香四溢，府里吃的是元妃赏赐下来的宫内秘制面条。宝玉急匆匆跑进屋内，却见黛玉面前有一海碗,正吸溜着面条,见宝玉进来赶忙一吸,不想溅了一嘴的汤汁。怎么样?这画面可不太美吧。

此外,《红楼梦》里还有这样一道令人无法忘记的精细菜,它叫"茄鲞",就是刘姥姥在大观园里吃的那茄子。非常有意思的是,在不同的本子中,这道菜的做法是完全不一样的。

"茄鲞"在庚辰本《脂砚斋重评石头记》做法是如此的:把才下来的茄子把皮刓(qiān,削也)了,只要净肉,切成碎钉子,用鸡油炸了,再由鸡脯子肉并香菌、新笋、蘑菇、五香腐干、各色干果子,俱切成钉子,用鸡汤煨了,将香油一收,外加糟油一拌,盛在磁罐子里封严。要吃时拿出来,用炒的鸡瓜一拌就是。

而"茄鲞"蒙府本(清王府旧藏本)做法却是这样:把四五月里的新茄包儿摘下来,把皮和穰子去尽,只要净肉,切成头发细的丝儿,晒干了,拿一只肥母鸡靠出老汤来,把这茄子丝上蒸笼,蒸的鸡汤入了味,再拿出来晒干。如此九蒸九晒,必定晒脆了,盛在磁罐子里封严了。要吃时,拿出一碟子来,用炒的鸡瓜子一拌就是了。

时至今日,我们没法下定论究竟谁对谁错,究竟哪种做法味道更胜一筹。但是我们可以说,贾府的衰败从这道菜上就可以预测。像刘姥姥所说的,这样一道菜倒要十来只鸡来配它,花费大量的钱财和人力。并且一个厨师能将茄子开发到这种让人匪夷所思的地步,除了要赞叹他惊人的想象力外,我们不得不承认这个家族已经穷奢极欲到了何等的地步。

最后一道大菜,出现在芦雪庵内,雪花天下,烤鹿肉。琉璃世界白雪红梅,脂粉香娃割腥啖膻。整本书中就数这一段给我留下的印象最深。为什么呢?答,思无邪。湘云和宝玉,两个孩子心性般的人,悄悄计较偷几块肉出来烤,总使人会心一笑。赏雪,烤肉,作诗,此时没有金玉还是木石的纠结,没有千红一窟万艳同杯的伤感,有的是那如画般的美好静谧。

一部《红楼》吃到最后,已经是曲终席散,"三春去后诸芳尽,各自须寻各自门"。再往下各寻前程,远嫁的远嫁,凋零的凋零,痴缠的抱恨而终,看破的青灯古佛,锦衣玉食终究抵不过大江东去,曾经的荣华富贵不过是一场梦,宴席散了,只剩残羹冷炙,人也就该走了。

(丁文杰)

浅谈史湘云

〔乐中悲〕襁褓中，父母叹双亡。纵居那绮罗丛，谁知娇养？幸生来，英豪阔大宽宏量，从未将儿女私情略萦心上。好一似，霁月光风耀玉堂。厮配得才貌仙郎，博得个地久天长，准折得幼年时坎坷形状。终久是云散高唐，水涸湘江。这是尘寰中消长数应当，何必枉悲伤！

此曲写湘云，史湘云是《红楼梦》中浓墨重彩的一笔。读者一闭上眼睛，这个人物就活蹦乱跳地出现：身着男装，倜傥风流，不拘小节；才思敏捷，说话"咬舌"，把"二哥哥"叫作"爱哥哥"……这是一个富有浪漫色彩的、令人喜爱的人物。

史湘云是金陵显贵史侯家的遗孤，贾府的老祖宗——贾母的孙侄女。由于她"襁褓之间父母违"，颇受贾母爱怜，时常到贾府里住，与宝玉在童年建立了青梅竹马、两小无猜的友情。随着年龄的增长，加之她身上佩戴了一只金麒麟，且与宝玉后来得到的一只金麒麟又恰恰是一雌一雄，成双配对——用脂砚斋的话说，这是作者用绘画的"间色法"，隐然又写了一"金玉良缘"。这种象征意义使她若即若离地卷进了宝、黛、钗的爱情悲剧的纠葛中，因而使这个悲剧更加曲折动人。由此可知，她在《红楼梦》中的重要地位，对表现全书主题、深化爱情悲剧的社会意义所起的重要作用。

曹雪芹在塑造美女形象时，从不把人物写得完美无缺，尽善尽美；而往往是写成美玉微瑕。如黛玉的弱症、宝钗的热症、鸳鸯的雀斑等，使得角色更加真实，更加贴近生活。在塑造史湘云这一形象时，也运用了这一美学上的辩证法。他不仅使这一美丽的少女有"咬舌"小疵，而且让她于妩媚中杂染了一些风流倜傥的男风。她在穿着上总是喜欢男装。一次下大雪，她的打扮就与众不同：身穿里外发烧的大褂子，头上戴着大红猩猩毡昭君套，又围着大貂鼠风领。黛玉笑她道："你们瞧瞧，孙行者来了。她一般的拿着雪褂子，故意装出个小骚达子样儿来。"众人也笑道："偏她只爱打扮成个小子的样儿，原比她打扮女儿更俏丽了些。"她与宝玉烤鹿肉吃，黛玉讥笑他们，湘云却说："你知道什么！是'真名士自风流'……我们这会子腥的膻的大吃大嚼，回来却是锦心绣口。"就是写诗，她也会吟出"数去更无君傲世，看来惟有我知音"的诗句，俨然是一个豪客俊杰，使史湘云这一形象更富有魅力了。

　　豪放不羁、放浪形骸，无疑是史湘云性格的核心，也是她最为光彩照人的地方。对于史湘云的一次浅谈，已足以压断我的笔尖。不妨引清代涂瀛《史湘云赞》中的一段评论文字——"青丝拖于枕畔，白臂撂于床沿，梦态决裂，豪睡可人，至烧鹿大嚼，茵药酣眠，尤有千仞振衣、万里濯足之概，更觉豪之豪也。"这分明是豪客的写照，哪里是一个大家闺秀。前人曾说史湘云"纯是晋人风味"，此话深得我心。惜哉，只有一句！幸哉，只有一句！豪放不羁、放浪形骸的性格已在史湘云的精神里打下了烙印。超越名教，放任自然，史湘云虽未自觉到这一点，但在行动上已经自然而然做到了。她的行动处处抵触着礼法，抵触那个社会对妇女的规范。她可以大说大笑，高谈阔论；她可以大嚼鹿肉，放浪形骸；她可以女扮男装，英气飒爽；她可以醉卧芍药，豪睡可人；她可以大声喊诗，锦心绣口……在这里，我们才感到什么是真正的自然。我们已经无法找到魏晋风度中的清冷，唯其如此，才可以说史湘云在更高层次上回应了那遥远的绝响。

　　但美的总是悲的，史湘云的内心实则痛苦，可是她就是那种罗曼·罗兰所说的，在认清生活的真相后，依然热爱生活的英雄！史湘云自幼父母双亡，命运多舛，依靠婶母过活。我们在《红楼梦》里，似乎没有见过她真正发过什么愁,总是嘻嘻哈哈,对生活兴味盎然,充满热情。说到湘云,我们总能想到她割腥啖肉,醉卧花荫,每每"大说大笑"的恣意情态;悲的,却是藏在了自己心里。她不像黛玉那样寓愁闷于葬花,或对宝哥哥嗔怪。湘云总是以一副不谙世事的少女面貌示人,少有几次向宝钗、宝玉倾吐而已。黛玉的伤春拭泪我们看得到,湘云在史家受的苦我们却是看不见的。如此豁达隐忍,在十二钗中恐怕也无第二个了。

而与湘云同样出身大家,也过得不好的还有妙玉,两人在性格方面可谓大相径庭。妙玉自视清高,湘云却从未把儿女私情略萦心上。可是妙玉的孤高冷傲让人觉得做作,难以接近,到头来还是陷入泥淖,反而湘云这样真正的名士不拘一格,让人觉得亲切。

我不爱冷月葬花魂,偏惊寒塘渡鹤影。史湘云永远都像雪地里的大红昭君套,那么明艳动人。

(杜佳雯)

《红楼》"二尤"的自救悲剧

首先读六个回目来引出我今天要讲的主要人物：
第六十四回　幽淑女悲题五美吟　浪荡子情遗九龙珮
第六十五回　贾二舍偷娶尤二姨　尤三姐思嫁柳二郎
第六十六回　情小妹耻情归地府　冷二郎一冷入空门
第六十七回　见土仪颦卿思故里　闻秘事凤姐讯家童
第六十八回　苦尤娘赚入大观园　酸凤姐大闹宁国府
第六十九回　弄小巧用借剑杀人　觉大限吞生金自逝

我要讲的就是《红楼》"二尤"。曹雪芹在全书开篇就通过贾宝玉之口，提出了"女人是水做的骨肉，男人是泥做的骨肉"的惊人观念，又在第五十九回通过春燕引用了贾宝玉的著名论断："女孩儿未出嫁，是颗无价的宝珠；出了嫁，不知怎么变出许多的不好的毛病来，虽是颗珠子，却没有光彩宝色，是颗死的了；再老老，更变的不是颗珠子，竟是鱼眼睛了。分明一个人，怎么变出三样来？"第六十四回前面的故事里，曹雪芹刻画了"水做骨肉"的青春女性系列，也通过对许多"蠢妇"的描写，使我们知道封建婚姻和礼教如何让一颗无价的宝珠成了死珠再变成鱼眼睛。典型的蠢妇比如赵姨娘，但贾政非常喜欢，我推想她虽然心肠歹毒，尖酸刻薄，年轻时也未必不可以是一颗颇有几分姿色的宝珠，也可见封建社会毒害之深。但是到了这六回，他却塑造了尤二姐和尤三姐这两个出乎读者意料的女性形象，进一步拓展了全书的社会景观与思想内涵。

尤二姐和尤三姐刚出场时，都还未嫁。尤二姐虽然曾经指腹为婚，但婆家已经破落根本无力聘娶，后来拿去十两银子退婚，对方也就画押认可。按说，她们也该是两颗宝珠。但曹雪芹写她们，一出场就轻浮浪荡，还跟读者交底，说她们跟贾珍、贾蓉"素有聚麀之诮"，这可不是一般的不洁净。麀这种动物据说是乱伦交配的，"聚麀"就是指父子两辈与同样的女子鬼混，而且珍、蓉父子这方面的秽行早就声播于外，被人私下里讥议嘲笑。二尤这样的女子，尽管未嫁，早已破身，虽可能有被胁迫的一面，却也是自己半推半就，她们算不得是"水做的骨肉""无价的宝珠"。勉强喻水，也只能是雨后泥洼中的脏水、污水；勉强喻珠，也只能算半死的浊珠。

但曹雪芹下笔写她们，虽然冷静地写出了她们的浮浪，却又透露出无限的惋惜与怜悯。他在这六回书里，实际上写的是两个尘世不洁净的女子，努力救赎，却终于还是不能修成正果，一个壮烈自刎，一个凄惨吞金，成为封建社会漫漫长夜里的两个牺牲品。

曹雪芹在第五十九回，通过春燕转述宝玉的话，实际上是说出了他自己的想法，那段话的中心意思是，那个社会的婚姻会使本来纯洁的女子变质。闺中女儿一出家（这个出家是指走出家门嫁人），就被组织到了那个社会的权力结构中，成为利益集团维护既得利益、争夺更多利益的工具之一，丧失了原有的自然状态——青春少女的原生态。当然，这不绝对。比如对凤姐，对李纨，对尤氏，这些女性已经出嫁，也确实各自都受到男权社会一定的污染——凤姐贪恋权财，尤氏无底线顺从丈夫，李纨在关键时刻自私而不能积阴骘——但他依然没把她们当成"死珠""鱼眼"，而是准确而细腻地刻画出她们尚存的美——凤姐理家中的人情面，尤氏处世中的宽厚面，李纨对待弟妹的温馨面。

或许是曹雪芹刻意要把自己的女性观补充得更完整而避免片面，他写尤二姐和尤三姐的故事时，把这两个女性的救赎之途，恰恰定位于嫁人。他仿佛在扩展第五十九回中的那个论述，在"分明一个人，怎么变成三样来"之后，接着再这样说：也有另样情况，那就是，女儿在家时失了身，好比珠子被玷污，只要认认真真嫁人，痛改前非，好好过日子，那么，也还可以洗去污垢，返璞归真。这样，他就写出了生命状态的多样性，为受玷污的年轻女性指出了自我救赎的可能性。

尤二姐被贾琏私娶后，一直为自己早先的失足忏悔，一心一意地想回归贞静贤淑。尤三姐跟贾珍、贾琏破脸厮闹后，也终于决心自主择婿，从此一心一意地安分生活。在任何一种社会里，通过自主恋爱、自主择偶，让荒唐的过往永远不再重演，在新的社会关系里救赎出一个新我，都不失为一种重新开始人生的良策。现在的社会环境里，这样的努力是完全可以出好结果的。但是，在《红楼梦》里，如大家所见，尤氏姐妹最终仍旧双双香消玉殒。

尤二姐之死，其中最关键的因素当然是凤姐的借刀杀人。但读过这几回的故事后，其实我是并不痛恨凤姐的，因为是贾琏偷娶先损害了凤姐的利益，她是被迫进行"自卫反击"。更何况，依据书中的描写，凤姐完全能够满足贾琏的需求。不知道大家是否有留意，除了平儿以外，跟平儿陪嫁过来的三个，以及她过门前贾琏身边的两个，到后来这些人竟再没有出现过。那么，这些人去了哪里？虽然书中没写，但基本可以肯定，像凤姐这种眼睛里揉不得沙子的人绝对不会允许和其他人分享丈夫，所以这些人最后到底去了哪里，是死是活，也只有凤姐知道了。再到她计除尤二姐，又终于弄灰了秋桐，某种程度上可以算是无形中在推进一夫一妻的现代婚姻制度。所以，她的泼醋也好，"拔刺"也好，客观上具有进步意义。

但尤三姐之死就不一样了，关键因素竟是宝玉对柳湘莲说的那几句话。柳湘莲向宝玉询问情况，宝玉怎么会用那样的口吻来回答呢？特别是最后那句："真真一对尤物，他又姓尤。"他但凡不那么说话，换个别的句子，也许就不至于立马惹出柳湘莲那么强烈的反感，而柳湘莲就算心存疑忌，熬到与尤三姐见面，也许就会冰释前嫌，那么，事情也就不至于发展到"揉碎桃花红满地"的惨烈程度。曹雪芹为什么要这样写？我想，他大概是想写出人生与命运的诡谲。有的人，有的事，固然有其可寻绎的因果，却往往也有着诸多说不清道不明的玄机在里面。正如曹雪芹的人生，谁能想到荣华富贵会在倏忽之间灰飞烟灭呢？又经历了世间浮沉，最终虽凄凄惨惨一生，倒也留下了《红楼梦》让世人嗟叹，是祸还是福，又怎么知道里面的玄妙呢？

（耿　颖）

胡说大观园

《红楼梦》一书,抛开其中的深刻时代内涵、封建伦理道德等虚无缥缈的东西,我想,最吸引读者的莫过于那座人间仙境般的大观园了。

大观园,大概是取面面大观之意。如书中所述,开门便是一带翠嶂,步入其中,亭台楼阁,秀瓦雕甍,各种建筑点缀于山水草木之间,虽不及阿房宫宏伟壮丽,但富丽堂皇也不遑多让。曹公似乎也对此心向往之,将笔墨用到极致,每一步、每一景都细细雕琢,不显累赘,反而衬得大观园极尽精巧,实乃人间奇景。

我看《红楼梦》,觉得自大观园落成,众姊妹迁入住定后,《红楼》才真正多姿多彩起来。他们仿佛进入了自己的伊甸园,开诗社、摆寿宴、吃鹿肉、赏红梅……大观园变成了人间小天堂,让一群贵族的少男少女尽情玩乐。大观园将他们与钩心斗角、尔虞我诈的外界隔膜开,他们沉浸在自己的世界,只有儿女情长、嬉笑怒骂、舞文弄墨、光风霁月。他们远离世俗,物质条件优渥,精神生活富足,这有什么不好呢?没什么不好,可大观园将他们保护得太好,将他们的不谙世事、纯洁无垢变成了无知与懵懂。

如果不像书中所写的那样戏剧性的结局,贾府倾颓,家破人亡,众姊妹离散;他们也会像传统封建家庭的子女一样,作为联姻的工具将两个庞大的家族连成所谓亲族,他们也会和不喜欢的人同榻而眠。像宝黛二人必定是不情愿的,也许他们会结为连理,但诚如宝玉所说,女孩子结了婚便从珍珠变成了死珠子,想必黛玉也是逃不掉的。时间和空洞的深宅会磋磨掉她身上少女的娇气和小性子,她会长成王夫人那样的当家主母,也许会稍好一些,但必定不复豆蔻年华的美好。她也会一颗颗数着佛珠，在袅袅的熏香烟雾中数着宝玉房中的几个侍妾——她是最会拈酸吃醋的。而这样的黛玉，众多读者大概都无法接受，所以曹公就大笔一挥让她仍回天上去做那棵袅娜的绛珠仙草，这样，林妹妹在人们心中便一直是那个仙子一样天上掉下来的人了。再说贾宝玉，抛开今天的眼光，如何赞他是个风流标志的人物，反抗封建礼教的斗士？放在那个时代，他还真没有想象中那么优秀。若非高鹗给他安了个第七名举人的高帽子，他也算个没什么大用的人。（希望贾宝玉的粉丝不要打我）从小到大，他便是家中的心肝宝贝。老太太见他，宝一声，肉一声；王夫人没了贾珠，便把小儿子疼进了骨子里，更别提那些丫鬟嬷嬷们。古人云，男女七岁不同席，可宝玉却从没和女孩子们分开过。醉了便搂住同眠，拉着丫头要吃她们嘴上的胭脂，她们也不恼，反引了他来吃。与姊妹等也全没有男女之防，黛玉午睡他便腻上去，女孩们梳妆打扮他还奉上胭脂。宝玉房里哪个丫头不想和他好，巴巴地凑上去，宝玉本就在脂粉钗环堆里长大，被她们有意无意地挑逗引导，风流性子更甚。想来长大后，如果娶了黛玉，他必也是放不下这个姐姐，那个妹妹的，让黛玉每天捏着帕子，心中泛酸。

扯了这么久，离大观园这个题目越来越远，却是想说，在大观园轩敞华丽的表象下，有些不为人知的灰暗。也许是我内心的阴暗面发作，也许真有这等隐含意义，我再看大观园，总觉得有一种灰败凋敝之意。

大观园里，不复那烈火烹油、鲜花著锦的繁盛，这是贾府的荣耀，却是用贾元春一生的幸福和自由换来的。或许少时的教导让她对此只有顺从，但当她哭诉宫中那"见不得人的去处"，拥住贾母和王夫人大哭，却在女官的提醒下不得不重展笑颜时，她的眼里大概有悔，也有恨；当她看到站在她面前花朵般的众女孩时，她端庄矜贵的笑容后面也许是一缕嫉妒到疯狂的灵魂。她本该是如柳树般柔美的贵族少妇，却被满头珠翠压弯了脊梁。

大观园里，多的是生离死别、泪眼婆娑，多的是作威作福、人情凉薄。黛玉句句带着无恶意的小刺；宝钗抿嘴不语，心中却已推演万遍；探春上赶着讨好王夫人和宝玉，将亲娘和胞弟当作立威的踏板，烧起大观园里的改革三把火；迎春忍气吞声，惜春摆着生人勿近的脸。王熙凤常来常往，一步三摇，粉面含春威不露；尤二姐小住几日，却是时时拭泪，声声泣血。丫鬟婆子个个跟红了眼的斗鸡似的，怕是主子待下宽厚，才弄得沸反盈天，贾府一倒，连个声儿也没有，便树倒猢狲散了。

　　大观园，像个被虫蚀空了里子的桃树，表面上枝叶繁茂、欣欣向荣，内里却是摇摇欲坠、不可扶持，不就像贾府吗？营造出虚假的高楼，骗了别人，也骗了自己。那些丑陋与不堪，等那枝干折断、大厦倾倒时，便赤裸裸地暴露在阳光下，灰飞烟灭。

　　想起那句："陋室空堂，当年笏满床；衰草枯杨，曾为歌舞场。"想那煌煌赫赫的大观园，再看这不知所云的胡说之文，不过是笑谈，不过是一纸荒唐言。

　　最后解释一下，写这篇纯粹是被某天看到的一篇文章激发，看到了贾府众人被放大了数百倍的劣根性，才一时激动地写了这篇胡说，真的不是我对《红楼梦》有什么偏见。其实这篇又可以叫作"黑化版红楼梦"。个人戏言，切勿当真。

（贡徐滢）

我看"纱帽头"政老爷子

黛玉死后,贾政回到家,问:"怎么少了一个?"读来令人落泪。

由此,不妨来看一看贾府中的坚定"黛玉派"人物——贾政。

贾政,荣国府除贾母外的最高掌权者,为人端方正直,谦恭厚道,人品端方,风声清肃。他礼贤下士,济弱扶危,大有祖风,唯失之于迂腐。关于贾政,有一处经典情节,宝玉挨打。我们不妨从中来透视一下,政老是个什么样的人。

宝玉在外得罪王爷,在内调戏婢女,贾政发狠,誓要把宝玉给打死。周围若干清客、小厮,没有一个人敢拦。他的结发妻子王夫人来劝,贾政却"更如火上浇油一般,那板子越发下去的又狠又快",直至贾母匆匆赶来。

"贾母听说,便止住步喘息一回,厉声说道:'你原来是和我说话!我倒有话吩咐,只是可怜我一生没养个好儿子,却教我和谁说去!'贾政听这话不像,忙跪下含泪说道:'为儿的教训儿子,也为的是光宗耀祖。母亲这话,我做儿的如何禁得起?'贾母听说,便啐了一口,说道:'我说一句话,你就禁不起,你那样下死手的板子,难道宝玉就禁得起了?你说教训儿子是光宗耀祖,当初你父亲怎么教训你来!'说着,不觉就滚下泪来。"(《红楼梦》第三十三回)

"当初你父亲怎么教训你来!"从这句话中,颇可以看出些意味来。

"当初",即贾政年轻之时。仔细想想,不妨做出一个大胆假设:贾政年轻之时也可能活脱脱又是一个"贾宝玉"。

这种假设在全书中也是有不少印证的。

来看"大观园试才题对额"一回。

行至大观园入口，宝玉述旧，题"曲径通幽处"。贾政心里喜欢，却偏说："不可谬奖。"宝玉题"沁芳"，贾政拈髯点头不语，脂批言："六字已是严父大露悦容也。"随后又是点头微笑。宝玉评客人所题不妥，贾政便生冷笑，"有凤来仪"妙字一出，他竟点头道："畜生"，又评题联"未见长"。待到宝玉游得忘情，评论愈发胆大，贾政又是一声断喝："无知的业障"，说他"卖弄"，之后又是"无知的蠢物"。宝玉接而解"天然"之意，这下可好，贾政气得直命人将宝玉叉出去，可刚出去又喝他回来。蘅芜苑宝玉解草名，又被贾政唬得一个倒退。面对宝玉题出的两联好句，他又偏说"不足为奇"。最后进了书房，贾政喝命宝玉回去，末了，说了一句有意思的话："疼你也白疼了。"

从这些对话与反应中，不难看出，贾政也是颇有一番才情的。贾政评价潇湘馆："若能月夜坐此窗下读书，不枉虚生一世。"更可见他也是有风流才子情怀之人。从他在纱帽头底下隐藏着的这些情感来看，四十七岁的贾政，在三十年前，必又是宝玉型"歪才情"人物。

那么从宝玉的角度来看又如何呢？如果宝玉的人生没有停留在出家，而是在中了举之后与父亲贾政一样，踏入了官场，那么他会在成长中一点一点地习惯起大观园外面的那个世界，他会变得和当年的贾政一样，随着姊妹们一个个变成"鱼眼睛"，他身边的朋友不再是那些莺莺燕燕脂粉钗环，而是帮闲的清客老爷们，每天的日子也不过是下棋、吟诗、打儿子。也就是说，十七岁的宝玉，在三十年后，则必又是一个贾政型的"纱帽头"人物。

从宝玉到贾政，他必然又需经过一个突围，或者，更为准确地说，是一个"入围"。而这一步的关键转折，则是林妹妹之死。这让他明白了要把感情压抑到自己的内心中，正如贾政一样。

说到感情，联想到贾政身边的一位人物：赵姨娘。赵姨娘地位低下，但在贾府里却可说得上是嚣张的了，即便赵姨娘在贾府引出了些风雨，我们却未曾见政老爷子对她有过明显的管教，这是为何呢？

也许是因为赵姨娘与极其符合封建大家族夫人形象的王夫人相比，多出许多情趣个性来。倒退三十年，贾政与赵姨娘，想来俨然便又是如今的宝玉和晴雯那般关系。

可以说，就《红楼梦》全书来看，宝玉的生活，是对贾政三十年前生活的一个补叙，而贾政的生活，则又是对宝玉的最后结局的另一种可能性演绎。推开而言，整个贾氏家族，乃至所有的封建大家族，也都在进行着这样的一个轮回。由此，贾政和宝玉二人相互映衬，不仅使得双方的性格特点更加饱满丰富，也使得全书对于封建大家族的演绎思考有了更深一层的含义。

(黄雨虹)

我看贾政

贾政，字存周，荣国府二老爷，贾宝玉的父亲。他为人端方正直，谦恭厚道，风声清肃，礼贤下士，济弱扶危，唯失之于迂腐。作为封建贵族中的一员，难得地有着正常事业心，他严格遵循着儒学礼教的行为规范，以修身养性、知书达礼的形象示人。与贾家其他子弟相比，贾政的生活显得正派简约得多。而其亦有修身、齐家、治国、平天下的政治抱负。

而贾政担职的工部从五品却又是世袭而得，工作环境平淡如水，因此他无法实现其理想，亦失去了其祖辈父辈时代征战沙场的气度和宏大的人生抱负，注定只会平平淡淡，成为一名迂腐软弱、尸位素餐、被礼教雕刻得工工整整的官员。小说第四回里这样评价贾政："且素性潇洒，不以俗务为要，每公暇之时，不过看书着棋而已，余事多不介意。"而作为除贾母外荣国府的最高掌权者，不喜管理府中大小俗务，每日只看书着棋，同一众清客闲聊，他并不喜好繁华奢侈的生活，在游览大观园时也有过归农隐逸之意。这样的人物放置于一群善于钻营、尔虞我诈的官僚群体里，显然是不适宜的，孱弱古板的贾政只能去适应这种环境，绑定在这台腐朽的官僚大机器上木偶式地生活着。

贾政坚持追求着仕途上的理想而不得的时候，官僚体制、封建礼教下的种种就挤压了他的正常心理，致使他的情感世界荒芜，对亲情疏远冷漠。小说里的贾政在家里和王夫人相敬如宾，又一心想讨得母亲的欢心，但长期的枯燥的官场生活已彻底地扭曲了他的性格，使他处处以官场的标准来要求家人，也以官场的标准为儿女们描绘着前途。受封建礼教显身扬名的人生价值观的制约，他把光宗耀祖的希望寄托在下一代"略可望成"的宝玉身上。可宝玉却以诗词为乐，不喜四书五经，更看不起所谓功名利禄。父子间的矛盾可想而知。而与宝玉的关系又连带着影响到贾政与母亲的关系，一方面贾政想要严管宝玉，一方面又担心母亲伤心，所以他只能在矛盾之中进退两难，难以求得和谐。至于元春进宫，探春远嫁，迎春被迫嫁与中山狼，我们更可以看出一个古板迂腐，亦是无奈的贾政。

政，谐音"正"，作者曹雪芹描写他的为人，亦着重一个"正"字。从起初的正直严肃，到最终的刻板冷酷，贾政始终代表着贾府中的另一股势力——儒家思想和封建礼教。为虚伪的封建礼教与官场里的腐败所害的他，最终成为一个既没有政绩也没有亲情的可悲人物。他既是悲剧的受害者，也是悲剧的制造者。

（汪琪明）

还《红楼》一个"梦"

大家还记得初读《红楼》时对"红楼"的印象吗？当贾府的大门第一次向我打开的时候,我觉得很无聊,因为她没有《西游记》打怪兽捉妖精,没有《三国》中的各方豪杰天下纷争,她只有闺阁小姐耍耍小性子,媳妇婆子斗斗小心眼儿,没事吃吃酒,赏赏月,做做诗,小姐们百无聊赖的日子让这本书看起来颇为无聊。可如果"红楼"真是一杯清水,是绝对不会产生一门红学的。大家都知道红楼一个"梦"字隐去了许多东西。在背名著解读的时候,我对一个句子记忆深刻,"杨妃戏蝶,是因其见宝玉进了黛玉房中,妒火中烧",那时候我就纳闷,一个妙龄少女,见两只翩跹蝴蝶逗一逗有何不可！像这样似乎有些阴谋论倾向的解读还有无数。

一、宝玉原来是"四爷"！——解开贾琏的"二爷"之谜

人们在读《红楼梦》时,有一个谜团怎么也解不开,那就是贾琏的"二爷"之谜。贾琏明明是贾赦的长子,怎么就成了"二爷"呢？

其实很简单,他们是按一爷(贾代善)公孙来排序。因为贾琏比贾珠小,所以是"二爷"。可是到贾宝玉身上,怎么还是"二爷"呢？

原来作者在排序问题上耍了两个花招：

一是故意隐去贾琮的年龄,失去了排序的根据；二是到贾宝玉这里,又变为亲兄弟排序。

如果贾宝玉和贾琏一样按一爷公孙来排序,情况将会如何呢？

贾代善有二子五孙：长子贾赦与次子贾政。贾赦有两个儿子：贾琏与贾琮；贾政有三个儿子：贾珠、贾宝玉和贾环。已经可以确定下来的顺序是贾珠、贾琏、贾宝玉和贾环。现在问题的关键是贾琮的年龄有多大。按照冷子兴的介绍，在贾琏二十来岁的时候，贾宝玉才只有六七岁。显然贾琮要比贾宝玉大，应是"三爷"。贾宝玉顺理成章，该是"四爷"了。这个"四爷"可了不得，清雍正皇帝胤禛不正是"四爷"吗？

如果作者真的让大家称呼宝玉为"四爷"，不是太露骨了吗？

二、康熙驾崩是被胤禛所害——一段眉批暗藏的玄机

请看第十四回的一段原文：

> 那时客官送殡的，有镇国公牛清之孙，现袭一等伯牛继宗；理国公柳彪之孙，现袭一等子柳芳；齐国公陈翼之孙，世袭三品威镇将军陈瑞文；治国公马魁之孙，世袭三品威远将军马尚；修国公侯晓明之孙，世袭一等子侯孝廉；缮国公诰命亡故，故其孙石光珠守孝不曾来得。

再看一段离奇古怪的眉批：

庚辰本眉批：牛，"丑"也；清属水，"子"也；柳拆"卯"字；彪拆虎字，"寅"字寓焉；陈即"辰"；翼火为蛇，"巳"字寓焉；马，"午"也；魁拆鬼，鬼金羊，"未"字寓焉；侯、猴同音，"申"也；晓鸣，鸡也，"酉"字寓焉；石即豕，"亥"字寓焉；其祖曰守业，既守夜也，"犬"字寓焉。——此所谓十二支寓焉。

以上批语为作者自加是确定无疑的，理由是：

第一，除了作者，别人万想不到"十二支寓焉"。

第二，原文中并无"其祖曰守业"字样，除作者外，任何人也不可能先加入这五个字，然后再加以评阅。

第三，批语中的"'犬'字寓焉"按上文地支逻辑该是"戌"字寓焉。这里似乎出了一个错误或漏洞，那么这个"犬"字是批者疏忽还是有意为之？找答案

后，问题就明白了。我们下面就来寻找答案。批者的十二个字分别是：丑、子、卯、寅、辰、巳、午、未、申、酉、亥、犬。

我们将这十二个字重新排布一下顺序，并用谐音法找到对应的字：

犬子未酉寅丑 卯辰亥巳午申

犬子谓有淫丑 某臣害死吾身

听到这里，大家觉得怎么样？如果将读一部巨著比成修炼，这些奇特的解读确实会让一部巨著变得更有意思。不仅是普通的红学爱好者，著名文人对红楼的解读也是层出不穷，比如：

王梦阮的《红楼梦索隐》将《红楼梦》解读为顺治帝和董小宛的爱情故事。蔡元培的《石头记索隐》将《红楼梦》解读为满汉民族的问题。胡适的《红楼梦考证》和周汝昌的《红楼梦新证》将其解读为曹雪芹家事。刘心武通过秦可卿的身世入手，解读出康雍乾时期的政治角力。

这本世界闻名、代表中国小说顶峰的巨著，无论如何解读我认为都不为过。读懂《红楼梦》就读懂中国，中国文化多深，《红楼梦》就有多博大，中国专门有解读其学问的红学，足见其深厚、其分量、其意义非同一般。

但从文学爱好来说，解读《红楼梦》等典籍如挖深井，仰之弥高，钻之弥坚，兴之所至，欲罢不能。解读《论语》《道德经》《孟子》《孙子兵法》的多了，这些经典之所以被反复解读，其一是本身有料，其二是大家认可，作为中国文学的里程碑，它们不但现在被解读得火热，相信将来还会有更多的解读，所以对《红楼梦》过誉之说不认同。

好的解读在自己深挖学习，对《红楼梦》这样的经典著作，还是多从文化本身来研读的好，保持对文化的敬畏，研究才会更加沉实，吸收消化的东西才更有营养。文化是滋润人的，好的文化让人闪光，让社会文明向善。

而我希望，读《红楼》，还原到本真，只为其中人物的命运悲喜，与人物命运共同沉浮来理解一个家族，一段历史，一场兴衰。简单点，干脆让《红楼》上的那层纱永远朦胧地掩着。笙歌归院落，灯火下楼台，曲终人尽，也请还《红楼》一梦。

（李云舒）

不窝囊，无人气

——论名著中的领导人为什么大多很"窝囊"

我曾经在"知乎"上看到有人提这样一个问题：为什么四大名著的主角都很"窝囊"？

这个问题问得再准确些，应该是：为什么四大名著中的领导人都很"窝囊"？那么我们就来依次分析一下：《红楼梦》不很典型，贾宝玉只不过没考取功名，再加上爱与姐妹戏耍，却也算不得"窝囊"。而其他三部就很典型了——宋江、唐僧、刘备，都多多少少体现出"窝囊"的性格特点。而这三者中，《三国》与其他两部又有所不同。《水浒》中宋江领了一帮梁山好汉招安去了，这个结局是必然的。全书一开头就讲好了这些好汉实际上都是被"误放"出来的"妖魔鬼怪"，不归顺朝廷是不行的。而《西游》同样，孙悟空、猪八戒、沙和尚都是要随唐僧皈依佛门的。两部书在某种程度上都贴合了官方主流价值观的需要。《三国》却是不符合这种情况的。我们只能为他另寻一个解释。我寻思许久，也只有这种可能性了："窝囊"可以使人物丰满，使故事情节更加生动！

王国维说：可爱者不可信，可信者不可爱。而我们说：可爱的皇帝没有能耐，有能耐的皇帝不可爱。

刘备这个人，既不能文，也不能武，空凭一个"刘皇叔"的主角光环和两位能干的拜把子兄弟一路摸爬滚打着上来。刘备的性格在某种程度上真像是三国版的唐三藏：陶谦要让徐州给他，他得谦让三次；许田打围时关羽要杀曹操，刘备大呼老弟这可不行；青梅煮酒可以把他筷子都吓掉；三顾茅庐时要像唐僧进小雷音寺一样虔诚。就连打不过别人，要跑路的时候，他还不忘普度众生，带着樊城的老百姓们一起渡江。

　　刘备可以说是一路"窝囊"着保住了性命。我甚至觉得可以给他颁发一个"三国最擅长找借口奖"。青梅煮酒摔筷子后,他竟说筷子是被雷吓掉的。我想一个有自尊有骨气的英雄是绝不会怕雷,并且再无奈也不会拿怕雷当借口的。若是给他多些时间来思考,他也许能拿出更合理的借口。但这情急之下想出的借口更是暴露出了他本性中的懦弱。而关羽杀颜良文丑时,刘备为了在袁绍那儿保住脑袋,竟先后想了两个借口:"那也许是长得像我老弟,你可不能这么急着杀我,万一搞错了呢?真是他那也不是没有解决办法,我可以给您把他劝降过来为您效力啊!"这借口真是够烂的,可偏偏袁绍还信了他。

　　曹操相比刘备也好不了多少。割须弃袍,狼狈到如此田地。后来华佗说要给他的脑子开刀,他怕把自己给弄死了,就没开,还疑心华佗想害自己,处死了华佗。可最后,曹操终逃不过这一死。

　　刘、曹二人身为自己阵营的领导人,性格中糅进的"窝囊"成分虽然槽点满满,可这也使我们对其有更深刻的印象。而孙权,活得最久,刘、曹都死了,他还活着。孙权在这点上是有能耐,可我想大多数人对他其实都没有什么特别的感受。谈起孙权,可能思绪不知不觉地就飘向了周瑜,去谈周郎的雄姿英发了。

　　所以,同学们,当你们写小说时,可别忘了把主角或者团队领导人写得"窝囊"一些啊!

(陆思文)

还见常山赵子龙

赵云在《三国演义》里的第一次出场在第七回,他和刘备第一次见面,刘备就非常敬爱他,有了不舍之心。

书里描写到:玄德与赵云分别,执手垂泪,不忍相离。云叹曰:"某曩日误认公孙瓒为英雄;今观所为,亦袁绍等辈耳!"玄德曰:"公且屈身事之,相见有日。"洒泪而别。

初见子龙即洒泪,他日必教做英雄。

自从见过赵云,刘备就一直惦念在心。第十一回,刘备借兵救徐州,专门提到了一个细节——玄德曰:"更望借赵子龙一行。"瓒许之。玄德遂与关、张引本部三千人为前部,子龙引二千人随后,往徐州来。

徐州打完了,该还给人家公孙瓒兵马了吧?

赵云辞去,玄德执手挥泪而别。

说什么关羽身在曹营心在汉,赵云又何尝不是"恨不相逢未嫁时"?

孙瓒兵败自焚后,赵云辞了袁绍、杀了裴元绍,一心一意寻找刘备。书中赵云寻见刘备后,有这么一段忠心表白:"云奔走四方,择主而事,未有如使君者。今得相随,大称平生。虽肝脑涂地,无恨矣。"

都说刘备摔了儿子来收买人心,其实,早在一开始,刘备对赵云就极为用心。彼以国士待我,我亦以国士事之。

而赵云也用一生,践行了他最开始的承诺。

当我们将这一百二十回阅读结束之后,再去看最开始的出场,真的会不胜感慨。

赵云的出场是夺人眼球的——忽见草坡左侧转出个少年将军，飞马挺枪，直取文丑。公孙瓒扒上坡去，看那少年：生得身长八尺，浓眉大眼，阔面重颐，威风凛凛，与文丑大战五六十合，胜负未分。

《三国演义》里，论武力，比赵云强的人真的不少，但论描写精彩程度，没有超过写赵云的——这一点上，罗贯中的偏爱是很明显的。

我最喜欢的对赵云的一段描写是这样的：云大喝一声，挺枪骤马，杀入重围，左冲右突，如入无人之境。那枪浑身上下，若舞梨花；遍体纷纷，如飘瑞雪。

这场面该如何描述？一个字，帅啊！赵云得女读者青睐，罗贯中贡献了大部分力量。

刚出场时的少年将军，白袍白马，手持银枪，谦逊寡言，沉稳有谋，这是赵云给我们留下的最深印象。似乎整本书，他一直是这样的。

直到有一天——忽帐下一老将，厉声而进曰："我虽年迈，尚有廉颇之勇，马援之雄。此二古人皆不服老，何故不用我耶？"众视之，乃赵云也。孔明曰："吾自平南回都，马孟起病故，吾甚惜之，以为折一臂也。今将军年纪已高，倘稍有参差，动摇一世英名，减却蜀中锐气。"云厉声曰："吾自随先帝以来，临阵不退，遇敌则先。大丈夫得死于疆场者，幸也，吾何恨焉？愿为前部先锋！"孔明再三苦劝不住。云曰："如不教我为先锋，就撞死于阶下！"

这是诸葛亮初次北伐时的情形。倏忽之间，那个银枪少年，就变成了"老将赵云"。诸葛亮一直是一口一个"子龙"地叫着。忽然就改口叫他"老将军"了——老将军，明明是黄忠的专有称号啊。唉，我们的赵云，也老了。

看《三国》，读到英雄迟暮时便会不忍，大概罗贯中写英雄老去，也是不忍的。所幸，两千年里流亡青史，回首仍见赵子龙。

（部分资料参考"知乎"网）

（张梓语）

凡人骨肉，英雄本色

——归纳《三国演义》中的伤与病

最近身体抱恙，无力打球，痛感"英雄"也有不济之时。这不禁启发我重读《三国》，回到书中，仔细品味曾经跳过的许多英雄伤病情节。《三国》中人物有"三绝"，今天不妨与大家分享我眼中的伤病"三绝"。

一、猛 绝

第十八回标题醒目"夏侯惇拔矢啖睛"。就在吕布殒命的下邳之战中，曹军压境，高顺引兵、曹性拈弓搭箭，刺中夏侯惇左眼。原文摄人心魄：夏侯惇"拔箭连珠"，大呼"父精母血，不可弃也"，把眼珠含在嘴里，拍马直取曹性。短句的节奏紧凑，一"拔"一"呼"一"取"，夏侯惇的生猛凶狠跃然纸上，读来让人头皮发麻。不经意之间，罗贯中宣扬了"身体发肤，受之父母"的孝道思想。这是其一，猛绝。

二、气 绝

说到"气绝"，大家都耳熟能详，正是"三气周瑜"的情节。第五十一、五十五、五十六回，分别记述了周瑜中伤的来龙去脉。从南郡被曹军射中左肋、假死却被孔明识破，到"赔了夫人又折兵"难忍蜀军骂战，最后到"假途灭虢"计夺取荆州失败，罗贯中用了三次类似的表达，描述周瑜的急火攻心的一刻："大叫一声,金疮迸裂""大叫一声,金疮迸裂,倒于船上""大叫一声,箭疮复迸,坠于马下",繁笔与简笔之间流露唏嘘之意。周瑜奋然跃起,不平则鸣:"大丈夫既食君禄,当死于战场,以马革裹尸还,幸也!"只可惜,仗剑豪情成就了他的意气风发,狭小气量夺去了他的未竟霸业,在《三国》中留下了"既生瑜,何生亮"的一抹悲情。这是其二,气绝。

三、勇　绝

谈伤病,谈及神医,比神医更神的大概只有神武大将军关羽"刮骨疗毒"。樊城一战对关羽来说注定不寻常,昔日威武大将不料被曹仁弩箭射中右臂,不久毒药已浸入筋骨。华佗为关羽割皮刮骨,药敷线缝,所有的留白都浓缩于一句拟声描写"悉悉有声,血流盈盈"。而此时的关羽"饮食酒肉,谈笑弈棋",方寸之间毫无惧色。许多人质疑是毒药麻痹了神经,使关羽丧失痛觉,是作者极力夸大了他的坚强。倒不妨反问一句直面血肉淋漓的场面,又有多少人能够处变不惊,甚至谈笑风生?对比之下,曹操头痛欲裂,却怀疑华佗"利斧砍脑"意欲加害自己,显示了奸诈胆怯的小人本色。关羽也不过是血肉之躯,"神"的背后实则是超凡的勇敢无畏。这是其三,勇绝。

四、感慨与思考

当然,三国之间的腥风血雨给将士们带来的伤病远不止于此,伤病与胜败皆乃兵家之常事。若从现代医学的角度看,作者的文学描写,的确可以为诊断提供科学依据,其中不乏一些有趣的联想。诸葛亮鞠躬尽瘁死而后已,不习武、不锻炼,积劳成疾,疑因积劳生肺炎而死;刘备爱哭是多愁善感,见髀肉复生更难以抑制泪水,大概也是泪道系统阻塞的毛病;赵云"一身是胆",想必是胆细胞癌变的结果……同时,在《三国志》的基础上,《三国演义》对扁形人物的艺术创造经过了生老病死的虚构,表达了作者强烈的主观色彩。如黄忠、徐晃、张辽实则病死,却被罗贯中写成战死沙场,多少渲染了几分英雄末路的悲壮。太史慈若未被写成陷张辽埋伏而死，大概《三国》中也难以听到这样的呼号："大丈夫生于乱世，当带三尺剑立不世之功，今所志未遂，奈何死乎！"类同周瑜的悲呼，罗贯中都在人物的经历中着眼其性格与抱负，将儒家"忠君报国"的思想发挥得淋漓尽致，使"立德、立功、立言"的"三不朽"追求更加深入人心。

　　人人都有英雄情结，《三国》让我着迷的地方就在于乱世英雄如此慷慨激昂，如此叱咤风云。同样拥趸个人主义和英雄主义，美国大片则更突出"超级英雄""超人"的完美形象。相形之下，《三国》写将士伤病，刻意地暴露了英雄共同的致命弱点——是人，而不是金刚不坏之身，都难逃生老病死的命运。人性的不完美，更加映衬出将士们面对生杀予夺的铮铮铁骨、豪情壮志，充满着力量美的感召和真实感的震撼。在鲜血、热泪、智谋、胆略之中，《三国》不避真实的芜杂，引领我回望那风起云涌的时代，领略那些有血有肉的英雄本色，赋予了我们中国式的、儒家气派的英雄梦，"虽不能至心向往之"。

（梅淑昕）

浅谈"神医"华佗

今天,我与大家谈谈《三国》里的神医——华佗。

华佗,东汉末医学家。《后汉书·华佗传》有华佗"年且百岁,而犹有壮容,时人以为仙"的记载,也有说他寿至一百五六十岁仍保持着六十多岁的容貌,而且是鹤发童颜。他在《三国》中重要的出场有三次。

第一次,医治周泰。孙策留孙权和周泰守城,遭到山贼的袭击,周泰为了保护孙权,身中十二枪,命在旦夕。孙策大惊,有人推荐说:"华佗,真当世之神医也。"后华佗看了周泰之后说:"此易事耳。"投之以药,一月而愈。

第二次,医治关羽,便是非常有名的刮骨疗毒。情节我不必多说,事后关羽夸他说:"先生真神医也!"华佗回答说:"君侯真天神也!"两个人都互相夸赞对方为"神"。后人有诗说:"治病须分内外科,世间妙艺苦无多。神威罕及惟关将,圣手能医说华佗。"也足见华佗医术之高。

从前两次行医中,已足见其神,名声远扬。第三次行医前,华歆还狠狠地夸了他:"其医术之妙,世所罕有。但有患者,或用药,或用针,或用灸,随手而愈。其神妙如此!"还说了几个神奇的例子。一天,华佗走在路上,看见有个人患咽喉堵塞的病,想吃东西却不能下咽,华佗告诉他说:"刚才我来的路边上有家卖饼的,有蒜泥和大醋,你向店主买三升来吃,病痛自然会好。"他们马上照华佗的话去做,病人吃下后立即吐出一条蛇一样的虫。广陵郡太守陈登得了病,心中烦躁郁闷,脸色发红,不想吃饭。华佗切脉说:"您胃中有好几升虫,是吃生腥鱼、肉造成的。"做了药汤,一会儿,陈登吐出了三升小虫。华佗说:"这种病三年后该会复发,碰到良医才可以救活。"按照预计的时间果然旧病复发,当时华佗不在,正如华佗预言的那样,陈登死了。

曹操砍了神树，头脑疼痛不可忍，于是差人请华佗，华佗说："这病需开颅！"曹操大怒："你要谋害我！"华佗说："你为什么不相信我？关羽都听我的话刮骨疗毒了。"曹操说："开颅和刮骨是一回事吗！"于是，华佗卒。

读到这里我就怀疑此事的真实性。没有系统的外科知识，没有杀菌消毒装置，没有缝合技术，要做开颅手术，在那个年代万万行不通。

但是，与其考虑此事的真实性，不如以演义的角度去看待它。其实中国自古对这种靠技术吃饭的人物都不重视，历代史书中都把技工、医士和方士并列，认为不过是靠奇技淫巧蛊惑人心之辈而已，看史书中对他们的记载，也是神话性和怪诞性兼而有之。在民间行医，民众或许出于无知的畏惧和有所求，最多敬而远之。但是到了上层社会，医生不过只被视为恃技糊口的器具，想必在曹操身边的时间里，华佗对这种感触尤为明显，所以才会"耻以医见业"吧！

在医术领域内，曹操也只能是大众的一分子，从他的角度来看，对于无法治愈只能缓解的慢性病，华佗的医术可以完美解决发病的痛苦，但是却不能根治，自然产生其能愈此但是却自重的心态。加上那种刻意的嫉妒心理，拒绝承认对方所掌握的专业技能的独特价值，就产生了"天下当无此鼠辈耶"的心态。

华佗生活的时代，当是东汉末年三国初期。那时，军阀混乱，水旱成灾，疫病流行，人民处于水深火热之中。当时一位著名诗人王粲在其《七哀诗》里，写了这样两句："出门无所见，白骨蔽平原。"这就是当时社会景况的真实写照。目睹这种情况，华佗非常痛恨作恶多端的封建豪强，十分同情受压迫受剥削的劳动人民。为此，他不愿做官，宁愿捍着金箍铃，到处奔跑，为人民解脱疾苦。

不求名利，不慕富贵，使华佗得以集中精力于医药的研究上。《后汉书·华佗传》说他"兼通数经，晓养性之术"，尤其"精于方药"。他曾把自己丰富的医疗经验整理成一部医学著作，名曰《青囊经》，可惜没能流传下来。但无论如何，小说中的塑造源于时代，又有艺术色彩，呈现了一个神医华佗的形象。

(刘晓悦)

"义绝"关羽的悲剧性

如果问《三国演义》所反映的最重要的思想是什么,那一定是书名中的"义"字。"义"字可以说是全书的书眼,从第一回"宴桃园豪杰三结义"起,一直到"全忠义士心何烈,守节王孙志可哀",贯彻始终。书中所塑造的"义"的形象也数不胜数,所有或大或小的人物性格中几乎都体现出"义"的一面,甚至连"奸绝"曹操也不可谓不义。然而,若是要以"义"在《三国》中做一个大比拼的话,大家想都不用想,最后的获胜者一定是"义绝"关羽。

今天,我们就以关羽的形象为例来浅谈一下"义绝"关羽的悲剧性。

"义绝"关羽是"义"的主旨的核心人物,罗贯中为塑造这一英雄性格所上的底色是忠义思想。关羽的"义"可不是一般的义气,那可是一种披肝沥胆、义无反顾,比泰山还重,比生命还贵的"义"。关羽的"义",贯穿了刘备、关羽、张飞从结义到殉义的整个过程。刘蜀集团是一个充满悲剧色彩的集团,而悲剧的主角——刘、关、张三人都出身于平民阶层,或织席贩履,或卖酒屠猪,或浪迹江湖,在风雨飘摇的时局里,虽然素昧平生,却一见如故。"桃园三结义"包含了结拜兄弟义不容辞的职责,所以关羽追随刘备,效死勿去,并非知恩图报,而是在当时的处境下,一种真正的患难相扶、祸福同当,这就体现了人民理想中的义气,符合人民群众的道德观念。

且看"屯土山约三事":第一,只降汉帝,不降曹操;第二,两位嫂嫂请给俸禄养赡;第三,但知刘备去向,不管千里万里,便当辞去。三者缺一,断不肯降。第一条可见关羽在国家层面的忠义,最重要的最后一条可见其在个人层面的忠义。他和刘备始终维系着"朋友而兄弟,兄弟而君臣"的关系,这也是人民所向往的忠义观。他在降曹后,受到一次次的考验,曹操为了收买关羽而厚恩待之,"引关公朝见献帝,帝命为偏将军。公谢恩归宅。操次日设大宴,会众谋臣武士,以客礼待关公,延之上座;又备绫锦及金银器皿相送。关公都送与二嫂收贮。关公自到许昌,操待之甚厚:小宴三日,大宴五日;又送美女十人,使侍关公。关公尽送入内门,令伏侍二嫂。却又三日一次于内门外躬身施礼,动问二嫂安否。二夫人回问皇叔之事毕,曰'叔叔自便',关公方敢退回。操闻之,又叹服关公不已……"曹操的厚遇没能让关羽有丝毫动摇,他一思一念,一举一动都不能忘记"誓同生死"的结义兄弟。曹操赠袍,关羽却把旧袍罩在新袍之上,并谓之曰:"旧袍乃刘皇叔所赐,我穿之如见兄面,不敢以丞相之新袍而忘兄长之旧赐……"曹操又赠赤兔马,关羽谢曰:"吾知此马行千里……若知兄长下落,可一日而见面矣。"这是何等的光明磊落!曹操听了口虽称羡,心实不悦,便命张辽去问关羽何以常怀去心,却引出了关羽的一番肺腑之言。

公曰:"吾固知曹公待吾甚厚,奈吾受到刘皇叔厚恩,誓以共死,不可背之,吾终不留此。要必立效以报曹公,然后去耳。"辽曰:"倘玄德已弃世,公何所以归乎?"公曰:"愿从于地下。"

关羽的这段话惊天地、泣鬼神,连"奸绝"曹操听了也不得不叹服:"事主不忘其本,乃天下义士也!"正因如此,当关羽一知刘备的消息,便毅然决然封金挂印,过五关斩六将,来去明白,往返奔波,寻找刘备。在他身上,没有丝毫的奴颜和媚骨,不管在任何生死存亡的危急关头,都不改变他的初衷,至死忠于蜀汉,义于刘备。当他兵败麦城,内无粮草,外无援军,吴侯派诸葛瑾来劝降时,关羽义正词严地说:"玉可碎而不改其白,竹可焚而不可毁其节;身虽殒,名可垂于竹帛也。"终于在麦城殉难,以自己的热血和生命铸造了他忠义壮烈的性格,在关羽身上体现的"富贵不能淫,贫穷不能移,威武不能屈"的精神,正是一种最真诚、最纯粹的"义"。

然而,关羽的性格又是一个充满矛盾的统一体。关羽底层的出身,流浪江湖的经历养成了他的侠义气质,但同时这也正是关羽结局悲剧性的来源。下邳兵败,张辽劝降时,关羽当即严词拒绝:"某仗忠义而死,安得为天下笑!"但当他听到张辽循循善诱的分析诱导时,这位视死如归、万人不敌的虎将竟低下了他那高贵的头颅降了曹操。同样的道理,对于曹操的"厚遇",关羽表面上虽未动其心志,然而,"知恩图报"的义气却深深埋伏于他的心中,他为了报恩而主动请缨,诛颜良,斩文丑,解了白马之围;又为了报恩,在赤壁之战中义释曹操,正如小说所写:"关羽是一个义重如山之人,想起当年曹操许多恩义,与后来五关斩将之事,如何不动心?"于是,他竟冒军令之险,弃盖世之功,置刘备统一大业于不顾,面对凄惶垂泪的曹操,动了恻隐之心而放虎归山,这就从反面反映了他为义而动摇义,牺牲自我的悲剧精神。关羽的这些行为,从刘蜀的角度来看是一种背叛,是不"义",但作者却把它作为重"义"的美德和高尚而纯粹的义举来大加颂扬和渲染。这种所谓"义"的行为,本来同刘备"兴复汉室"的原则是完全对立的,然而,罗贯中却在关羽的悲剧性中把它们统一了起来。对于我们读者而言,也往往只被关羽表面的悲剧所感动,而对关羽背后的这种"背叛"觉得情有可原了。

由此,我们可以看出关羽身上所体现的"义",既有其进步性,又有其局限性。就进步性而言,小说所赞美的"义",已冲破封建森严的君臣等级秩序,而是以感情认同为纽带,是对《水浒传》中"江湖义气"的一种发展。就局限性而言,《三国演义》毕竟还是封建时代的小说,其中的"义"再高尚也还是封建制度的产物。此外,这种义气是建立在个人恩怨基础上的,常常是短视的,缺乏原则性的,都以恩义为重,不能负"义"。为了"义",可以不顾一切,不惜采取错误的行为而造成严重的恶果。所以它体现在关羽身上就会出现降曹、报曹、放曹,敌我不分。这些种种因"义"而产生的惨痛教训,确实值得我们深思。

把《三国演义》放在封建时代背景下全面了解其中"义"的复杂性,以此反观我们现在,《三国演义》中的"义"的哪些部分是我们应该剔除的,哪些部分是我们现在社会依旧缺乏的,或许这才是我们之所以过了几百年还需要读古典名著的意义。

(部分观点参考兰毅:《论〈三国演义〉中"义"的悲剧性》,《西昌学院学报(社会科学版)》2006年第4期)

(戴 乐)

但愿一识周公瑾

苏东坡一句"遥想公瑾当年,小乔初嫁了,雄姿英发,羽扇纶巾,谈笑间,樯橹灰飞烟灭"为我们勾勒出一个气宇轩昂、足智多谋、从容不迫的周郎形象。

今天,我便想讲讲周瑜。首先,从他的名字说起。《说文解字》有云:瑾瑜,美玉也。可见,"瑜"这个字本身就包含着美好的意蕴。那么,周瑜是否担得起这个名字?我认为答案是肯定的。

《人物志》这样定义英雄:聪明秀出谓之英,胆略过人谓之雄。周瑜就是这样一个有德、有才、有风度、有朝气的英雄。有德,举贤荐能可比鲍叔,折节为国可比蔺相如。有才,弱冠征伐为东吴开国立下汗马功劳,赤壁之战力挽狂澜立下头功,亲冒矢石为东吴开拓荆州。如果说,诸葛亮具有名士风度,那么,周瑜就独具一种朝气,一种锐意进取、自信豪迈的英霸之气。他对自己人谦逊有礼,对敌人和挑战则具有一种蔑视和大无畏的英雄气概。赤壁之战前相会时,刘备说兵力太少,周郎"此则足用"的回答是多么有气势,而刘备的拖延在后更与他形成鲜明的对比。刘备的谋略也无不透露出先发制人、锐意果敢的气质,即所谓"英才天纵"。但周瑜的豪迈与关羽等人的狂傲又有本质区别,周瑜的自信是建立在合理分析谋划基础上的。他的气质和孙策很像,但孙策又是轻佻和嗜杀的,而周瑜却是从容娴雅的。有人说他的气质是孙策和诸葛亮的结合,在他身上,刚和柔结合得恰到好处。

然而在《三国演义》中,周瑜却成了一个心胸狭隘,因为才华不及诸葛亮而心生嫉妒,最终因斗智不如诸葛亮而被气死的人。众所周知,《三国演义》中带有很多作者主观色彩的描写,而周瑜,可以说是被"黑"得最惨的人。

那么周瑜究竟是怎么死的呢？历史上说周瑜是中曹仁毒箭后久治不愈，身体每况愈下，在江陵督战时病故。英年早逝可谓天妒英才。这说法不知是否真实，但不管怎样，我都不相信周瑜是被气死的。

先从周瑜心胸狭隘说起。周瑜出身名门，家教甚好，少年得志，能统观全局，是难得的帅才，所以才有孙策临终前"万事不决问周瑜"之托，可见周瑜必定是心胸广博，可以容纳天下之人。程普周瑜之争更是体现了周瑜之大度。由此可见，周瑜的气度丝毫不逊于司马懿，诸葛亮寥寥数语根本不会刺激到周瑜，更何谈周瑜是被诸葛亮气死的？而且从他临终前还推荐和诸葛亮较有交情的鲁肃更可看出他心胸宽广，绝非小肚鸡肠之人。

再说说诸葛亮。当时诸葛亮初出茅庐，虽说是在刘备盛情下请出隆中的，但在刘备那里只能算个新人，地位也不是很高。虽然刘备很敬重他，但关羽、张飞是十分不满意甚至瞧不起他的。而周瑜当时在江东身份显赫位高权重，大伙都听他的，有必要和这样一个"小人物"计较吗？

当时周瑜已经三十出头，功成名就，也有了丰富的人生阅历，怎么说个人修养也是有的，也是见过大世面的人，若他真的这么气量狭小，如此脆弱，不堪一击，怎担得起这大任？

在我看来，他真正的死因是由于日夜操劳，把身体累垮了。他少年得志，一心为吴国操劳，积劳成疾，其余所有都只是雪上加霜罢了。

周瑜英年早逝，着实可惜。于他而言，确实是一种遗憾，但对于天下人而言，却并不遗憾。他在历史上留下的是长壮有姿貌、智勇双全、精通音律的美名，是乱世之中的真英雄。有诗云："自古名将如美人，不许人间见白头。"在我看来，正是这种英年早逝的残缺造就了周瑜更完美的形象，因为我实在想象不出老了以后满头白发的周瑜是什么样子。

（耿一涵）

豪杰精神兵器显

走进战乱纷繁的《三国》,就像进入一个游戏世界,选定人物,标配除了钢铁战衣、宝马良驹,还需一件称心的武器。

选择什么样的武器,和你的性格、身份、品味有关。

一、双股剑

首先来说说《三国》中的第一男主刘备的兵器。剑为兵中之圣,为百刃之君。高手爱用剑,剑代表着一种武功高强、行侠仗义之英雄气度;道家修炼者爱用剑,剑又被蒙上了一种神秘、神圣、儒雅而含蓄的色彩;将领指挥爱用剑,就如抗日冲锋队长高举手枪的作用,剑是一种最高领导,至上身份的象征。由此,从双股剑可以看出刘备儒雅、真枭雄的特点与其汉室宗族的"皇叔"身份。

二、青龙偃月刀

青龙偃月刀可以说是最广为人知的。相传,天下第一铁匠只选月圆之夜打造它,完工时,有青龙腾空,血染宝刀,故称青龙偃月。青龙,是古代神话传说中的灵兽,象征授命于天,威泽四方,关羽那过五关斩六将之威武雄壮、无人可挡显于此;月,让人联想到月明清辉,泽耀万物,关羽那"美髯公"的风流倜傥,那让天下人敬服的忠义真诚,就如这流淌的月色,缓缓在三国纵横中,成就了一段千古武圣人之佳话。

三、丈八蛇矛

刘备、关羽介绍过后，自然少不了三结义之三弟张飞。张飞这个粗黑汉子形象总不禁让人要拿他与《水浒传》中的李逵比较。李逵可谓简单，他用他那两柄短斧衡量着世间的一切爱恨情仇，用纯白如纸的头脑打量着这世界上万千怪象。他不明白黑暗何以猖狂，忠奸何以分辨，满口忠义的哥哥是怎样心肠，最后只能怀着满腔不解告别世界，为一场大梦殉葬。外表相似，却使用完全不同的兵器，这说明张飞与李逵的性格还是大不相同的，张飞不仅仅是个直来直去的勇夫，他还时常勇中有计，粗中有细。他假放士兵，半夜劫寨，擒得刘岱。是了，长矛又长又不规则，想要扎得准，非心细不可。末了，张飞还道："哥哥道我暴躁，今日如何？"可爱得像个邀功的孩子。

四、槊

英雄说完了还来说说奸雄。这奸雄非曹丞相莫属。丞相，丞相，曹操无疑是高贵的。从他使用的兵器也可以看出这一点。槊是实力、权贵、权威和礼仪的象征，非贵族世家，大将军不能用槊。"顺流而东也，舳舻千里，旌旗蔽空，酾酒临江，横槊赋诗。"指点江山，威加海内，文治武功。横槊赋诗，见其雄壮；青梅煮酒，显其韬略。无曹操，不三国。

（何艳艳）

出世奇才偏遇你

大江东去,浪淘尽,千古风流人物。故垒西边,人道是:三国周郎赤壁。乱石穿空,惊涛拍岸,卷起千堆雪。江山如画,一时多少豪杰。

那是一个精通音律的男子,当时弹奏乐器的女子为了他能多看自己一眼故意将曲谱弹错;那是一个胸怀宽广的将军,为人宽宏而赢得"与周公瑾交,若饮醇醪,不觉自醉"的称赞;那是一个英雄救美的故事,"东风不与周郎便,铜雀春深锁二乔"直到今日仍广为流传。

可他或多或少也有着生不逢时的苦恼。曹操兵至江东之前,他登高观望却忽然口吐鲜血,一病不起,无人能医。但诸葛亮懂,"欲破曹公,宜用火攻;万事俱备,只欠东风"。那是一语解千愁的玄关。孔明七星台借风时,他因心生妒忌,派徐盛领兵,欲将孔明斩首于七星台下。但诸葛亮懂,他早已命令赵云于江边等候,事成之后便乘船离去,全身而退。直到后来诸葛亮三气周公瑾,一次又一次的谋略角逐,却毫无意外地败于孔明之手,那是"既生瑜何生亮"的临终一叹。不是他才智谋略不及孔明,只是孔明太懂他。

人生在世,能够遇到一个知己何其艰难,但周瑜碰到了。乱世,磨灭了太多儒士经世致用的理想,却给了更多谋士各显其才的舞台,周瑜和诸葛亮都是其中一员。他们一方代表蜀军,一方代表吴军,在刀光血刃的战场上手持羽扇,头戴纶巾,于飞扬的尘土间谈笑风生、镇定自若。因为某种特定的巧合,他们二人彼此相识相知：你用了我的火攻法，我借了你的七星台；你收下了我的草船箭，我满足了你的虚荣心。若不是知己，怎么可能在各自的掌心写下相同的字；若不是知己，怎么可能在一人看破蔡中蔡和诈降之计却口是心非之时，另一人不必言语便看出对方心中所想；若不是知己，怎么可能在一人施用苦肉计而沾沾自喜之时，另一人为了对方的自尊而隐瞒自己早已看穿的事实。这是知己之间的惺惺相惜，是胸怀雄才大略之人音律的共鸣，是中国历史上前无古人后无来者的二人绝唱，直至今日还余音绕梁、时有回响。

可惜天妒英才、公瑾早逝，虽然周瑜唯独对于孔明心胸狭窄，但这一场分离却也有孔明的过错。一气公瑾，孔明调用兵符，不费吹灰之力空得两座城池，周瑜第一次金疮迸裂；二气公瑾，"周瑜妙计安天下，赔了夫人又折兵"，第二次金疮迸裂；三气公瑾，孔明识破假途灭虢之计，将周瑜逼入绝境，周瑜第三次金疮迸裂，坠于马下。

若不是孔明，周瑜必定会在那个动荡不安的年代留下更深的印记；但若不是孔明，周瑜在我们的脑海中所创造的形象也必定不会有此刻这般生动而清晰。

附赠一首打油诗：

> 雄姿英发周公瑾，
> 神机妙算逊孔明。
> 出世奇才偏遇你，
> 百千万里传佳名。

（徐宇松）

《三国》中的"七实三虚"

今天我来讲一讲《三国演义》里一种重要的艺术手法,便是"七实三虚"。章学诚说:"凡演义之书,如《列国志》《东西汉》《说唐》及《南北宋》,多纪实事;《西游》《金瓶》之类,全凭虚构,皆无伤也。唯《三国演义》则七分事实,三分虚构,以致观者往往为所惑乱。"

然而"七实三虚"何者为实,何者为虚?有人认为小说"忠实者事,虚构者人",这种概括意有所接近,然而不够严密。因为有的事不一定忠实,而书中主要人物的主要事迹,与史实相符,又不属虚构。应该这样说:以"七实"为基础,并用文学的手法稍加虚构。作者重视史书的记载,"按鉴重编"为演义小说,作品所写的全部故事的基本轮廓和发展线索,主要人物的主要事迹,与史实相去不远,但它又不是"三国"历史和人物的再现与重复,而是根据作者的生活经验和美学理想,将历史人物塑造成一个个栩栩如生的艺术形象。这样小说中的人物与历史上的人物相比,就有"三分"的虚构了。

作者为什么要"七实三虚"呢?在我看来,从某种程度上来说,这笔法多数是为了表现"拥刘反曹"。且看"七实",《三国演义》浓墨重彩,精心描写了几次大的战役,如官渡之战、赤壁之战。这些内容比起史书《三国志》必然更显得波澜壮阔、淋漓尽致。再看小说的"三虚",这些部分不仅塑造了一个个鲜活的艺术形象,而且体现出明显的褒贬态度,无不为"拥刘反曹"服务。作者把蜀汉的刘备塑造成一个宽厚仁德、处处谦让的长者。徐州太守陶谦,曾两次把徐州让给刘备,刘备都坚辞不受。第三次仍是谦让推脱,陶谦执意要刘备"可怜汉家城池为重,受取徐州牌印,老夫死亦瞑目矣","玄德终是推脱,陶谦以手指心而死"。再譬如诸葛亮这个形象,他不仅有着"鞠躬尽瘁,死而后已"的忠贞与伟大抱负,而且才智过人,是智慧的化身。"空城计"这个故事耳熟能详,诸葛亮所守的空城,是建兴五年(227年)北伐时屯兵的阳平,在小说中改为西城。陈寿作《三国志》的时候,认为这个说法不可靠,所以对此事摒弃不取。陈寿不采用,但并不妨碍罗贯中拿来作为小说的绝好材料,丰满了诸葛亮的形象,增强"拥刘反曹"的倾向性。而曹操,作者也是着墨颇多,"治世之能臣,乱世之奸雄"。作者极写其自私、奸诈、虚伪、残暴,是"托名汉相,实为汉贼"的乱臣贼子,他信奉"宁教我负天下人,休教天下人负我"的人生哲学。最能表现曹操残忍自私、恩将仇报的,可算杀吕伯奢之事了,但此事《三国志》不提,说明陈寿不以为这是事实。由此可见,这种"七实三虚"的艺术手法和种种迹象都表明了"拥刘反曹"的思想倾向。而这个倾向形成的主要原因大概是作者对明君贤相的寄托与追求,也就是带有一定的主观色彩,同时也受封建正统观念、是非标准的影响。正因为如此,一个个能文能武、骁勇善战的英雄人物随之诞生,如此鲜活的形象自然而然给人们留下了不可磨灭的印象,也使人们比起《三国志》更喜爱读《三国演义》。但鲁迅也曾说:"艺术上的真实,并非历史上的真实。"如果要真正地了解那一时期的历史,还是应该去读一读《三国志》。

(部分观点参考阎丽丽:《〈三国演义〉的"拥刘反曹"和"七实三虚"》,《内蒙古电大学刊》2003年第4期)

(李思含)

传达不了的北伐

——浅谈诸葛亮的北伐

诸葛亮的一生，大概就做了三件事：第一，在刘备三顾茅庐之下出山，并且做了《隆中对》预测了几十年后的天下大势；第二，促成了孙刘同盟，在赤壁大败曹操，确定了天下三分之势；第三，便是北伐。

不过北伐一事，充满了争议。

我们且从北伐的缘由谈起。北伐，是刘备，是蜀汉，也是诸葛亮的夙愿。在《出师表》中，诸葛亮再三强调"兴复汉室，还于旧都"，这是"报先帝而忠陛下之职分"。似乎北伐，就是诸葛亮的一腔忠心赤诚造就的。可是，北伐，绝无如此纯粹。

蜀汉，作为一个外来的政权，控制着益州。正因为他们是外来者，他们的统治自然遭受着当地遗老的质疑。所以，蜀汉需要一个证明自己的理由和证据，体现自己的正统地位，巩固自己的领导核心地位。因此，刘备这个编草鞋出身者，也要挤破脑袋搭上"中山靖王"之后的名号。而北伐，"兴复汉室"，在当时分裂割据的局势下，是一个绝好的兴奋剂。它，足以鼓动起一大批人，为了所谓的"光复"团结一致，为蜀汉奋斗。蜀汉的一切决策，都可以认为是为北伐服务，众人也都团结在北伐的大旗之下。换言之，北伐在某种意义上是蜀汉政权存在的基础，是蜀汉时的"政治正确"。一切以北伐优先，这固然有好处。它动员了全体蜀汉人民投身于蜀汉的经济社会与国防建设之中，维护了国家的长治久安。况且，如果不北伐，凭借蜀汉地处之地形险峻，虽足以固守，但是无力进取。终日宅在四川天府之国打麻将、吃火锅是无法成事的，甚至会因为承平日久,死于安逸;而北伐,可以让众人警醒。

然而,如此也带来了恶果,过度依靠北伐使得蜀汉的发展变得畸形。以蜀汉亡国时的记录为例,在蜀汉灭亡时,蜀汉平均每七个人就要养活一个军人。如此之势,足以比肩今日朝鲜之"先军政治"。这样的发展之路,造成的后果也是显而易见的,据出使蜀汉的东吴使臣回忆,他记忆中的蜀汉百姓面有菜色。如此国家,发育畸形。而且北伐,也会带来巨大的经济负担。众所周知,蜀汉在三国中人口最少,地处最偏僻,经济最不发达。以如此国力,连年北伐,不正是自杀吗?更可怕的是,北伐这一统治基础也有巨大的漏洞。在曹操"挟天子以令诸侯"之时,北伐可以团结那些忠于汉室的"贞良死节之臣"。但是,随着献帝退位,三足鼎立之势确立,北伐已经失去了意义。你要光复汉室,可是汉室在哪里?讽刺的是,诸葛亮的一次次北伐,恰恰是在曹魏建立之后。事实上,北伐的理由成了一个伪命题。因为,汉室已经不存在了。北伐,失去了理论根据,而相应地,蜀汉也失去了稳固的政治基础。实际上,蜀汉成了建立在流沙上的高楼,纵使能取得一些战斗的胜利,但是基础动摇,终究会自我崩溃。

而从北伐的对象看,自杀的意味更加鲜明。蜀汉北伐的对象是曹魏,地处中原,可谓处中国以治万邦。中原,自古以来就是政治、经济中心,人口也最为稠密。换言之,曹魏的国力是最为强大的。蜀汉,这个最为弱小的存在,却向最为强大的对手发起一次次攻击,并幻想着一举击败敌人。固然,北伐的确有一定的效果,比如夺取了小半个凉州,杀了张郃等将,分裂了魏国;促使司马懿把魏国皇帝的权力掏走了一半,极大地消耗了魏国的军力,使曹魏无法占据主动,并主动出击,此可谓"以攻代守"。

不过,北伐带来的恶果也显而易见。曹魏的确蒙受了损失,但是,地处中原腹地的有利地位使其有足够的人力和物力来恢复元气。反观蜀汉,则在一次次出击中消耗着本就薄弱的国力。虽然蜀汉在北伐中有"子午谷奇谋"这样夺取长安这座中原重要城市的计划,但是,就算拿下了长安,蜀军也会面临巨大的尴尬:首先,他们的战线从益州一下延伸到关中,战线未免拉得太长,补给不免成了一个巨大的问题;其次,就算解决了粮草问题,深入的蜀军用什么与魏军的大股增援对抗；最后，拿下长安之后，蜀军就算是深入敌人腹地了，而以其国力与兵力是很难保持足够兵力防御的。所以，就算拿下长安，蜀汉也无法守住。这也体现出北伐的问题所在，蜀军可以在北伐中取得一系列战术胜利，可是由于种种限制，无力保住胜利果实，也无力给曹魏以持续的威胁。

（钱　昊）

"末路英雄"司马懿

泱泱三国,金戈铁马,血海尸场,无不惊心动魄,望战则兴,遇人则叹。可浩浩汤汤的三国流也不能抵挡混入广博海洋的历史宿命,一切终将归于平静。

曲终人散,这来收场的,不禁令人哑然,确是不曾惊艳过的司马懿——"故相国懿,匡辅魏室,历事忠贞,故烈祖明皇帝授以寄托之任。懿戮力尽节,以宁华夏。"

在这戏剧性一幕发生之前,我很有必要交代一下司马懿在整个三国中的人际与地位。

曹操与司马懿,争权的敌手?辅佐的知己?

当然,曹操本是个"宁教我负天下人,休教天下人负我"的多疑之人,而司马懿也绝不是忠士,却是个城府极深的奇才诡士。传闻,司马懿曾佯装风痹,拒绝曹操任命。当着曹操派来刺探的使者面,躺在床上,一动不动,一副绝症模样。

当曹操要求其反顾时,司马懿"面正向后而身不动",颈部骨节的灵活性异于常人。相书上的说法叫"狼顾",说明此人非奸即诈。曹操自此警惕司马懿,并告诫曹丕道:"司马懿非人臣也,必预汝家事。"曹丕是日后的皇帝,故家事等同于国事。看来,在古代,男人的长相也是为臣者不可或缺的因素。司马懿自是知道不被曹操看重,便采取加倍小心、避祸为上的策略。在自己任上,尽量勤勤恳恳、忠于职守,做小伏低,避免出头,不轻易站队。总的来说,司马懿的进谏本来就少,又大多回绝,因此,曹操在世时,甚少见司马懿露面。

说起来,司马懿曾向曹操提过两条建议:其一,在曹操征讨张鲁时,随军的司马懿建议顺道伐蜀,可曹操未予理睬,回了句"人苦于不知足,既得陇右,复欲得蜀";其二,关羽水淹七军时,司马懿劝阻了曹操的迁都打算,还献计趁势离间孙刘联合,曹操终于采纳,遂有随后吕蒙白衣渡江,淹杀关羽一出出大戏。计是好计,想必也改善了他与曹操的关系,可惜曹操死得太早,没有后戏可看。

不过,倒因着曹操的死,司马懿的政治生涯开始风生水起。三国也从此开始了他的衰老期。

孔明六出祁山,虽不能说节节败退,也免不了无功而返的结局,这都要归功于司马懿。

首先是他的多疑——换个词叫"三思而行",这里举一例便可参一二:

在诸葛亮第一次北伐将成,魏军国势将倾时,司马懿用八天时间完成了对方以为至少一个月的路程,迅速把放松警惕的孟达一举歼灭。相当于卸掉了诸葛亮直驱北方的车轮,况且马谡失街亭对诸葛亮是身心的双重打击,正是拿下诸葛亮的最佳时机。所以,很多人会对"空城计"津津乐道。可是,我们不能忽略作为回应方的司马懿的小心思,以他当时的微小地位,尚不足以自领大军,甚至连张郃、郭淮等一线大将都比不上(毕竟是戴罪之身),那么何必自讨苦吃,专碰诸葛亮这块硬石头。同时曹真等人正等着他出错,参他一本,就算真的逮着诸葛亮,记大功的肯定不会是他。看来,这落荒而逃,倒成了他日后蒸蒸日上的契机,毕竟,后来是各取所需。

再者,大概是他忍辱负重的优良品质了——司马对诸葛,虽攻无力取胜,守却足以自保。以司马懿对对手的了解,他坚信,蜀军远道而来,粮草有限,只要坚守不战,凭险据守,以此拖延,蜀军必败退。

尤其是诸葛亮第五次北伐之时,几个月的对峙,诸葛亮派兵叫阵、挑衅、辱骂,司马懿充耳不闻,决心不动。情急之下,诸葛亮送了司马懿一套女人衣服,意思是说,你司马懿如此小心谨慎,与妇人何异,简直不配做将帅。魏将们着实怒得不行,坚决要出战,司马懿当然不肯,他要等到诸葛亮气血枯竭时反扑。狡猾的他利用魏明帝,用一份商计好的圣旨摁灭了被诸葛亮撺掇起的火星。于是,长期的冷战拖得蜀军不得不撤,诸葛亮也因积劳成疾病死军中。壮观的北伐就这样悄悄地结束了——沉淹于没有硝烟的战场。

孔明的三寸不烂之舌也算是遇到对手了！

据史料记载，司马懿在襄平时，曾梦见魏明帝枕在他膝上，说"视吾面"。俯视，见魏明帝面色有异，大惊，四百多里，一夜而至。至则径入殿内，满眼流泪，指问疾病，魏明帝拉着他的手，说："吾疾甚，以后事属君，吾得见君，无所恨。"

不论是事实与否，由此可见他对曹氏的辅佐并非缺乏诚意，所以也无法断言他早有预谋，欲取曹家而代之。

若撇开善恶，单论事功，司马懿在三国末期所达到的终极地位可与曹操比肩。只是在性格上过于压抑沉闷，与三国的情感基调相违背。由于这个缺陷，司马懿显得格格不入，因此也无法在诸侯割据战火烽起的战场上崭露头角，只能在大戏清场的时候收拾些残羹冷炙。

天下三分，分久必合，自此三国归晋，为一统之基。

（唐兴欣）

江东"双璧"

开始之前,不妨考大家一个典故:总角之好,说的是谁?

"总角"这个词早在《诗经》中就出现了,但这个成语的出现,却在《三国志·吴志·周瑜传》的西晋注引《江表传》中:"(孙)策令曰:周公瑾英俊异才,与孤有总角之好、骨肉之分。"

当年孙坚迁徙到寿春时,其长子孙策孙伯符,年未弱冠,已小有声名。寿春和舒城都在今天的安徽,周瑜便是舒城人,跟孙策同年,小两个月。他亲自前往寿春拜访孙策,二人遂成知己好友。好到什么地步呢?"升堂拜母,有无通共",不仅结拜兄弟,后来周瑜居然干脆劝他搬到舒城来,让出自家南大宅给孙策住;而孙策还真的去了。这总角之好,为将来人们把他们并称江东"双璧"做了伏笔。今天,就来跟大家说说这双"璧玉"。

既然说是璧玉,当然要谈一谈颜值和气质。三国的浊浪早已东流,陈寿却用笔墨包裹,流传下一些眉目体貌。有略显寒碜的:(管辂)容貌粗丑。有局部突出的:(关羽)羽美须髯。有奇伟高大的:(刘表)长八尺余,姿貌甚伟。有状貌英俊的:(袁绍)绍有姿貌威容。

而周瑜显然同属状貌英俊的行列:"瑜长壮有姿貌。"周瑜的清朗潇洒是家喻户晓的——光是"曲有误,周郎顾""羽扇纶巾,樯橹灰飞烟灭",就足以构成后人心中他的外貌形象了。然而人们对孙策却没什么印象。惜字如金的正史只给我们这九个字,你们自己体会一下吧:

"策为人,美姿颜,好笑语。"

诸君,诸君!!有没有感受到这沉甸甸的颜值!万万没想到,我这么多年粉的竟然是个假的"抠脚大汉",真的"银河美少年"!更不同凡响的是后三言:好笑语。把外貌和性格连起来写,实在太犯规了,尽管各只有三个字,但一个爽朗开怀笑着的少年沐浴着阳光,跃然纸上。

从以上来看,我觉得除了总角之好、江东"双璧",还可以给他俩起个组合名:三国的脸。一个儒雅清俊,一个开朗率直,从气质上还很有互补性。

当然,于青史人物,更重要的还是才能与品德。

"策为人,美姿颜,好笑语。性阔达听受,善于用人,是以士民见者,莫不尽心,乐为致死。"更有《江表传》注:"策时年少,虽有号位,而士民皆呼为孙郎。"

提到孙郎,大家想到的都是生子当如孙仲谋,然而最早说孙郎,还是袁术感叹:"使术有子如孙郎,死复何恨!"怎么个厉害法呢?

第一,大家应该对孙策对战刘繇时,挟死一将吼死一将的场景比较有印象,而许贡上书朝廷时也说:"孙策骁雄,与项籍相似。"可见其单兵战斗力至少有五百。

第二,他却不像项羽一般有勇无谋。孙策不仅有军事谋略,如攻刘勋时各处击破,攻王朗时声东击西;更有战略与政治眼光,就比如当时玉玺换兵。天下诸侯都以玉玺为至宝,孙坚更是为此丢了性命,然而孙策却能明确自己的定位,在孙坚奠定的基础上,瞄准江东的位置和政局,果断把玉玺送给袁术,借得兵马两千,进军吴地。

第三,礼贤下士,珍惜英雄,气度宽广。比如当年孙策起家,二张一开始也不愿意出世,孙策亲去两次共商天下,终于感动人家,请了过来,可见三顾茅庐之德也不独刘备一家。更有名的是,太史慈投降孙策后请出兵立功,左右皆曰:"慈必北去不还。"策曰:"子义舍我,当复与谁?"太史慈果然赴约,准时归来,众人皆服其知人。

第四,治理有方,民心拥戴。《三国演义》中有这样一段动人的描写:"及策军到,并不许一人掳掠,鸡犬不惊,人民皆悦,赍牛酒到寨劳军。策以金帛答之,欢声遍野。其刘繇旧军,愿从军者听从,不愿为军者给赏归农。江南之民,无不仰颂。"

现在,对上文两段文献评述是不是有了更深的理解呢?我都是在说,你看看,他有这么好。但人无完人,孙策也自然有缺点,比如自负勇力,爱逗英雄。打仗打猎总喜欢一个人冲在前面,其他人全都跟不上,这也为他遇刺身亡埋下祸根。

关于孙策的非议主要是关于杀于吉——《三国演义》里,关于该段的描述,显得孙策就是一个傲慢而毫无虔诚之心的暴君形象。但孙策不顾谏言,坚定杀于吉的理由是幻惑众心,威胁统治。的确,如果你是处于动荡年代的君主,帝王将相开会,大部分大臣当时就离席去看,百姓更是夹道相迎拜上帝,你会怎么做?这恰恰应该说明孙策有政治头脑。

　　整部《三国》里要排被"黑"得最严重的,周瑜是唯一能跟曹操争第一的人物。最辉煌的赤壁之战,都被实际上并不在前线的诸葛亮抢了风头;短短一生中明明跟孔明压根没怎么打过交道,居然硬生生地被写成"既生瑜何生亮"——事实上,曾与周瑜有过节的程普都评价:"与公瑾交往,如饮醇醪,不觉自醉。"陈寿更是评价周瑜"性度恢廓"。可见《三国演义》实在是对他才能与品德双拉低起了不可磨灭的作用。除气量外,孙策借兵二千起家时,周瑜手里都有三千,自己又有政治军事才能,却选择附于孙策以报知交之恩,其忠义得无见乎?

　　从以上又可见,二人德、才不分伯仲,同堪称时代级别的英杰,真正意义上不愧对江东"双璧"的名号。

　　其实我今天来讲这个就是想怼一怼前面几个同学,他们一提到周瑜,总拿诸葛亮来说事,更有甚者看《三国演义》中二人才智相近,就爱把他俩相提并论。天地良心,你们将人家正牌"竹马"置于何地啊?这双"璧玉",乱世不能拆,富贵不能拆,后人同样不能拆。唯一能拆的,唯阴阳而已。孙策死的时候二十六岁,那时周瑜不在他的身边;周瑜死的时候三十六岁,那时孙策的尸骨,已经寒了十年。

　　收不住想象,孙伯符临终托江东,内事托罢,外事不见,有没有微默苦笑一声,言天不怜我,亦不怜君;江东"双璧",终失其一。

　　而当东风烈,火映天,周公瑾的眼前,有没有赤壁的血色燃成舒城的桃花,岁月的余烬复燃成落英纷纷而下,有少年鲜衣怒马,向他伸出手,说:"君可愿与我策马天下否?"

　　遂执手,答曰:"至死方休。"

(汪茜茜)

浅谈《三国》中"曹关"之渊源

治世之能臣,乱世之枭雄,这是曹操;万人之敌,为世虎臣,这是关羽。今天,我将从曹操的视角,来与大家谈一谈《三国演义》中,他和关羽之间的渊源。当然,在这层渊源中,曹操这个人可以说是起了主导作用的。那么首先,我便结合自己查阅到的一些资料以及"知乎"上看到的一些比较有意思的观点来分析一下曹操的生平。

《桥玄论曹操》中说:"太祖少机警,有权数,而任侠放荡,不治行业,故世人未之奇也。"

这句话,最重要的词,是"机警"和"权数"。一般来说,什么样的成长条件会形成机警的性格?答案是:鄙视和危险。曹操出身宦官,却要同袁绍这些士人的儿子在一起,我想,他一定是自卑且孤独的。所以,他的少年时期,离轻松快乐有点远,故而,生于忧患。

做官之后,曹操经历了三件事。

第一件事,棒打权贵。

第二件事,上书皇帝,要求打击贵戚,言词很直白。

第三件事,上书不用,对仕途失望,最终沉默。

也许大家会觉得奇怪,一个放荡任侠、四处惹事的暴发户子弟,怎么突然性格就发生了剧变?接下来,我就重点与大家聊一聊。

对于曹操来说,他在举孝廉之前,一直扮演着一个合格的二世祖形象,和其他二世祖不同的是,他更加狡黠,对自己的利益看护得更加严密。然而他在当官之后,突然变成了一个汉朝的骨鲠之臣。他蔑视权贵,痛陈时弊,他除残去秽,横扫豪强,但是现实的遭遇与不如意,让他最终沉默。

通过这些事件,我能够看到的是,曹操并不满意自己少年时期的生活,甚至,有些痛恨。他当官之后的一切行为,似乎都是要和当初的自己划清界限。

但是,现实再一次打击了他。曹操在愤怒和孤独中,结束了自己的青春期。

乱世来临。曹操再一次被起用,拜骑都尉。有功,征为东郡太守,不就,称疾还乡里。不久,许攸等人,谋立合肥侯,废灵帝,密谋集团找到了曹操,曹操拒绝,后来,密谋失败。

曹操天生的恐惧感和警惕心拯救了他,他在韬晦和忍耐中真正迈向成年。

西北叛乱,凉州兵祸连绵。同样也是这一年,曹操志在报效的皇帝和朝廷被毁灭,而毁灭这一切的人,恰恰是曾经的玩伴袁绍本人。他一心维护的东西,不管是他心中的清正,还是朝廷的威严,都已经不复存在。军阀四起,汉朝已无他容身之地。

当然,曹操不会失望以致放弃,他仍固执地坚持着,在他心中,汉朝可以挽救,而他的决心更不会动摇。于是,有了诸侯讨董,曹操任奋武将军。

但同样不可忽视的是,在他讨董之前,曾发生过著名的吕伯奢事件。设想一个人在什么样的环境下才会有这般极端的猜忌心理。无疑,曹操是孤独的,他只能相信自己,依靠自己。

然而,这些都不能代表当年那个胸怀大志的曹操真的泯灭了。

我们知道,青梅煮酒时,他不吝赞美,说出"天下英雄,使君与操";而后更用"刘备,人杰也,将生忧寡人""刘备真吾仇也"来表达自己对刘备的赞赏。这种敬重和对对手的欣赏,证明他心中的热血和英雄梦并没有灭。不过,在看到关羽后,这种喜爱与敬重就更不加掩饰了。

在袁曹官渡之战中,曹操任用关羽,关羽获得成功而封侯,后来,曹操东征打败刘备,降服关羽而回,任命其为偏将军,礼之甚厚,同样地,在关羽为曹操斩阵颜良后,又是重加一笔赏赐。然而之后关羽却将曹操给他的赏赐全部封存,呈书告辞,投奔刘备去了。曹操知其必去,不怒不追,只说了一句"彼各为其主,勿追也"。甚至当关羽兵败身亡后,曹操仍下令厚葬关羽。从这中间,我们不难看出,曹操对关羽的赏识颇深。那么这又是为何呢?

我觉得,可以有这样的解释:关羽,在某种程度上,是曹操理想中的自己。

曹操这辈子都没能找到一个值得效忠的君主,好让他去做征西将军曹侯,而关羽很幸运,他从一开始就认识了杰出的君主刘备,并决心与他相终。于是在种种试探,比如封赏和交心后,关羽的大义与忠心使曹操意识到——

这是一个我想要做却做不到的人。这是一个我想动摇而动摇不了的人。他比我要幸运。

最后,曹操开始真心实意地欣赏起这个人来,他甚至愿意用纵敌的行为来成就关羽的完美。于是,才有了那句苍凉而大气的话:彼各为其主,勿追也。

他们都出身不高,才华横溢。他们都对军旅生活抱有憧憬,从小有着建功立业的英雄梦。

但是,他们的现实遭际却是截然不同的。关羽一生无悔,死得其所,他的墓碑上注定要刻上那些华丽的头衔,从汉寿亭侯、前将军,到我们熟知的武圣大帝。而曹操,他是权相、是汉贼、是魏武帝,可他永远不会成为汉征西将军曹侯。

在曹操手下的降将中,关羽受到的待遇是独一无二的,也是颇令人艳羡的。然而曹操却仍然留不住他。我想,于曹操个人而言,应该是分外遗憾并且无奈的吧。

不过,正因如此,我们才能看到那个"老骥伏枥,志在千里,烈士暮年,壮心不已"的曹操。在他已经完全被乱世的烈焰磨炼得铁石心肠的时候,对于关羽这样的忠义和忠烈之士,他完全持着鼓励、赞许的态度,那么,不得不承认,这个时候的曹操,他的大志和抱负绝未泯灭。叹只叹时来天地皆同力,运去英雄不自由。

那么,最后就用几个片段来结束我今天的演讲吧。

建安二十三年(218年),白发苍苍的刘备和曹操最后一次相逢于汉中战场,烈士暮雨,卷水苍苔。

建安二十四年(219年),关羽威震华夏。

一年后,年迈的魏王最后一次看到了关羽。

一如初见那句:云长别来无恙。

(王晓丹)

先主武侯

大耳儿善做戏，貌似仁义，实则义气有限，且多为妇人之仁。

先说民心。都说刘备善得民心，可平心而论，当时称霸一方的各路豪强，谁不知民心向背的重要性？毕竟有了百姓的城池，才有生生不息的活力。当带着新野百姓奔赴樊城时，他只看到了百姓对刘使君的不离不弃，却将百姓的流离之苦抛诸脑后，直至长坂坡一战，生灵涂炭，实质与将百姓驱于军队前方作战别无二致，仁义之下的残酷莫过于此。

至于刘备的求贤若渴，草庐三顾传为佳话，在我看来，只是个愿者上钩的钓鱼故事。吴起爱惜士卒，士卒之母哀哭。不是出于感动，是知道儿子死期不远了。受人恩惠，当抵死相报。诸葛亮只有一条命，不鞠躬尽瘁、死而后已，还有别的选择吗？《三国演义》中，徐庶归曹，刘备送别，"送了一程，又送一程"。"立马林畔，凝泪而望，却被一树林隔断。玄德以鞭指曰：'吾欲尽伐此处树木。'众问何故，玄德曰：'因阻吾望徐元直之目也。'"何其矫情乃尔！但纯是矫情么？当然不是。戏不是演给徐庶看的，徐庶已去，等于废物。戏是演给身边的那些还需要他们卖命的人看的。真也好，假也罢，做戏功夫是真到家。

再谈他的大局观，前番讨伐黄巾军，董卓轻慢无礼，张飞欲杀之，刘备阻挠。后有曹操、许田围猎，欺君犯上，关羽欲杀之，刘备阻挠。你若说他是为了顾全大局，然而过分的瞻前顾后只会导致患得患失。倘若张飞、关羽先下手为强，历史必将改写，谁笑到最后又是未知数。

再者，他也未必有大局观。刘表屡让荆州，他均为了所谓的名声仁义推拒，后却有取之的意图。所以诸葛亮一句"当初亮劝主公取荆州，主公不听，今日却想耶?"实在让人发笑。到后来刘备为给关羽报仇,大兴其兵,大败而归,损蜀之根基,最后白帝城托孤,以大逆不道之语激得诸葛亮表忠心。君臣遇合,以天下相托,不要说姜尚遇文王,就到孙权待鲁肃的份儿上,诸葛亮就算幸运。然而刘备的野心,只在自己做个皇帝,这和后来的李自成、张献忠一班强盗草寇毫无二致。有了兵马,有了地盘,城头大旗一竖,一夜之间,龙飞九五。至于国计民生,想不到,也不懂,也不想。虽打着兴复汉室之名,目光还是短浅。

只可叹诸葛孔明鞠躬尽瘁,到死也拦不住阿斗一句"乐不思蜀"。

(部分观点参考张宗子:《书时光》,生活·读书·新知三联书店2007年版)

(吴方舟)

仁德君主

——刘备的另一面

《三国演义》作为中国四大古典小说之一,其艺术成就是毋庸置疑的。然而如清代学者章学诚所说:"《三国演义》乃七实三虚惑乱观者。"作为小说,其也无法避免地带有一定的虚构成分,其"拥刘反曹"的倾向也颇为明显。为了配合全书"天下归一"的大一统以及推崇明君、贤相等的主题思想,该部著作极力运用对比反衬等手法,塑造了刘备这样一个仁德的贤明君主形象。事实上刘备对于这样的称号是否真的实至名归呢?我认为不然。

曹操作为《三国演义》中著名的奸雄,一句"宁教我负天下人,休教天下人负我"是人尽皆知,但往往无形的最为致命,刘备的谋略与狡诈,比起曹操来也是不遑多让,甚至有过之而无不及,且都隐藏在一些不起眼的细节之中。

说到曹操和刘备,自然绕不过去为人熟知的"煮酒论青梅"了。一代枭雄曹操,无意间点破了刘备的小心思:"今天下英雄,惟使君与操耳!"刘备以雷声为掩护,掩饰了自己因受惊掉落筷子的尴尬,也使曹操不再起疑。随机应变地骗过了一代枭雄曹操,刘备其智谋也就可见一斑了。

刘备夺取西川,是一个绕不过去的污点。书中第六十回,张松向刘备献计取西川,刘备却假惺惺地仁义一番:"备安敢当此?刘益州亦帝室宗亲,恩泽布蜀中久矣。他人岂可动摇乎?"害得张松又"劝"了半天,刘备才道出实情:"深感君之厚意。奈刘季玉与备同宗,若攻之,恐天下人唾骂。"——又是一个"恐天下人"!而在第六十二回,刘备在西川"甚得民心"之后,他就丝毫没有了那点"仁义"了。在向刘璋索要兵员和军粮不得后,便撕破脸皮大叫:"吾与汝御敌，费力劳心。汝今积财吝赏，何以使士卒效命乎？"之后，便展开了夺取西川的行动。刘备前后态度转变之大，真有些让人感到瞠目结舌了。

其实，只要仔细就会发现，刘备先前的一席话就已经为他的转变做了注脚。在第六十一回，刘备向庞统和法正解释为什么自己不立即夺取西川时说："吾初入蜀中，恩信未立，此事决不可行。"因为"恩信未立"，所以"若攻之，恐天下人唾骂"，这才是真正的原因，而不是什么"亦帝室宗亲""同宗"之类的仁义屁话，这也才能解释为什么刘备在"甚得民心"之后就立即找借口展开行动。

在临终托孤之时，刘备更是不忘发挥一下其智谋，巩固刘家的江山，且做得不露痕迹。为了他那扶不上墙的儿子，叮嘱孔明："若嗣子可辅，则辅之；如其不才，君可自为成都之主。"这话一说，孔明哪还敢有二心，"汗流遍体，手足失措"，当更加死心塌地地辅佐这阿斗，"竭股肱之力，尽忠贞之节"，成就"鞠躬尽瘁，死而后已"的美名了。

七分实，三分虚。《三国演义》毕竟还是一部小说。而于我们，无论是看人、看事，还是看《三国》，都要带着批判与审慎的眼光，不能一味地随波逐流，思想简单。

（夏逸涵）

回忆貂蝉

有这样一位男子，英俊潇洒，骁勇善战，善弓马骑射，臂力过人，有着"飞将"的美誉。正所谓美人配英雄，他的身边，也有这样一位女子，闭月羞花、歌舞双绝，却也有情有义、有胆有识，肩负着汉王朝的国家重担……

朦胧月色，一声"万死不辞"，你翩翩步入血雨腥风的历史画卷，成为男人们政治斗争的工具；也从此用你那风姿绰约的女儿身，在那个硝烟四起，群雄逐鹿的时代，淋漓尽致地演绎了那场诡谲艳丽的连环计。

貂蝉，还记得凤仪亭边，你分花拂柳，如月宫仙子；你眉目传情，欲进还退；你如雨的泪，是你辜负了韶华，才暗淡了刀光剑影；你如翼的衣，是你错过了豆蔻青春，才远去了鼓角争鸣。

貂蝉，你又活过来了吗？你用那欲闭还舒的身姿，影影绰绰地放纵伸展着、鄙视着后人所无法理解接受的道德伦理。没有人明白，为报司徒恩情，为保汉室之全，你一个弱不禁风的女子，用你无言的美丽，周旋于人性善恶美丑的风口浪尖，舍生取义，担当身前事，不计身后名。

历史没有给你留下一块墓碑，世人却永远记住了你；就算历史虚构了你辛酸的身世，塑造了你悲伤的事迹，我们也总会记得一位红尘女子的隐秘创伤。岁月，带不走你那熟悉的姓名。

也只好以歌词来追忆你所留下的遗憾：

"说什么郿坞春深全不晓天意人心，受禅台反成了断头台；帝王梦何处寻。远离了富贵烦嚣地，告别了龙争虎斗门，辜负了锦绣年华，错过了豆蔻青春；为报答司徒大义深恩，拼舍这如花似玉身；从今后再不见儿的身影，也再不闻儿的声音;貂蝉已随着那清风去,化作了一片白云……"

也只好以诗词来总结你的一生:

司徒王家女,闺闱无人知。
佳筵歌画阙,一舞动春时。
先许奉先郎,后意委太师。
可叹连环策,涂叫红颜迟。

(颜佳颖)

《三国》中的"名马"

不知大家还记不记得,《项羽本纪》中西楚霸王在穷途末路之际,挂念着的是什么?一人一马——虞姬和乌骓。骏马和美人,在各种版本的文学与影视作品中几乎成了英雄标配。而金戈铁马的三国时代,英雄辈出,骏马亦随英雄而扬名。

首先我们来看《三国》中最传奇的马——赤兔。赤兔的传奇,其一在外形,其二在经历。话说这赤兔马,浑身毛色炭红,"头上一撮白月光,额前生角,腋下生鳞"。且不论真假,光是从这番描述,便可知赤兔马乃是世所罕有。不仅如此,赤兔的一生也颇具传奇色彩。它经历了两个时代,吕布时代和关羽时代。在《三国演义》中,董卓将赤兔马赠给吕布,经历了三英战吕布、兖州徐州之战等高强度、大规模的战役,赢得了"人中吕布,马中赤兔"的威名,直到吕布被擒,吕布、赤兔共度过了九年时光。

后赤兔马几经辗转又到关羽手中,此时赤兔马十五岁左右,虽马到中年,但脚力仍是不错,在历次战役中不断为主人创造了"关公马快"的优势。比如关羽战颜良、文丑时:"颜良正在麾盖下,见关公冲来,方欲问时,关公赤兔马快,早已跑面前,被云长手起一刀,刺于马下。""与文丑交马。战不三合,文丑心怯,拨马绕河而走。关公马快,赶上文丑,脑后一刀,将文丑斩下马来。"可见赤兔马此时依旧一骑绝尘,傲视群马。只是年岁渐长,饶是赤兔也开始露出年老体衰之兆,到关公败走麦城之时,"拍马舞刀,直取蒋钦。不三合,钦败走。关公提刀追杀二十余里"。赤兔马奔跑二十余里也未能追上蒋钦战马。最后关羽身死,赤兔也走到暮年,不食草料绝食而死,以"忠义"之名为其一生传奇画上句号。

除却最传奇的赤兔，三国中还有一匹名马，大抵是最无辜的马，便是的卢了。相马人有言："此马眼下有泪槽，妨主。"所以纵是能力出众、熟谙战事，的卢也一直背负着"不祥"之名。的卢起初是刘表手下降将张武的坐骑，在战争中张武死去，赵云夺来的卢献给刘备，便有了荆州"刘皇叔跃马过檀溪"一回。蔡夫人和蔡瑁派追兵追杀刘备，刘备一路奔逃，不料檀溪横亘面前。前有激流，后有追兵，刘备只觉希望渺茫，叹道："的卢的卢，今日妨吾。"传奇的是，的卢一跃三丈，竟跳过了檀溪，追兵难渡，刘备成功逃脱。的卢为主化险为夷，被诬为"妨主"确实无辜。乱世之中，马的主人频繁死亡，可能因为战火，也可能就是因为争夺名马，心狠手辣之人便借的卢"妨主"来掩盖自己的心思。

英雄与名马，或许确有一点灵犀相通，马沾染了人的性情，人得到了马的加持。二者在某种程度上是一体的，于是当我们合上《三国》这一册烽烟之卷，闭上眼，便是红尘滚滚，旌旗猎猎，一人一马，冲锋陷阵。鸣金收兵，绝尘而去，背后，残阳似血。

（张焱阳）

何以兵器配英雄

中国古典文学中从不缺英雄,而《三国演义》更是一部属于英雄的传奇故事。但英雄也不仅凭他一人就成为英雄,更需要许多属于英雄的标配来进行陪衬。比如之前讲到的宝马,再比如我今天要讲的,别激动,不是美人,而是兵器。

在冷兵器时代,打天下大部分都靠短兵相接,冲锋陷阵。为此,一件趁手的武器总是十分重要的。四大名著中也少不了种种兵器的身影,《水浒》自不必说,许多梁山好汉的武器都是模仿《三国》的前辈们,《西游记》中孙悟空的定海神针、猪八戒的上宝沁金耙、沙僧的降妖杖,都是带有法力的神器,就算是《红楼梦》,也还有柳湘莲的两把鸳鸯剑啊。而《三国演义》这部战争史诗中,各路英雄的兵器自然是不容忽视的亮点。在此按类别略做介绍。

第一类,剑。《三国》中有不少剑都具有神秘的传奇色彩,在历史上也很出名。比如龙泉剑,即程普于赤壁之战时用的宝剑。张华夜观天象,见牛斗之间有剑气照于江西,于是派豫章人雷焕去丰城任官,结果在县衙后石匣中找到龙泉、太阿二剑。而据《东观汉记》记载:章帝赐尚书剑,韩棱渊深有谋,故得龙泉剑。再比如倚天剑、青釭剑,并称"绝世双剑",皆为曹操所有。倚天剑以宋玉的《大言赋》中"拔长剑兮倚长天"命名。一代诗仙李白,亦对之仰慕不已,有"安得倚天剑,跨海斩长鲸"的诗句。只不过这把倚天剑和金庸小说中的倚天剑大概没有什么关系。青釭剑,砍铁如泥、锋利无比。曹操交于夏侯恩佩之,后在长坂坡被赵云杀其夺之。《三国演义》中称曹操用倚天剑镇威,青釭剑杀人。稍逊色些的,比如刘备的双股剑,又称雌雄剑,是在起兵时请良匠用镔铁打造的。一鞘双剑，据说两剑可合为一把宝剑使用。除此外还有松纹厢宝剑、孟德剑、思召剑、文士剑、镇山剑、皇帝吴王剑、飞景三剑、吴六剑、蜀八剑……在此不一一赘述。

第二类，枪。大家大概想不到，诸葛亮曾制造过二丈长的木柄枪和二丈五尺长的竹柄枪，都加上铁制枪头，因此被称作"诸葛枪"。这大概是三国时期最长的兵器了。而最著名的枪，必属赵云的涯角枪，"涯角"意为"海角天涯无对"。赵云就是持这把涯角枪单骑救主，七进七出长坂坡，截江救阿斗。众所周知，自古枪兵大多有某种难以言喻的独特属性，而从赵子龙这七进七出的经历看，真不知有多少枪兵的幸运值都聚到了他身上。

第三类，矛。矛是枪的前身，是和刀最接近的老资格冷兵器，人称"百兵之祖"。《三国》中最典型的当属张飞的丈八点钢矛，又名丈八蛇矛。之所以名为蛇矛，有人说是因为矛头像蛇形，有人说是其长度似蛇。想象一下，在长坂桥上，张飞倒竖虎须、圆睁环眼，手抄蛇矛，立马桥上，竟无人敢上前厮杀。大叫三声，直吓得曹操身边的夏侯杰肝胆碎裂，倒于马下。这兵器，也因主人的神威而更具威猛之气。很多人都认为丈八蛇矛的长度是一丈八尺，约合现在四米多，而张飞身高八尺，一把枪该有他两个人那么高，显然是夸张了。

除此三类之外，还有许多花样繁多的兵器，比如吕布辕门射戟时的弓，因为据说是用老虎的筋作为弓弦的，所以能轻易地射到一百五十步远的距离。周泰在赤壁之战时用的是纯钢的长槊；东吴李异的兵器是在斧头上镀金的大斧；马超战张飞时曾用铜挝；诸葛亮制造的十分酷炫的诸葛连弩；纪灵的三尖刀；祝融夫人用的飞刀、丈八长标。还有什么长柄铁锤、铁蒺藜骨朵、流星锤……

讲到这里，大家是不是觉得似乎哪里不对？好像有最重量级的兵器没有出场啊！是的，我们怎么能忘记吕奉先的方天画戟呢！戟是在商朝就有的兵器，发展到后来主要有单耳的青龙戟还有双耳的方天戟。方天画戟因其戟杆上加彩绘装饰，又称画杆方天戟，是顶端作"井"字形的长戟。然而历史上，因为铁甲的加入战场，戟的杀伤力大不如枪或矛的穿透型杀伤力，所以在唐代以后逐渐沦为仪仗使用。方天画戟通常是一种仪设之物，较少用于实战，不过并非不能用于实战,只是它对使用者的要求极高。那么,吕布此等英雄用一用方天画戟也是没问题的吧?但问题在于,宋代的武器图谱上还没有双戟,这种双戟礼器很可能是在明朝才出现的,吕布根本用不着。真实历史上,吕布用的很有可能也只是矛而已。

但是等等啊,还有一件重量级兵器没介绍呢!我们当然不能忘了关云长的青龙偃月刀啊!后世称之为"关王偃月刀,刀势即大,其三十六刀法,兵仗遇之,无不屈者。刀类中以此为第一"。

偃月,指半弦月。因刀背如锯齿,又名"冷艳锯",重约八十二斤。其刀刃部分为半月形,刀上铸刻有龙的大刀。古有歌曰:"关公提刀定汉邦,百万曹兵谁敢当,斜影跨下云中月,青龙刀盖世无双。"关公刀这一形象如此经典,深入人心,与绿袍、红脸、大胡子一起堪称关二爷标配。然而如此青史留名霸气无双的刀,很有可能也是个 bug(作"缺陷、问题"解)!因为偃月刀,用于操练,以示威武雄壮,并非实战所用,并且出现于唐宋时代。

由此观之,三国中的兵器并非都符合实际,整部《三国演义》也有相当大一部分是虚构的。但这些兵器在塑造英雄形象方面作用巨大。我们恐怕很难想象用矛的吕布或是用朴刀的关羽,他们的形象已经太过鲜明深刻,兵器与其主人相互映衬,最终难以分割。从这一点来看,罗贯中在塑造英雄形象方面还是非常成功的,以兵器配英雄的艺术手法也在文学史上留下不可磨灭的一笔。

(赵 叶)

英雄之泪

在《三国演义》的世界里，烽火连天，金戈铁马，遍地英雄好汉，充满了阳刚之气，但书中却也不乏阴柔的一面，比如里面有不少的篇幅写哭和泪。常言道："男儿有泪不轻弹。"可书中的英雄男儿们却个个有泪，动辄大哭。我今天就想来挖掘一下这些英雄之泪的内涵。

先来说说刘备的眼泪。有人认为：刘备的江山，是哭出来的。这句话嘲讽意味浓厚，却也有点道理。他的很多眼泪都是因为形势的需要而流，带有一定的企图，比如第五十六回写孙权派鲁肃前来讨要荆州时，刘备的眼泪最能说明这点。"玄德曰：'何以答之？'孔明曰：'若肃提起荆州之事，主公便放声大哭，哭到悲切之处，亮自出来解劝。'"鲁肃来后，刘备果然哭声不绝，真个是捶胸顿足、放声大哭。堂堂七尺男儿，就这么哭哭啼啼的，实在是演技了得。想必后世有不少的评论者对此颇有微词、嗤之以鼻，其实这里的哭泣只不过是刘备完成他兴复汉室大业路上的一种手段，是铺平路的一块石子，最终都是为了他的政治理想而服务，至于这种手段的形式是什么，对优柔的刘备来说都是浮云，不值一提。

此外，刘备的眼泪还能够表现他的仁义形象以及他的惜才爱才。第七回关于刘备初见赵云时的描写是这样的："玄德与赵云分别，执手垂泪，不忍相离……玄德曰：'公且屈身事之，相见有日。'洒泪而别。"正是有感于此，赵云后来又成了刘备麾下的一员大将。

再来说说曹操。曹操比较有名的哭是在赤壁之战后，他死里逃生来到南郡，众谋士于帐下劝慰。突然，曹操捶胸顿足，仰天大哭。众人问他原因，曹操说：“哭郭奉孝耳！若奉孝在，决不使吾有此大败也！”说罢继续号啕。哭里有对郭嘉薄命的叹息，也有战败的不甘懊悔，更有理想一朝破灭的大恸。

诸葛亮也哭过。第七十五回，诸葛亮气死周公瑾后又去灵前痛哭："孔明祭罢，伏地大哭，泪如泉涌，哀痛不已。"三国后期，马谡因为不听诸葛亮的话而失守街亭，诸葛亮也为他用人不当而大哭不已。

关羽和张飞在战场上叱咤风云，杀人如麻，但在小说中他们的眼泪也是呼之即出。他们多为兄弟义气而哭，哭的方式多是"大哭"，也较符合他们的身份和经历，这些哭都表现了兄弟朋友之间的深情厚谊，令人动容。

类似的例子还有很多，在此不一一赘述了。总之，英雄与眼泪在罗贯中的笔下结合在了一起。这些眼泪有的对人物形象的塑造起一定作用，有的能够推动情节的发展，表现人物的性情，有的是作为人物内心情感的外化。同时，我们也可以通过他们的哭，感知到英雄本色。因为人们对英雄有泪不轻弹的固有观念毕竟刻板，而失了人性的温度。此外，英雄与泪水也给读者提供了一种自然、质朴的风格所带来的审美享受。英雄揾泪，不失为一种美。但不可否认的是，罗贯中在表现小说人物的悲痛时的写作手法有些单一，主要就是"痛哭""大哭"，这也反映了几百年前中国小说创作初期的局限。

（周可玮）

我看曹操

曹操这个人不用说了,《三国演义》一个大 boss(大人物),今天我就来谈谈他。

首先,他有个癖好——喜欢人妻。甄宓的故事不必说了,另外还有一则,说:某天曹操和袁绍心情好,去参加别人婚礼,这一参加心情更好,便想把那新娘子掳回去。于是大半夜,曹操假装大喊"有人偷新娘子啊!"一家人赶紧跑出来抓人,曹操便溜进屋子里持刀把新娘掳了过来。结果和袁绍路走到一半,袁绍掉进荆棘丛里出不来了,曹操又灵机一动,大喊"偷新娘子的在这里啊!"吓得袁绍赶紧钻了出来,最终两人得以凯旋。

当然,喜欢人妻这件事,不是曹操一人独大。《源氏物语》中的光源氏公子也如此。且要论身边姑娘的数量,柳七、杜牧那种青楼"大佬"也是不遑多让的。然而人家好歹有个共同点,是俊男帅哥,然而这曹操吧,是真心长得比较丑了。《世说新语·容止》中有这么一段——"魏武将见匈奴使,自以形陋,不足雄远国,使崔季珪代,帝自捉刀立床头。既毕,令间谍问曰:'魏王何如?'匈奴使答曰:'魏王雅望非常;然床头捉刀人,此乃英雄也。'魏武闻之,追杀此使。"大家都知道,魏晋时期出美男,《容止》篇中对其他人描述的画风是这样的:评嵇康——其醉也,巍峨若玉山之将崩。评王羲之(的字)——翩若惊鸿,矫若游龙。而到了曹操这里,那真是一把辛酸泪啊。"知乎"上有个答主这样说:"当时的相貌也不用好看,丑得有特点也行,比如各种奇相。曹操估计也是真丑,而且没特点。"这人还说:"曹丕长得还算不错,《三国志》说他有贵气,估计像他妈;曹丕的儿子曹睿就长得很漂亮,据说'数岁而有岐嶷之姿',也就是

打小就气度不凡,连曹操都很奇怪,估计怀疑是别人家的。"(罗三洋老师的《梦断三国》对此有惊人猜测,说其实是袁熙所生)

　　史料中的曹操一直都是个比较令人糟心的形象。奸佞,不忠不义,就连那句"治世之能臣,乱世之奸雄"都显得不情不愿,勉勉强强。若是真要正经找些可靠的理由来解释为何史料记载的曹操糟心事那么多,大抵有两点。第一,他确实糟心事多。其实史册里的那些伟人背后糟心事都多——何况是个人就有糟心事。像朱元璋,人家也长得丑,而且是有特色的那种丑。但那宫廷画师站那画画,朱元璋就坐着看你,那画师在职业操守和脑袋中只能选一个,于是大家也都看到了,朱元璋正式当皇帝的那张定妆照还是浓眉大眼、人模人样的。所以或许只能怪曹操死得太早了吧。

　　第二点,大抵就是站上道德制高点的某种批驳了。曹家本属于宦官集团,然而曹操或许是书读多了,与袁绍结了党,回过头来把自家的宦官集团给搞垮了。之后,又举着"奉天子以讨不臣"的旗子对从前的好友袁绍倒戈相向,在官渡之战上赌了一把。他赌赢了。曹操杀光了袁氏,把袁家灭了门。而后一代枭雄,挟天子以令诸侯,以一种为士大夫所不齿的出身和手段做成了士大夫们想做的事情。于是在士大夫眼中,曹操是某种意义上的叛徒,也是某种意义上的敌人。于是显而易见地,罗贯中选了汉氏末裔的刘备,打造了一个仁而忧国的贤主。刘备那样的,才是正正统统的理想型君主人格,曹操就是那给白雪公主递苹果的老巫婆。

　　说到刘备,不得不对比一下这两个曾经喝着小酒聊人生、聊理想的有志青年了。刘备和曹操最大的不同大抵在人格的属性上。刘备是阴性人格,曹操是阳性人格。刘备泫然流泪的次数多到令人发指,堪称《三国梦》中的"刘黛玉"。黄雨虹给我讲过一个段子,说怎样用《红楼梦》的方式来演绎《三国演义》——"赵云将阿斗递与刘备,刘备问道:将军可也有儿子没有? 众人不解其语。赵云忖度着,因他有儿子,便问我有没有,便答道:我没有那个,想来儿子是个少有的东西,岂能人人有的? 刘备听了,登时发起痴狂病来,举起那儿子就狠命摔在地上,骂道:家里的将军军师们都没有,独我有。如今来了个神仙似的将军也没有! 吓得众人立刻拥上去捡那儿子。"说来阿斗也是可怜,说不定就是那一摔把脑子摔坏了。

而《三国演义》中曹操落泪的次数屈指可数,最令我动容的一次莫过于败走华容道,孟德痛哭流涕,说:"若是奉孝还在,他怎么会让我沦落到这般境地。"于此慨然,曹操在穷途末路、尊严扫地的时候像个大姑娘似的大哭,一方枭雄在人生低谷时露出了脆弱无用的一面,那一瞬爆发出的情绪和滂沱的眼泪,大抵是能当起"巍峨若玉山之将崩"的。

曹操的阳性人格当然不止在这一面。曹操像个亡命之徒,偏生胸中就是有那股叱咤风云又遗世独立的气魄。那股气浊的部分向下沉淀,郁结在血脉里成了一团悲怆。那股气清的部分,连同血液里的悲怆往上冒,从那张胡子拉碴的嘴里吐出来,便是大半个建安的骨血。"建安风骨"是个挺奇妙的意象,与后继而来的魏晋风度形成了乱世之中心态的两种极端。后世常说盛唐气象脱胎自建安风骨,我方才那句俏皮话自然也是借用的余光中评李白。不过要我斗胆评说,盛唐气象的格局不及建安风骨,毕竟,李白左右不了盛唐,是盛唐左右了李白,而东汉末年左右不了曹操,是曹操左右了东汉末年。

所以,三国是个盛产英雄的时代,虽然英雄们拂去历史的那层金衣也不过是一个个小小的人。曹孟德大抵是那个时代最小的小人,也是最大的英雄。三国中,最终一统的必然是魏国这方根基,无论是姓曹还是姓司马,就像战国末年获胜的必然是强秦一样。古来开国者许多都有股草莽气,曹操也好,刘邦也好,朱元璋也好,都是如此。其实中华约五千年的历史长河中,像曹操这种人物太多了,成功的,失败的,早成了每个中国人心中的某种文化意象,进而相当于每个人心中都有一个沉睡的曹操人格,那是种很广义的东西。治世之能臣,乱世之枭雄。于此,治世和乱世如何去定义?再者,心理学家说人有两种自由观:一种是天生狂放不羁的阳性自由观,一种是对喜欢的权威者采取服从态度的阴性自由观。那么,我们何时采取哪种自由观呢?这也是一个广义的命题,只有自己能给自己答案。

最后,卖弄笔墨,夸一夸曹操。平仄不齐,请见谅。

东汉末年逐锦衣,岂同天下共枕席。
穷途七尺不堪顾,奉孝经年莫叹息。
东吴战火西川路,料却司马入阵棋。
横槊回眸千秋雪,犹有风骨照汉机。

（周湘雨）

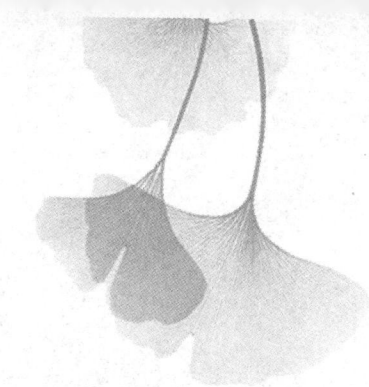

专题四　《史记》人物六讲

我眼中的"如姬"

我们都知道,《红楼梦》是一部充满女性浪漫色彩的小说,但脂粉钗环堆里出了一位多情公子贾宝玉;而《史记》无疑是以男性角色为主,但在铁血杀伐、侠肝义胆的光芒后,有一些女人,她们仅有短短几句的描写,没有来历,没有结局,转瞬即逝。

纵观《魏公子列传》,有高义者如信陵君魏无忌,有隐逸贤者如侯嬴,有悍勇无畏者如朱亥,但作为抛砖引玉的这块砖,为了不喧宾夺主,这些人都不是我讲的,让我们先来看看那个不平凡的女人。

在开始之前,相信大家都看过全文,但如果我现在提出这个问题:"在你们心目中,如姬是一个怎样的形象,或者说,你们还记得如姬这个人吗?"会有人回答我吗?(提问)可以看出,在你们眼中,这个角色基本上就是"打酱油"的,其实我当初也以为她和晋鄙,那个一出场就被椎杀的NPC(指游戏中的非玩家角色)一样,她之于魏公子,不过是系统提醒"您已完成'如姬报恩'剧情,获得奖励'虎符'一枚"那样,但细细看来,却发现她才是"窃符救赵"中最重要的一环。

首先,是如姬窃符的前因。书中写得很清楚,大体就是魏公子曾帮她报杀夫之仇,如姬出于报恩帮他偷出虎符。当时所推崇的重信守义的思想,对承诺万分看重,譬如当时民间的侠客们,一旦许士,便不惜性命也要遵守承诺,而侯生之所以会想出让如姬帮忙偷虎符这个计策,也是基于此。有野史说如姬窃符是因为她对信陵君的爱慕,这也为免太小看这个女子的气节,义不是男人的特权,侯生可以为一个"义"字北向自刎,如姬又怎能说不是为了义呢?同时,

《东周列国志》中有一段如姬的话:"赵与魏犹同室也,大王忘昔日之义乎?而公子赴同室之急,倘幸而却秦救赵,大王威名扬于远近,义声胜于四海,妾虽碎尸万段,亦何所恨乎?"可以看出她也不乏政治头脑。强秦有虎狼之心,六国只有合纵抗秦,方能自我保全,她充分认识到赵魏唇齿相依,唇亡而齿寒,在这一点上,应该说她与信陵君志同道合,所以甘心以身赴险。

然后是如姬的结局,没有人知道。有人说她被废入冷宫幽禁至死,有人说她在父亲墓前自刎,也有人说她在宫中安稳终老,不管哪种猜测,太史公都没有给出一个准确的答案,但是试想一下,如果信陵君带着三千门客留在赵国,侯生自刎,最后留在魏国与这件事有关的就只有如姬一人,独自面对这个烂摊子。经过我们的讨论,认为最可靠的结局应该是墓前自杀,如姬无疑是忠于魏国的,但报恩又让她不得不背上叛国的罪名,在这样强烈的矛盾冲突下,她大仇得报,不如以一死了结这一切。

再回到上面,有两个疑点。疑点一,魏公子替如姬报仇。文中说"姬父为人所杀,如姬资之三年,自王以下欲求报其父仇,莫能得",这个"莫能得"如果是真的,那魏王未免也太无能,所以我更倾向于如姬的杀父仇人是魏国的贵族。魏王碍于平衡贵族间的利益不便动手,所以顺理成章地让如姬和她的父亲成为贵族间博弈的牺牲品。而在这个时候,魏公子出手为如姬报仇,这种不掩锋芒的行为让魏王忌惮,也为他后来的悲剧埋下祸根。

疑点二,如姬与魏公子的身份应为叔嫂,但在宫禁之间,如姬却"为公子泣",求他帮忙报仇,足见公子的大名已经传遍宫闱。在各国,他遍布眼线,有号令天下豪杰的实力,在民间,他是百姓心中公正仁义的象征。有人说,在魏国,知魏公子而不知魏王,这便足以让胆小如鼠、目光短浅的魏王感到功高震主、惴惴不安了,而这次的如姬窃符事件无疑为这层猜忌又添了一把火。

这里插一句,在前天熄灯后的卧谈会上,某个舍友提出了这样一个有些惊悚又有点道理的猜想:如姬这个人也许是不存在的,她只是魏王杜撰出的一只替罪羊。虎符是魏王授意交给魏公子的,但碍于秦王的胁迫,他无法承认这件事,因为这样就等于把魏国推向灭亡。这时,"如姬"就应运而生,她可以揽下一部分责任，而她的死亡又将这件事暂时终结。当然，这个说法仅为猜想，不必当真。

　　史书上的如姬，只有这短短的一幕，连结局都是杜撰的。她的出现，好像只是为了协助魏公子完成一项伟业，而她之后的命运也再没有人关心，可就在这乍现的瞬间，一个恩怨分明、侠肝义胆的女子形象跃然纸上，以她的侠骨丹心，以她的忠与义，我认为，其不输于男子，当称得上"侠女"。

　　最后用《东周列国志》中的一首诗来总结如姬，虽然有些夸张，但写得挺好的：

　　　　魏王畏敌诚非勇，公子捐生亦可嗤。
　　　　食客三千无一用，侯生奇计仗如姬。

（贡徐滢）

荆轲行刺原因及形象探究

在《刺客列传》中，有一段极有感召力的描写：荆轲在即将赴秦行刺前慷慨悲歌，"风萧萧兮易水寒，壮士一去兮不复还"。这段描写渲染了极为悲壮的氛围，简直是项羽四面楚歌的翻版。他是抱着必死的决心前往的，因为他这次要刺杀的是秦王，任务艰巨，成功的可能性微乎其微。但他还是毅然决然，"轻生一剑知"。从文中开头几段我们可以看出荆轲为人深沉好书，好结交贤豪长者，能隐忍，这些都显示他不是一个纯粹以卖命为生的刺客，他所做的也不是不问是非、不问结果的事情。那么这一选择背后的原因或者说动机到底是什么呢？不同于《刺客列传》里的其他刺客，司马迁在刻画荆轲上花了大量的笔墨，展现了他的完整履历和较为丰富的精神面貌。因而，我们可以从中找出以下几点行刺的原因以及它们背后所表现出来的荆轲形象。

首先，燕太子丹要刺杀秦王固然有报私仇的原因，但更重要的，是当时秦国不断地蚕食诸侯，威胁到了六国的安危，尤其是秦进兵北略地，至燕南界，旦暮渡易水，无人能挡大秦的虎狼之师。虽然从理性的角度分析，这次行动有不明智、不合理之处，但一定程度上，拯救燕国甚至是拯救天下的责任都维系在了这次刺杀行动上。

其次，不得不提一个重要人物——田光，他是燕之处士，也是一位节侠。荆轲到了燕国后，田光"知其非庸人也"，非常赏识优待他，后来还把他举荐给了太子丹。之后他因为太子丹的一句话，甚至"欲自杀以激荆卿"。这里田光的节侠行为也是对荆轲形象的一种衬托。田光对他有着知遇之恩，况且田光一死，他又怎么能苟活于世，辜负田光对他的厚望？后面太子丹也同样于他有知遇之恩。太子丹信任他,为了让他答应下来,"前顿首,固请勿让""尊荆卿为上卿,舍上舍……"陶渊明的诗《咏荆轲》中有一句:"君子死知己,提剑出燕京。"所谓"士为知己者死"就是一位刺客的信条。

以上可以算作是外部因素,但仅有这些还不够。试想一下,如果是你在那样的处境之中,你会冒着生命危险去完成一项几乎不可能完成的任务吗?恐怕很难说。但是荆轲最后还是答应了下来,这就与他内在的精神特质分不开。他侠肝义胆、刚毅慷慨、不畏强暴、心怀天下。他担负着重大的历史使命,"就车而去,终已不顾"。虽然在以《史记》为主的历史典籍中,荆轲并没有明确地被冠以侠的称谓,但历史文本中的荆轲形象却在客观上具备了侠的特点。

我们就来说说"侠"。龚鹏程有一本书叫《侠的精神文化史论》,我推荐有兴趣的同学读一读这本书,里面写道:"长久以来,对于侠,我们总有一种难言的赞叹之情。可不是吗?在历史阴暗的夜空里,偶然出现一些特立独行的任侠仗义之英雄侠客,仿佛在阴冷的寒夜,偶然发现了一两颗亮丽的流星,带给人们一霎时莫名的兴奋。他们那种坚持信念、不畏强梁的勇气,义之所在、虽死不辞的壮烈,以及那种白昼悲歌、深宵弹剑的孤寂与放浪,也在显示了与众不同的情操,扣人心弦。正义的英雄,就这样,走入了人世,走入了江湖。千山独行,衣袂飘飘……他们力挽狂澜,千金一诺,蓬勃的生命,淋漓酣畅的元气,亢直的性格,特异的武功……教人神往。"这段话写出了我们一贯对于侠的看法。但实际上,我们通过文学作品理解感受到的侠的形象从古至今一路演化发展,是被有意识地建立了。那种特异强烈的道德意志与力量迎合了人们对于正义与公道的渴望,因而侠是为国为民,掌握人间正义,反抗专制暴力的英雄,等等,成了一般的常识,深植人心,激起了人们种种浪漫遥远的想象。我们可以由此再反观思考为什么荆轲的形象能够成为经典,他的故事也被后世的文人不断吟咏歌颂,被改编为各种题材的文学作品,其实在很大程度上就是因为他身上所具有的侠义气息。

(周可玮)

我讲《淮阴侯列传》

提到西汉,两个人不得不提,一个是力拔山兮气盖世的楚霸王项羽,另一个则是"生平胯下能受辱,只是羞于哙等肩"的韩信。项羽未能成就其帝业,与其自身性格不无关系,"匹夫之勇""妇人之仁""自矜功伐,奋其私智而不师古",那韩信又到底因何而死?谋反?抑或是诬以谋反?

首先,请大家打开书本,阅读第九小节。(请人读归有光的文字,提出疑问)

据黄仁宇先生考证,根据当时的观念,造反不一定有存心叛变的证据,只要有叛变的能力就可以算数。功臣良将之所以为功臣良将,正是因为他们谋略大强的能力,而功成时,这些反成了罪过。上者杯弓蛇影,刘邦"杀白马与诸侯为盟","非刘氏而王者,天下共击之",翻译一下,"日月可暗,星宿可落,我刘氏天下,至于万世,传之无穷"。这时他可能忘了他刘氏天下是怎么来的,而秦朝又是怎样灭亡的。为了集中权力,一个个地向异姓诸侯王、开国功臣下手,繁华过后终成一梦!"一时忠臣良将,诛除略尽。"讽刺的是,这是人们对坏事做尽的奸臣秦桧的评价。刘邦曾高歌"安得猛士兮守四方",功臣良将杀尽时反叹无良将安国。的确,想当初前方打仗有韩信,后方支援有萧何,出谋有张良,献计有陈平,还看今?

(给同学们两分钟时间讨论君臣关系,并请一位回答)

猜忌是领导人消极的性格之一,它实际是气量狭小的另一表现。这一性格将抑制下属的能力得以充分发挥,有时甚至关乎下属的人生命运。有气量的领导者追求人才,特别欢迎能力超过自己的下属,不无端猜疑,并积极为这样的下属创造社会环境和心理环境,使下属的才华发挥出最大效能。这样的领导者在给他人舞台的同时,也能使自己的事业达到最高点(数学老师的话)。而气量小、心胸狭窄、无端猜忌的领导者,则嫉贤妒能,对取得成绩与进步的下属百般挑剔、压抑甚至加害于他们。这在"家天下"的封建皇帝之中尤为明显。

刘邦是一个精于世故,善变之人。他既有包容的一面,也有气量狭小甚至是阴毒的一面。在伟大理想没有实现之时,刘邦始终克制自己的不良性格,呈现出谦恭与包容的良好性格特征,主动接受来降的将士,并委以重任,比如对待韩信就是如此。从前,他甚至承认"连百万之军,战必胜,攻必取,吾不如韩信"。但韩信毕竟不属于刘邦集团的老班底。刘邦与韩信的关系,大不如与萧何、张良那么亲密,刘邦对韩信一直怀有戒心。随着韩信力量的不断壮大、影响力不断扩大,刘邦对他的猜忌心也就越重,最终成为刘邦的一块心病。刘邦深深懂得,在他追求政治权力最大化的过程中,韩信既是他获取权力的重要帮手,也是他现有权力的潜在威胁者。因此,刘邦一面以物质利益安抚韩信,一面利用手段,不断地解除韩信的权力。

(与同学们分享《尘埃落定》这部小说,讲述其中权力的争夺:土司、土司太太、哥哥和傻子弟弟身份与关系的变化)

纵观历史,"兔死狗烹"的典故在大多历史演义小说中会出现。《水浒后传》第九回:"大凡古来有见识的英雄功成名就,便拂袖而去,免得后来有'鸟尽弓藏,兔死狗烹'之祸。"遥想汉初三杰,韩信叱咤风云,后被诛三族;萧何兢兢业业,虽免于死亡但贫困终老;唯有张良仙风道骨,避谷远祸,自在逍遥。功臣下场,可见一斑。(领同学们看第八段:"信知汉王恶其能……"右边小字)

刘邦听说韩信被杀后的反应是"且喜且怜"(第十段),这也自然透露出了韩信是蒙冤而死的真相。

(吴迎夏)

我看淮阴侯韩信

同学们,大家好,今天我来为大家讲讲淮阴侯韩信。

易中天这样评价韩信——"韩信,一代名将,旷世功臣。他在困境中挣扎,在草莽中崛起,在战斗中奋进,在胜利中沉沦。他在最能够背叛刘邦的时候忠贞不贰,却在最不可能反叛时涉嫌谋反。"短短六十余字,却把书本选段的内容囊括其中,讲了韩信的出身草莽(课文1—3小节)、战场神话(4—7小节)和最后这颗巨星的陨落(8—10小节)。

"一代名将",说得好,若非要给韩信贴一个标签,这或许是最好的诠释。"一代名将",这是韩信的巅峰之时,也是韩信的坠落之处。今天我们就来结合课本、补充材料以及前面几位同学的讲课来探究:为什么韩信能成为一代名将?为什么韩信又只能成为一代名将?

一、成为名将

先来看看韩信为什么能成为名将。俗话说得好:"三岁看老。"文章1—3小节就为我们展现了怒绝亭长、漂母饭信、胯下受辱几件事,体现了他的精神特质。首先,我们不妨把"怒绝亭长"和"漂母饭信"比对着来看。亭长开始愿意给韩信饭吃,是因为他们是朋友;韩信最后"怒,竟绝去",也正是因为他们是朋友。这里亭长妻子的作为并不单单给韩信带来了羞辱感,更是一种对于情义的背叛。反之,漂母与韩信萍水相逢,但她却愿意几十日"饭信",足见其可贵,韩信才会知恩图报。由此看来,韩信其实有一种对江湖义气近乎偏执的追求与信仰。接着,请看漂母饭信处,韩信一句"吾必有以重报母",展现出强烈的自信与抱负。最后的胯下受辱让我想到苏轼的一段话——"天下有大勇者,卒然临之而不惊,无故加之而不怒,此所挟者甚大,而其志甚远也"。此时的韩信还什么都没有,他渴望得到,渴望大展身手,所以他现在不能反抗。这看似忍让怯懦,实则是勃勃的野心啊!

第4至7节,司马迁又写了他战场上的神话。井陉之战,他背水而阵,迷惑赵军,又引蛇出洞,骑兵偷袭,内外夹击。最重要的是,他抓住了成安君迂腐、轻敌的弱点,做到了知己知彼。作者还善用对比衬托,更写出其出兵设伏、变诈之兵。无怪乎后人要说"言兵莫过孙武,用兵莫过韩信"。

这样一位有情义、有抱负、有气量、有谋略的人,怎能不成名将!

二、仅为名将

然而,韩信没有什么大的政治成就,还落得悲惨下场,最终仅仅是一位名将。这是因为什么?从外因来看,我想前面几位同学已经不厌其烦地提到:同学们,睁大你们雪亮的眼睛啊!别被骗了!这里是曲笔啊!司马迁想的和写的不是一回事啊!

那么,这笔到底曲在哪?我们不妨结合书本看看。

第8至10节是写韩信的结局的。第8小节,简述了韩信一些居功自傲的事迹,也许就是从"多多益善"这里,刘邦感到了威胁,动了杀心。

第9小节写了所谓的韩信造反的过程,可是却疑点重重。陈豨造反,乃是因为宾客众多,太过招摇,由周昌密告引起,与韩信毫无关联,陈豨于汉高祖七年(公元前220年)得封巨鹿守,在此之前未见韩信,与他从未有任何过从,两人关系在连点头之交都称不上的情况下,韩信哪里有可能贸然要陈豨造反?况陈豨乃刘邦宠臣,韩信难道不怕陈豨向刘邦告密?加上若是两人的密谈真有其事,直到汉高祖十年(公元前197年)才起兵谋反,旷日已久,以韩信用兵之神,似不合常理。而韩信舍人之弟因其兄为韩信所囚,向吕后告发韩信准备谋反的情况,其言是否属实尚未能确定,吕后却单凭一面之词轻易相信,是其一；若韩信果真造反，有真凭实据在手，吕后大可正式下令逮捕韩信，出师有拒，则天下归之，根本不需要提拔韩信的萧何去将韩信骗进宫斩杀之。当是其有意嫁祸，无出师之光明号召，因而不敢惊动天下，将韩信骗进长乐钟室暗中解决之。故知太史公记韩信与陈豨密谋此段，实乃其曲笔所在，行文运笔间无一不在告诉读者韩信是无辜的。

至于韩信的遗言中才提到的蒯通，倒是确实劝过韩信造反，可韩信是怎么回复的呢？他当时说："汉王授我上将军印，予我数万众，解衣衣我，推食食我，言听计用，故吾得以至于此。夫人深亲信我，我倍之不祥，虽死不易。"第二次，蒯通又劝韩信自立，但韩信"犹豫不忍倍汉，又自以为功多，汉终不夺我齐，遂谢蒯通"。这一切，倒正好可以用来反证韩信的忠心，在最后提起这个人物，好像是"打脸"了，实则更体现了曲笔所在。

由此可见，司马迁借助《淮阴侯列传》要表达的是一种独特的历史观：统治者心狠手辣，欲加之罪，何患无辞？而你又怎能说这写的单单是韩信？这写的不也是司马迁吗？于是，我们在字字句句背后，读出了太史公悠长的叹息。

当然，仅将镁光灯打到刘季、吕雉的丑恶嘴脸上是不够的。正如之前讲课时周乐陶所说——"性格决定命运"，个人的脾性决定了韩信的结局。

有人这样评价韩信——"客观点讲，韩信是一个野蛮的人，打战野，做人也野。年轻时候是个典型的'问题青年'，走哪儿都和人吵架打架，简直人憎狗厌，穷得吃不起饭，只好从军打战，谁知迈上了人生的巅峰。所以其实真正去了解过韩信一生的人，会觉得在一定程度上，韩信的死是必然的。刘氏王朝不会容忍一个战场上所向披靡、心里头却是像匹野马的人。"这番话，将韩信从战神的宝座上打回了市井小民的原型。

这番话有没有言过其实？我们可以顺着这种思路由果索因。我之前说他有谋略，可他的谋略不过奇、诈、不按套路出牌，有街边小混混的做派；说他有气量，可那不是正常的求生欲望嘛；说他有抱负，可他的抱负并非心怀天下，而是纯粹的利己主义，为的是自己可以与樊哙同伍，为的是听听部下的啧啧赞叹，为的是能跟高祖扯一扯"多多益善"的牛皮；说他有情义，可他对刘邦的报答和他对漂母的报答比起来，有高尚多少吗？那是出身草莽的韩信对义气的执着——人家对我好，我就对人家好。在此背后没有太多的考虑。你可以说韩信侠肝义胆，但我以为，远远上升不到忠君报国的高度。

事实上，司马光也有类似的评论："夫乘时以徼利者，市井之志也；酬功而报德者，士君子之心也。信以市井之志利其身，而以士君子之心望于人，不亦难哉！"韩信求利于君主并无不可，但他用市井手段要挟君主，却以君子的标准要求君主，要他铭记自己的功臣之恩，这就为自己挖好了坟墓，可怜、可悲、可叹。考虑到他所处的时代，中国的帝国之路刚刚开始，韩信成了一个懵懂的牺牲品，这并不是他的错，他不像出身贵族之家的人，有分明的等级观。他也没有和后人一样的国家观；在他的观念里，从来就没有为国家奉献这件事，只有为自己谋利。在我看来，他是一个手法高超的赌徒，但是赌徒迟早要输掉一切。随着汉朝大一统帝国的建立与稳固，全体国民逐渐形成了对国家的忠诚，再难有韩信这样拿军国大事为筹码与皇帝讨价还价的投机者，取而代之的是"苟利国家生死以，岂因祸福避趋之"的耿介诚臣。

话是这么说，但我绝对不是在抹黑韩信。相反，读完这些材料，我觉得韩信特别真实，特别可爱，好像我们身边的一个普通人，契合了司马迁"人的历史"的写作特点。但也正因为此，韩信一直处在一个不尴不尬的地位。

"赞"，照道理是评述人物一生的话，但太史公的赞中却有一个有趣的细节。韩信的母亲去世了，他没钱，但又给母亲修了又大又气派的墓，想必是出于对母亲的爱。可他对爱的理解很浅，从没深层次地考虑过为什么去爱，这种爱粗糙而又混沌，却格外生猛，一往无前。这也是韩信一生的处事态度。但一生中，又有谁真正爱过他呢？挚友萧何将他送到妇人的刽子手刀下，而刘邦更是一手策划了这一切，韩信死后他的"且喜且怜"令人唏嘘。褪去一身战功，身处口蜜腹剑、权术纵横的朝堂之上，穷小子韩信显得格格不入。或许韩信一直是个孤独的人吧？

至于韩信脸上到底是喜是悲，带笑或带泪，他心中的孤独到底有多深重……不妨用几句话作结——"滚滚长江东逝水，浪花淘尽英雄。古今多少事，都付今天这番笑谈中！"

（戴汀屿）

说说侯生的"为知己者死"

侯生大事记：
1. 年七十看门得赏识，考察公子诚心，就公子之名。
2. 公子欲往赴秦军，与赵俱死，去而复返，侯生献计。
3. 北乡自刭。

自古觅知音，得明君总是有这样一个套路。姜子牙钓鱼，愿者上钩；诸葛亮有意无意还是让刘备拜访了三次；侯生，一个年过七十的看门人，终于得到一个理想的掌权者赏识，也不惜以羞辱他的方式考验其诚心，在真正认可信陵君后，顺便成就公子礼贤下士的好名声，带着朱亥一同心归于公子。在这里我们就可以分析，年过古稀的侯生按照当时的平均年龄，早已是半截入土，他若是追求良好物质生活，也享不到几年福了，所以锦衣玉食不是他的最终目的。

（公子要是不回来，这不就很尴尬了吗？）

从侯生献出的计策来看，这个老头子不简单。他虽是一个年已七十的夷门监者，但对天下大事了如指掌，从兵符所藏之地、魏王最幸之妾以及魏公子与如姬的私人交情等小事可看出，其无所不知。这表明侯嬴绝不是一个普通的看门人，而是一个胸有韬略却一直未能找到施展抱负机会的高人。当他发现信陵君的确是一个仁而下士且不乏义勇气概的政治家，便知晓自己韬光养晦待机而发数十年深埋心底的夙愿终于可以实现了，那么我们也知晓了实现抱负才是他的最终目的。

故事继续发展，写侯生与信陵君诀别，侯生曰："臣宜从，老不能，请数公子行日,以至晋鄙军之日北乡自刭,以送公子。"后来,"公子与侯生决,至军,侯生果北乡自刭"。侯嬴为什么要北乡自刭?相信这是所有同学读完本文都会思考的问题。

我们先从侯生北乡自刭的结果来看,或者说从侯生献出的计策实施的结果来看。

对于侯生自己:践行了士的最高准则"士为知己者死",并成功改变了当时的国际局势,名动天下。对于信陵君:后人评价他一生成就全在救赵却秦,这是相当于春秋五霸的功劳,间接得到保赵安魏的效果。与此同时保就君子"高义",愈发得到众人敬仰。对于国际局势:至少推迟了秦大一统局面二十年。

侯嬴为什么要北乡自刭?

以死激励,坚定意志。

当侯嬴在谋划中决定一旦晋鄙大将军不听则斩杀时,公子落泪了。公子既有宁死救赵的决心,又有"仁"而不忍杀晋鄙的一面。晋鄙是"嚄唶宿将",是十万大军的统帅,国家重臣。他是魏王方针的忠实执行者,对魏公子"单车"来接管军权肯定是会怀疑的。虽有虎符,但决不会轻易交出兵权。侯嬴深知魏公子的心善惜才,不忍杀晋鄙,这样救赵存魏夺取军权的斗争将是十分危险的。为坚定魏公子杀晋鄙的信心,他以死来激励,用自己的生命来坚定魏公子的夺军信心。一旦成功,必可名垂青史。

知己已远,抱负已就,生也无意。

侯嬴活着,不为钱财,不为地位,为的是自我价值的实现。侯嬴明白:盗兵符,杀晋鄙,举国之兵去救赵,无论是成功抑或失败,魏公子都不会再回来。"窃符救赵"关系到三个国家的大事,为千古功业!这正是他一生的追求,也是他隐忍活着的理由。他因年迈,不能和公子一道去赵国,只身留于魏国,自己也不能再实现什么价值了,该做的已经做了,想要做的也不能再做,不如选择"北乡自刭",给自己的一生做一个完美的谢幕!

信陵君为救赵盗取兵符,椎杀晋鄙,夺去兵权,这些主意都出自侯生。杀大将晋鄙后窃符救赵,犯下欺君之罪,是一个不可饶恕的叛国行为。信陵君也深知于此,救赵后不敢归魏而留在他乡。这件事魏王肯定要追查,一旦追查下来,罪名也只能落在侯生身上,他性命难保。以侯生"修身洁行数十年"的个性,他是不愿甘受这种处罚的,故选择自杀。

晋鄙是魏国叱咤风云的老将军,国之栋梁,何其无辜。

我每次读《史记》到这里的时候总觉得,侯生这里的行为类似某种巫术。

侯嬴以死相报,信陵君为何不加劝阻呢?

侯生的自刎做法是一种类似于殉道的行为,信陵君不能阻止,信陵君阻止了就等于阻止别人追求自己的理想。就如伯夷叔齐饿死不食周粟,曹沫手剑劫齐公后齐桓公不反悔,又如聂政的姐姐自尽、明朝大臣热衷于被廷杖等等,这些都是古人至少是古人的文学作品中,所追求的至高精神境界。

在那个时代,尽管社会处在大变动中,但守信用、践诺言还是人们共同拥有的价值观,也是人们共同遵守的行为规范。"士为知己者死",以死报知遇之恩是他们坚守不渝的信条。如果对以死相报知己的行动加以劝阻,就会被认为是不以知己相待的表现,是对人格的蔑视,是极不礼貌的行为。作为"仁而下士"的信陵君,对"士"的这些特点是一清二楚的,所以他不能劝阻侯嬴轻生死、重信诺的行动。相反,他认为侯嬴的以死相报将会激励自己在夺军救赵的斗争中必须成功、不能失败的决心,也只有这样,才对得起侯嬴。

由此,我们可以得出士的特点:士为知己者死;以死报知遇之恩;轻生死,重信诺;重视气节;有清晰的价值取向与人生追求。

那么,士的定义是什么? 士是先秦时最低级的贵族阶层,也是古代四民(士、农、工、商)之一。春秋时,士大多为卿大夫的家臣,有的以俸禄为生,有的有食田。战国以后,逐渐成为统治阶级中知识分子的通称,是脱离生产劳动的读书人。

子贡曾向孔子提出"何如斯可谓之士矣"的问题。孔子回答说:"行己有耻,使于四方不辱君命,可谓士矣。"(《论语·子路》)这句答话,既表明了"士"的官吏身份,同时也指出了作为一名"士"的最基本条件和责任:一是要"行己有耻",即要以道德上的羞耻心来规范自己的行为,二是要"使于四方不辱君命",即在才能上要能完成国君所交给的任务。前者是对士的道德品质方面的要求,后者则是对士的实际办事才能方面的要求。而这两方面的统一,则是一名合格的士,也就是一名完美的儒者形象。

讨论到这里时出现了分歧。从今人的角度来看,站在历史的制高地,才得出公子、侯生保赵安魏的动机。分析前文,公子愿与赵俱死,保就自己的高义,侯生只是说公子如今有了危难想不出别的办法,却要赶到战场上同秦军拼死,这就如同把肥肉扔给饥饿的老虎。我们不可以因此得出魏公子是个自私小人,毫无爱国之心。只是魏公子的确将个人高义摆在了所谓的国家情怀之前。而保赵安魏,不过是后人根据历史的发展进程推出的。侯生作为士,他的一切出发点都是魏公子,其实一切出发点也都是自己。

我曾在《楚国八百年》中读到:"屈原所处的时代在战国晚期,知识分子并不着眼于一方一隅。而是选择向强势的君主献良策。屈原的坚守,与当时的精英阶层是极不合拍的。"也就是屈原的爱国精神,与当时的士之精神并不相同。

战国时代任侠士人到处寻机会出人头地施展才华,年轻时侯嬴也肯定想过做一番大事业。然而生不逢时,合纵连横的光辉太过耀眼,侯嬴与苏秦张仪公孙衍这些奇才生在同一个时代,不得不说是个悲剧。孔子、孟子、商鞅、张仪、苏秦跑了许多个国家以求施展抱负,"士为知己者死",没有人说士为某王而死,那是孔子的精神世界,不是战国时士的普遍心理。

现今我们眼中的士,是建立在大一统之后的儒家思想上的,以家国天下为人生理想。而在那时,各国纷争,百家争鸣,每一个人的价值判断与准则是不同的。士有其共性,亦有其个性。我们不可以说为家国天下而死就一定比为个人抱负而死高尚,但至少作为真正的士,他们都知道坚守原则是要付出代价的,哪怕你做的是正确的事。这才是北乡自刭带给人最大的震撼。

如果信陵君在他的价值序列里把救人于急困的高义列在前面,那么他窃符救赵,就是要坚定必死的决心,就是要准备承担叛国之罪。

如果侯嬴在他的价值序列里把成全知己者的高义、帮助信陵君成事列在前面,那么他就懂得要不惜付出生命和名誉。

为什么春秋战国时期这些名士的事迹会如此震颤我们的心?为什么孟子

那句"所欲有甚于生者,所恶有甚于死者,吾舍生而取义者也"会让我们觉得那么高贵?不仅仅是因为他们在自己的价值序列里把道义放在生命之上,更是因为他们懂得,为了坚守那个更高的原则,他们要付出生命的代价。当这个代价不得不付出的时候,他们下得去手。

把刀砍向别人容易,把刀砍向自己难啊。北乡自刭,以送公子,这是对自己多么大的狠心,又是对那个最高原则多么强大的执着!

(夏怡宁)

我看信陵君

在《魏公子列传》这篇传记中,司马迁用饱蘸激情的笔墨,塑造了一个鲜明的魏公子形象。司马迁通篇称信陵君为"公子",共计147次,太史公对他的赞美之情溢于言表。明朝人茅坤说:"信陵君太史公胸中得意人,故本传亦太史公得意文。"

全篇以仁而下士为主线,而他的仁而下士又区别于其他三位公子。信陵君的礼贤下士,是关系到魏国安危的,不同于平原君的养士"徒豪举耳",也不同于孟尝君所养之士多"鸡鸣狗盗"之徒。信陵君的礼贤下士却是为国求贤。

(赏析侯生的事例)

此外,还有多条副线:公子急人之危难、救人之困、爱民如子的仁爱思想。报如姬之父仇,正表现了其急人之难的品质;其矫杀晋鄙时的涕泣、勒军选兵的行为,均体现了仁爱的思想。

有人要说了,既然司马迁独爱这个人物,在第8段中还要写"公子闻之,意骄矜而有自功之色"。俗话说:美玉有瑕,瑕不掩瑜。亮缺陷让内容更抢眼,描缺陷让形象更丰满,悟缺陷让主题更深长。十全十美的人不存在,公子骄矜自满时的瞬间失态,是太史公的神来之笔。本是足赤完人的信陵君有了瑕疵,由神退回了人,让信陵君变得更可爱。"不完美"也让人物形象更完美。

再比如第4段,也体现了魏公子的莽撞冲动过于极端。救赵的这个出发点是好的,舍生取义的勇气也是可嘉的,但这样鲁莽地、无计划地去救赵国,不就是肉包子打狗——有去无回,必死无疑。正如侯嬴所说:"今有难,无他端而欲赴秦军,譬如以肉投馁虎,何功之有哉?"在《史记》原文中还出现了"是后魏王畏公子之贤能,不敢任公子以国政"。我大胆猜想,如果魏公子没那般锋芒毕露,也许他又能登上另一个人生巅峰了。

太史公曰:"天下诸公子,亦有喜士者矣,然信陵君之接岩穴隐者,不耻下交,有以也。名冠诸侯,不虚耳。"信陵君的仁而下士与侯嬴的"士为知己者死",他们之间的这种关系是司马迁理想的君臣关系,是太史公的社会理想。信陵君的礼贤下士不仅表现在接待贤士们的礼数上,更重要的是打心眼里信任他们,认真听取他们的正确建议,司马迁借此也暗含对汉代官僚社会的人情冷暖、世态炎凉的嘲讽。

(王亦孜)